가문의 부를 잇는

부동산 가족법인 절세의 모든 것

가문의 부를 잇는

부동산 가족법인 절세의 모든 것

2024년 11월 14일 초판 발행
2025년 8월 11일 2판 발행

지 은 이 | 나태현
발 행 인 | 오연관
발 행 처 | 삼일피더블유씨솔루션
등록번호 | 1995. 6. 26. 제3-633호
주 소 | 서울특별시 용산구 한강대로 273 용산빌딩 4층
전 화 | 02)3489-3100
팩 스 | 02)3489-3141
가 격 | 25,000원

ISBN 979-11-6784-432-3 03320

가문의 부를 잇는

부동산 가족법인 절세의 모든 것

개정판

나태현(국세남) 지음

SAMIL | 삼일인포마인

개정판 서문

초판 출간 이후, '부동산 가족법인 절세의 모든 것'에 보내주신 뜨거운 관심과 성원에 깊이 감사드립니다. 이 책이 수많은 가족의 부를 지키고 현명하게 이전하는 데 도움을 드릴 수 있었음에 큰 보람을 느낍니다.

조세행정이 집행되는 과정 중에 납세자와 과세관청과의 다툼이 이슈화될 때마다 세금 환경은 끊임없이 개정되며 보완되고 있습니다. 올해는 특히 가족법인과 관련된 개정내용이 어느때 보다 많았습니다. 컨설팅 시장에 큰 혼란이 올 정도의 여파였고 법 개정을 통해 그동안 해오던 것들의 주요한 부분이 이제는 막혀버렸습니다.

이러한 변화에 발맞춰 개정사항을 반영한 『부동산 가족법인 절세의 모든 것』 개정판을 선보이게 되었고 '특정법인과의 거래를 통한 이익의 증여의제' 규정의 중요한 변화를 심도 있게 다루었습니다. 주요 개정 내용으로는 기존에는 특정법인을 내국법인에 한정하여 적용하던 증여의제 규정이 이제는 외국법인까지 그 범위가 확대되었습니다. 또한, 특정법인과의 거래를 통한 증여의제 범위가 자본거래까지 확대되었습니다.

세법은 단순히 법 조문을 나열하는 것이 아니라, 사회 경제적 변화와 정책 방향을 담고 있습니다. 컨설팅 시장에서 행해졌던 특정법인을 통한 절세방법 중 법적 맹점을 과도하게 이용한 부분이 사회적인 문제로 이슈화되었기 때문에 이를 방지하고자 법 개정까지 이루어진 것입니다.

그러나 개정내용에도 불구하고 가족법인은 여전히 단순한 법인 설립을 넘어 세대 간 부의 원활한 이전과 안정적인 자산 운영을 위한 핵심적인 도구입니다. 하지만 잘못된 정보나 안이한 접근은 오히려 불필요한 비용과 부담으로 이어질 수 있으며, 제대로 된 전문가를 찾지 못하면 엄청난 세금 리스크를 안게 됩니다.

저는 국세청과 삼일회계법인에서의 오랜 경험 및 컨설팅 실무를 통해, 부의 축적과 이전 과정에서 발생하는 다양한 세무 문제들을 직접 목격하고 해결해 왔습니다. 이러한 경험과 지식을 바탕으로 독자 여러분이 법률적 리스크 없이 안전하게 자산을 관리하고 증식할 수 있도록 가이드라인을 제공하고자 하였습니다.

본 개정판이 급변하는 세법 속에서 명쾌한 해답을 제시하고, 독자 여러분의 소중한 자산을 지키는 든든한 길잡이가 되기를 진심으로 바랍니다. 이 책이 여러분의 가정에 부와 행복을 가져다줄 '절세의 나침반'이 되기를 소망하며, 언제나 독자 여러분의 성공적인 자산 승계를 응원하겠습니다.

2025년 7월
나태현 세무사 드림

"가문의 부를 잇는"
부동산 가족법인 절세의 모든 것

초판 머리말

중세 유럽에서도 귀족들의 가장 골치 아픈 숙제는 상속이었습니다.

핵심 자산인 토지를 아들들에게 나눠 상속하면, 규모의 경제가 작동 못하고 옆 동네 귀족에게 먹히는 위험 때문에 "상속을 잘못하면 그 집안은 몇 대 못가 망한다"는 말이 나오게 될 정도였습니다.

역사가 한참 지난 요즘의 대한민국도 부동산이 여전히 핵심자산이고, 힘들게 부를 일구어왔던 베이비부머 세대들의 고민도 중세 유럽의 귀족과 다르지 않습니다.

이 책은 '부의 세대 간 이전'을 위해 또는 '나의 절세'를 위해 실무적으로 가족법인을 활용하는 방법을 담고 있습니다.

저자는 세무사 시험을 준비할 때부터 '어떻게 하면 나의 부를 지킬 수 있을까?', '부자들은 어떻게 부를 일구어 갈까?'에 관심이 많았습니다. 부자들만 활용하는 노하우가 있는지, 비밀스레 그들만 컨설팅 받아 사용하는 방법들은 뭐가 있는지 국세청 재직 시절 세무조사

파트 위주로 경력을 쌓아가며, 이런 부자들의 방법에 어떤 식으로 제동이 걸리는지도 늘 관심을 갖고 주의 깊게 보았습니다.

국세청에서 삼일회계법인으로 이직한 후부터는 본격적으로 납세자와 투자자의 입장에서 어떻게 하면 최적의 사업구조로 절세를 할 수 있을까 고민을 많이 하게 되었습니다. 우연한 기회로 경·공매, 토지, 상가, 신축 등 부동산 투자 공부를 하게 되면서, 내가 내 돈을 들여 직접 부동산 투자를 해보는 경험을 갖게 되었습니다.

스스로 가족법인을 운영해 보면서 세무사 및 투자자로서의 양쪽 관점과 입장을 이해하게 되었고 투자공부로 쌓아왔던 지식이 세무사라는 직업을 통해 더욱 가치 있게 빛날 수 있겠다는 생각이 들어 삼일회계법인을 나와 컨설팅 시장으로 뛰어들었습니다. 그동안의 경험과 고민, 컨설팅을 바탕으로 이 책을 집필하게 되었습니다.

가족 세대 간의 부를 잇고, 나의 부를 지키고 싶은 분들에게 이 책이 유용하게 쓰이길 바랍니다.

2024년 11월

나태현(국세남)

CONTENTS

PART 1

가족법인의 의미와 가족법인을 만드는 이유

01. 가족법인이란 무엇인가? 15
02. 가족법인을 왜 만들까? 16
03. 부의 이전을 위한 가족법인은 부모의 필요성 인식이 먼저다. 24
04. 가족법인 설립은 장기적 관점으로 가야 한다. 28

PART 2

가족법인의 설립방법과 설립 시 주의사항

01. 가족법인 설립을 위한 결정사항 33
02. 유한회사 vs 주식회사 어떤 것으로 해야 할까? 40
03. 가족법인의 주주 구성 43
04. 미성년 자녀를 주주로 넣을 때 주의사항 45
05. 성실신고 확인대상 소규모 법인의 패널티 47

PART 3

가족법인 본점 소재지와 취득세 문제

01. 부동산 가족법인은 법인의 본점 주소지가 중요하다. 55
02. 임대용 물건이 지점에 해당하는지 여부 64
03. 법인 본점, 지점 설치 주의사항 66
04. 임대물건으로 주차장 운영이나 무인매장 운영 시 지점에 해당될까? 69
05. 본점만 대도시 밖에 설치하면 중과세가 안되는 걸까? (추징사례) 71

PART 4

가족법인 관련 세법과 유의사항

01. 특정법인과의 거래를 통한 이익의 증여의제 81
02. 특정법인은 내국법인과 외국법인을 포함 92
03. 증여이익 1억 원의 판단 기준 96
04. 특정법인을 통한 동일거래 판단 기준 106
05. 특정법인 증여의제 세액계산 109
06. 가족법인을 통한 자본거래의 제한(25년 신설) 121

PART 5

부동산 가족법인을 활용한 절세방안

01. 부모 여유자금 활용 예 129

02. 가족법인을 통해 자녀 자금출처 만드는 방법 132

03. 가족법인을 활용한 주택 투자 주의점 144

04. 부모의 토지를 활용하는 방법 147

05. 개인 부동산의 법인화 153

06. 가족법인을 활용한 배당(중간배당 및 차등배당) 174

07. 부동산 가족법인 설립 고민 케이스 180

PART 6

가족법인을 활용한 부동산 신축과 운영

01. 장기 보유 차익형 vs 밸류업 후 단기 매각 187

02. 장기 보유 차익형에 맞는 신축 사업자 유형 190

03. 신축 후 단기 매각에 맞는 사업자 유형 195

04. 수익률이 높은 주택 신축(다가구 주택 vs 다중주택) 200

05. 원룸건물 신축으로 은퇴준비하기(개인 명의 활용) 217
06. 법인 부동산 투자의 꽃 근생빌딩 222
07. 근생(상가)건물 투자는 부가가치세가 핵심 224

PART 7

가족법인 운영 절세방법과 세무조사 쟁점

01. 금전대차계약서(차용증) 작성과 세무조사 쟁점 237
02. 가족법인 명의로 부동산 매수자 변경 계약 방법과 매수 타이밍 절세 방법 246
03. 상법상 익명조합을 활용한 법인 공동투자 절세 방법 248
04. 부동산 가족법인의 비용처리와 결손금, 대출 연장의 상관성 (차량, 법카, 가족 인건비 등) 254
05. 건물 증여할 때의 세무상 쟁점(부가세, 지료, 건물의 평가) 268

Part 1

가족법인의 의미와 가족법인을 만드는 이유

- Chapter 01 가족법인이란 무엇인가?
- Chapter 02 가족법인을 왜 만들까?
- Chapter 03 부의 이전을 위한 가족법인은 부모의 필요성 인식이 먼저다.
- Chapter 04 가족법인 설립은 장기적 관점으로 가야 한다.

"가문의 부를 잇는"

부동산 가족법인 절세의 모든 것

Chapter 01

가족법인이란 무엇인가?

유튜브나 블로그 등에 가족법인 또는 자녀법인 등 명칭이 혼재되어 여러 곳에서 컨설턴트나 세무사들이 이를 소개를 하고 있습니다. 도대체 가족법인의 정의가 무엇일까요? 세법에는 가족법인이란 정의가 없습니다. 아마도 컨설팅 시장에서 직관적으로 일반 납세자들에게 와닿게 하기 위해 사용한 용어일 것으로 보입니다.

쉽게 생각하면 주주 구성이 가족으로 이루어진 법인이라고 생각하시면 됩니다. 자녀법인이란 용어도 주주 구성이 자녀들로 이루어졌기 때문에 사용됩니다. 세법에서는 이와 비슷한 개념으로 특정법인이라는 정의가 있는데, 상속세 및 증여세법 제45조의5(특정법인과의 거래를 통한 이익의 증여의제) 제1항에 나오는 개념입니다.

지배주주와 그 친족이 직접 또는 간접으로 보유하는 주식보유비율이 100분의 30 이상인 법인을 세법에서 특정법인이라 정의합니다. 가족끼리 법인의 주주 구성을 이루고 있다면 세법상 특정법인이라 생각하시면 되고, 대부분의 가족법인은 여기에 해당이 될 것입니다.

Chapter 02

가족법인을 왜 만들까?

부동산 경기가 한창 좋을 때 투자자들 사이에서 1인 부동산 법인이 열풍이었습니다. 가족법인의 한 가지 형태라고도 볼 수 있는데, 법인이라는 나와 다른 별도의 법인격체를 통해 세무상·행정상의 제재를 피해서 투자하고 더 많은 세후 수익을 누리자는게 주된 설립 목적이었습니다.

투자자 관점에서도 활용도가 좋지만 가족법인은 부의 되물림 차원에서도 많은 컨설팅을 적용할 수 있는 수단으로 쓰입니다. 대한민국 부는 부동산의 비중이 가장 크고 사람들이 소득을 많이 벌더라도 돈의 최종 종착지는 대부분 부동산으로 귀결시킵니다.

가족법인이라는 것 자체가 개인 자산의 극대화를 위한 하나의 수단으로 쓰이다 보니 결국 법인을 활용한 부동산 세테크 적인 내용이 주를 이룹니다. 사람들은 왜 법인에 열광할까요?

1 개인보다 낮은 세율

개인과 법인의 세율차이가 가장 직관적으로 와닿는 예시가 바로 부동산 차익입니다. 개인의 경우 소득세법에 따라 소득구간 별로 세율이 6%~45%인 기본세율이 적용되고, 부동산의 양도 시 적용되는 양도세에서는 보유기간 따라 단기 보유차익에 대해서는 물건 별로 더 높은 세율을 적용하기도 합니다.

[개인 양도소득세율]

대상 물건	1년 미만	2년 미만	2년 이상
주택(조합원 입주권)	70%	60%	기본세율
분양권	70%	60%	60%
토지, 건물(꼬빌, 상가 등)	50%	40%	기본세율

[종합소득세]

과세표준	세율	산출세액계산
~1,400만 원	6%	과세표준×6%
1,400만 원~5,000만 원	15%	과세표준×15%-1,260,000
5,000만 원~8,800만 원	24%	과세표준×24%-5,760,000
8,800만 원~1억 5천만 원	35%	과세표준×35%-15,440,000
1억 5천만 원~3억 원	38%	과세표준×38%-19,940,000
3억 원~5억 원	40%	과세표준×40%-25,940,000
5억 원~10억 원	42%	과세표준×42%-35,940,000
10억 원~	45%	과세표준×45%-65,940,000

* 지방소득세(10%) 별도

이에 비해 법인의 경우 기본세율 체계가 소득세에 비해 매우 낮습니다.

부동산 가격이 과거에 비해 큰 폭으로 상승했기 때문에 서울 내 건물 매각 시 10억 원 이상의 차익이 발생한 경우는 드물지 않게 발생됩니다. 개인은 10억 원 이상의 양도차익에 대해 45%의 소득세율에 지방소득세까지 감안하면 49.5%의 양도소득세를 부담하게 되는데 반해 법인은 양도차익의 200억 원까지는 19% 세율(지방소득세 감안 시 20.9%)만 부담하면 되기 때문에 적게 내는 세금만큼 세후 순이익이 올라가서 다시 재투자의 시드로 활용이 가능합니다.

[법인세]

과세표준	세율	산출세액계산
~2억 원	9%	과세표준×9%
2억 원~200억 원	19%	과세표준×19%-20,000,000
200억 원~3,000억 원	21%	과세표준×21%-420,000,000
3,000억 원 초과	24%	과세표준×24%-9,420,000,000

또한 세금납부의 시기도 달라 법인이 유리한데, 개인 양도소득세는 부동산을 양도한 경우 양도일이 속하는 달의 말일부터 2개월 이내에 주소지 관할 세무서에 예정신고·납부를 하여야 합니다. 예를 들어, 2024.7.15. 잔금을 지급받았다면 양도소득세 예정신고·납부 기한은 2024.9.30.까지입니다. 따라서 차익을 크게 보았다고 해도 세금을 2달 뒤 바로 내기 때문에 부동산 불장 때인 경우 계약금만

넣어도 돈을 버는 시기라서 세금으로 시드가 금방 줄어드는 것이 아쉽기만 합니다.

반면에 법인의 경우 양도일의 다음 해 3월 말일까지 신고·납부이기 때문에 연초나 연중반에 매각 잔금을 받는다면, 개인과 달리 부동산 경기가 뜨거울 때는 단기 투자 및 매수를 위한 계약금 시드로 활용이 가능합니다. 여기서 법인이 개인과 달리 유리한 또 한 가지는 부동산을 단기 매각하든 장기매각하든 똑같은 세율체계가 적용된다는 것입니다. 따라서 법인은 개인처럼 1년이나 2년 내에 매각했다고 해서 고율의 세금 패널티를 적용하지 않습니다.

2 법인이 더 높은 세율을 부담하는 경우

법인이라고 해서 세금적으로 만능은 아닙니다. 개인과 법인의 차이를 단순하게 세율만으로 비교할 수 있는 것은 아니지만, 대표적으로 취득세의 경우 개인보다 더 높은 세율이 적용되는 경우가 있습니다.

법인으로 주택투기를 하면 나라 경제에 악영향을 주기 때문에 주택에 대해서는 법인에게 기본적으로 취득세 중과세율이 적용됩니다. 또한 수도권 과밀억제권역 안에 본·지점을 둔 법인의 경우 주택이 아니더라도 과밀억제권역 내 부동산을 취득하는 경우에 중과세율이 적용되는데 이는 근생빌딩이나 토지 투자 시에도 매우 중요한 내용이므로 뒤쪽에서 별도의 장으로 다시 설명하겠습니다.

앞에서 단기매매나 장기 보유 매매나 똑같은 세율체계가 적용된다는 것이 법인의 장점이라고 설명드렸는데, 법인이 높은 양도차익에 대해 개인보다 낮은 세율이 적용되는 것은 맞지만 장기보유특별공제는 개인 양도세 때만 적용됩니다. 장기보유특별공제를 못받더라도 장기 보유 시는 차익이 수억~수십억 이상 나기 때문에 낮은 법인세율을 적용받는 것이 통상적으로 더 유리합니다.

법인으로 주택을 취득하는 경우는 취득세뿐만 아니라, 종합부동산세에서도 패널티가 큽니다. 1주택을 매년 보유만 하고 있어도 개인과 달리 종합부동산세 계산 시 공제액이 없기 때문에 큰 부담이 됩니다.

또한 주택과 비사업용토지를 법인으로 취득 후 매각 차익이 발생하는 경우 법인세에 추가로 '토지 등 양도소득에 대한 법인세'라 하여, 추가적인 세금을 부담합니다. 따라서 법인으로 주택 투자는 신중해야 하고 근생빌딩 위주로 투자하는 경우가 대다수입니다.

3 폭 넓은 비용처리

개인 양도세의 경우 필요경비로 인정되는 항목은 소득세법에서 취득가액, 자본적 지출, 양도비 정도로 매우 제한적인 비용만 열거되어 있습니다. 반면에 법인의 경우 부동산 매매, 임대 등 사업의 목적과 관련된 경비는 모두 인정이 됩니다. 가장 큰 차이점이 바로 이자비용인데, 부동산을 취득할 때 통상 큰 대출을 이용하기 때문에 이자비용 지출이 상당하고 이를 비용처리할 수 있다는 것은 개인 양도세 대비 법인세의 엄청난 장점입니다.

하지만 이 경우에도 일반 법인세에서 비용처리 가능하다는 것이지, 주택과 비사업용토지 매각차익에 대해 별도 납부하는 '토지 등 양도소득에 대한 법인세'를 계산할 때는 비용처리가 개인 양도세보다 더 제한적입니다.

4 소득의 분리와 귀속시기 분산

개인 소득세는 그해 1월 1일부터 12월 31일까지의 과세대상 모든 소득을 무조건 합산하여 다음 해 5월 말까지 신고해야 합니다. (고소득인 성실신고 확인대상자들은 6월 말까지) 소득세가 누진세율을 적용하다 보니 이미 소득이 많은 사업자나 전문직 분들은 상가나 꼬마빌딩 등 부동산 임대소득이 있는 경우 본업의 소득에 합산됩니다. 고소득자들은 소득세율이 절반 가까이 되기 때문에 돈 들여서 부동산 투자해놨는데 임대소득 들어와도 절반이 세금으로 나가고 건강보험료까지 올라가니 실효 소득 때문에 회의감이 들 수밖에 없습니다. 부동산 투자수익률 맞춰보겠다고 물건 검토하고 임차인 맞추고 온갖 신경을 다 썼는데, 그렇게 만든 임대소득이 절반 가까이 세금으로 나가면 그 큰돈을 들여 이걸 왜 했나 싶은 생각이 듭니다.

이런 경우 법인을 활용해서 부동산을 매입했다면 임대소득을 개인과 분리해서 낮은 세율이 적용되는 법인이라는 별개의 주머니에 담을 수 있습니다. 나중에 부동산 시세가 오른 경우 매각차익도 낮은 법인세율만 내고 절세된 돈만큼 투자 시드머니로 활용이 가능하니 1석2조입니다.

그럼 법인으로 번 돈을 어떻게 개인화시킬까 이런 궁금증이 들 수 있는데 기본적으로는 급여나 배당으로 개인화시킬 수 있으며, 시기와 금액도 조절할 수 있습니다. 내 개인 사업이나 소득이 한창 높은 시기에는 굳이 법인에서 돈을 빼 와봤자 높은 소득세율로 합산이 되기 때문에 내가 은퇴 후나 소득이 낮아지는 시기에 개인화시키는 것이 유리합니다. 또한 금액의 크기도 개인소득이 낮아지는 은퇴시점에 법인에서 받는 급여를 높여 책정한다던지 배당을 높인다던지 하는 방법으로 유리하게 조절할 수도 있습니다.

법인이 부동산 매각차익으로 수십억 원이 생겼다면, 이익잉여금 또한 늘어나고 이런 경우 상급 물건지로 재투자를 계속할 수 있으나 일부는 개인화하고 싶은 경우가 생깁니다. 또는 이미 법인으로 수년간 고유사업을 영위해 오신 대표님들의 경우 법인의 주식평가가 상속 문제 등으로 법인 잉여금 관리가 필요한 경우가 생깁니다. 법인 잉여금을 거액으로 인출해야 하는 경우는 정관 및 퇴직금 설계, 자기주식과 이익소각 활용 등 또 다른 컨설팅이 수반되어야 하고 가족법인 설립 시부터 미리 인출 계획이 서있다면 설계를 짜기에 더 좋습니다.

5 부의 이전에 활용 가능

법인의 설립 목적이 개인 세금의 절세 목적도 있지만, 나이드신 회장님이나 멀리 상속까지 미리 염두에 두시는 분들 또는 자녀의 경제생활에 도움을 주고 싶으신 분들은 처음부터 가족법인에 대해 관심이 많습니다. 주주의 구성에 자녀들이나 손자녀를 포함해서 가족법인을 부의 되물림에 사용한다는 말을 많이들 들어보셨을 겁니다. 부모가 여유 자금이 있다면, 자녀에게 소득의 원천을 만들어주고 경제적으로 원조해 줄 수 있는 수단으로 가족법인은 가장 강력한 방법 중의 하나입니다.

다만, 앞서 소개드린 상속증여세법상의 특정법인 관련 조항에 변칙 증여를 견제하는 여러 내용들이 있기 때문에 처음 구조를 짤 때부터 전문가의 지휘 하에 전략적으로 구성하셔야 차후 리스크 대비를 할 수 있습니다.

Chapter 03

부의 이전을 위한 가족법인은 부모의 필요성 인식이 먼저다.

가족법인을 만든다고 부의 이전이 뚝딱 이루어지진 않습니다. 갓 태어난 아이가 갑자기 어른이 될 수 없듯이 세법상의 일들도 완성되어가는 데 시간이 필요합니다. 상담을 하다보면, 나이가 80세가 넘어서 이제야 상속을 생각하고 오시는 분들이 계십니다. 심지어 건강 상태도 안좋은 경우가 많아서 이런 경우 사전증여나 상속플랜을 짜기에도 건강 상태 때문에 무리수인 경우가 많습니다.

베이비부머 세대나 그 이전에 태어나신 분들은 경제 발전기 동안 꾸준한 자산가치 상승으로 부를 축적하신 분들이 많고, “나 어릴 적에는 아무 것도 없이 시작했는데, 부모가 이 정도 부를 물려주면 상속세 내고도 남는 자산이 얼만데 감사할 일이지!”라고 생각하십니다.

무엇보다 상속세를 내는 당사자가 본인들이 아니다 보니 크게 관심과 신경을 쓰지 않는 분들이 많고, 고액 자산가 분들이니 안정된 생활과 꾸준하면서 높은 소득을 누리고 있으니 뭔가 액션을 취할 필요성도 못 느끼십니다. “나 죽으면 너희들이 알아서 할 일이지 내가 이 정도 물려줬으면, 난 할 바 다했다." 또는 자수성가 사업가 분들은 현업에서 은퇴없이 회장직 등을 하시기 때문에 영원한 현역을 꿈꾸며 상속이라는 것을 자녀가 입 밖에 꺼내는 것 자체를 불경죄로 생각하시는 분들도 있습니다.

또한 부모가 자산을 쥐고 있어야 자녀들에게 대접받고 신경을 써주지 미리 줘봤자 홀대만 당한다는 인식이 있는 것도 사실이고 자녀에게 내가 얼만큼의 자산이 있는지 알려주지도 않는 분들이 많습니다.

그러다 보니 자녀들도 함부로 상속이나 증여 얘기를 먼저 할 수도 없고, 부모는 재산이 많은데 난 경제적으로 여유가 막 넘치는 것도 아니고 오히려 불만을 갖는 경우가 더 많습니다. "친구네 부모님은 자녀들에게 미리 사전증여 해주시고 상속플랜까지 구축하셨대요! 아버지는 관심 없으세요?" 이런 말씀드려봤자 부모 생각이 안 열리고 스스로 필요성 인지를 못하시면 헛수고 이기 때문에 왜 내 재산을 너희가 이래라 저래라 하느냐 하고 기분 나빠하시는 경우가 발생될 수 있습니다.

부의 이전과 가족법인 상속플랜은 재산을 쥐고 있는 부모님의 생각이 트여야 실행될 수 있기 때문에, 고액 자산가들을 위한 상속관련 세미나나 전문가들의 유튜브 영상 등 인식 전환을 위한 기회를 마련해 드리는 게 좋습니다.

부모의 재산이 많을수록 상속이라는 세금의 폭탄은 자녀가 맞게 됩니다. 부모가 일생을 모은 재산으로 빌딩을 마련했는데 아무런 대비 없이 상속이 일어난 경우 자녀가 그 건물을 지킬 수 있을까요? 50% 상속세율이 적용되면 상속재산의 절반이 세금인데 근저당 없는 건물이라 해도 대출내서 세금내기 버겁습니다. 상속세뿐만 아니라 상속으로 인한 취득세도 내야 하고, 연부연납 신청을 했다고 해도 10년간은 법정이자 부담해가며 수억씩 매년 내는 경우가 허다합니다. 더구나 건물이 오래된 연식이면 월세 수익률도 낮기 때문에 토지 가치만 높아서 상속세가 높게 나온 경우는 월세로 세금 충당도 힘듭니다. 건물 담보로 대출받아 상속세를 내도 대출이자와 매년 부가세, 소득세, 건물 유지 운영비 쓰면 턱 없이 현금흐름이 부족하기 때문에 자녀가 일반 직장인인 경우 매년 수억을 무슨 수로 마련할 수 있을까요? 결국 건물을 팔아야 하는 상황이 옵니다. 설상가상으로 급하게 건물을 매각해야 하는 상황이면, 제 값을 받지도 못하고 시세보다 낮게 팔아야 하기 때문에 억울함이 더욱 커지고 그렇게 판 돈으로 세금 정산하고 남은 돈으로 비슷한 입지의 부동산을 살 수 있을까요? 각종 세금 내고 비용 정산하면 매각가의 절반도 남지 않을 겁니다.

이번엔 건물이 아니라 부모님이 법인 사업체를 운영하시는 경우는 어떨까요? 상장법인이 아니더라도 수십년을 운영해 오셨다면 법인에 잉여금과 자산이 많이 쌓였을 것이고 비상장주식평가를 해보면 주당 가격이 높게 나와서 깜짝 놀랄 것입니다. 부동산처럼 자산이 눈에 보이는게 아니고 법인 주식을 상속받는 건데, 자녀 입장에서 주식가치×주식수 만큼 상속재산가액이 되니 사전에 가업승계 등 상속플랜 없이 상속을 맞이하게 되면 세금이 감당이 안될 것입니다.

이런 경우 가업을 잇기 위해 가업상속공제 등 법적인 제도가 있지만, 적용하기 위해선 법적인 요건들이 있고 모든 법인의 사정에 적용될 수 있는 것은 아니다 보니 가족법인을 활용한 방법으로 사전에 상속준비를 하기도 합니다. 하지만 가족법인을 활용하는 경우에도 충분한 시간을 두고 사전 준비를 해나가야지 급작스레 한 번에 할 수 있는 것은 아니어서 창업주인 부모님이 관심을 갖고 먼저 움직여 주셔야 전략적 준비가 가능합니다.

앞서 언급한 건물의 경우에도 가액이 클수록 절세를 위해서는 더욱 장기간이 소요되기 때문에 부모님의 빠른 인식 전환이 중요하고 70세 전에는 시작되는 것이 좋습니다.

Chapter 04

가족법인 설립은 장기적 관점으로 가야 한다.

앞서 소개한 내용들을 보면 "법인으로 부동산 투자하면 무조건 좋은 건가?"하고 생각하실 수도 있지만, 유의해야 할 점도 많습니다. 법인은 개인과 별개인 법적 인격체이기 때문에 법인에 내 자산을 넣어 운용하더라도 법인의 수익은 무조건 내 것이 아닙니다. 내 자산을 넣어 운영하고 내가 최대주주인데도 법인 재산을 마음대로 못한다라는 것이 납득 안될 수도 있지만, 법인의 재산을 마음대로 가져가면 횡령이고 법인의 이익을 개인화 하기 위해서는 적법한 절차를 통해 세금이 원천징수된 후에 가져갈 수 있습니다.

따라서 단발성 투자를 위해 법인을 활용하는 것은 오히려 세금 부담이 더 커질 수 있습니다. 법인으로 부동산 임대소득을 개인과 분리하여 저율로 부담하며, 이익잉여금을 축적하고 매각차익에 대해서도 낮은 세율만 부담하여 세후 수익을 법인이라는 주머니에 담아두는 것까지는 좋습니다. 하지만 법인 주머니에 쌓인 돈을 일시에 꺼내서 개인화한다면, 그냥 꺼내갈 수 있는 것이 아니고 급여나 배당 등으로 가져가야 하기 때문에 원천징수 과정을 거치고 개인의 다른 소득과 합산되어 높은 소득세 누진세율이 적용됩니다.

결국 1차로 법인세를 내고 큰 차익을 일시 개인화 한다면, 고율의 소득세율이 2차로 추가 적용되기 때문에 귀속시기 분산 효과도 없고 낮은 법인세율을 이용한 재투자 과정도 없기 때문에 법인을 활용하는 실익이 없습니다.

법인을 활용해서 투자를 하거나, 사업을 한다면 장기적인 관점으로 해야 실익이 있습니다. 법인으로 수익을 꾸준히 내면서 낮은 세율로 잉여금을 쌓아가고 급여나 배당으로 상황에 맞게 분산하여 인출해가고 법인 활용한 재투자를 통해 계속 자산을 불려나가는게 좋습니다.

간혹 자녀에게 집을 해주고 싶다던지 목돈을 급히 개인화해야 하는 경우는 어떻게 해야 하는지 물으시는 분들이 있습니다. 당장 자녀에게 급하게 자금을 줘야하는 사정이 예견된다면 가족법인 보다는 증여 방안을 찾는 것이 우선입니다.

가족법인을 만들 때는 장기적 운영 관점으로 자녀에게 소득원천을 만들어주고 법인을 통해 투자 마중물로 쓸 수 있게 하기 위한 목적이 크기 때문에 급하게 법인 잉여금을 인출하여 개인화하는 것은 가족법인 운영 목적에 맞지 않습니다.

Part 2

가족법인의 설립방법과 설립 시 주의사항

Chapter 01 가족법인 설립을 위한 결정사항

Chapter 02 유한회사 vs 주식회사 어떤 것으로 해야 할까?

Chapter 03 가족법인의 주주 구성

Chapter 04 미성년 자녀를 주주로 넣을 때 주의사항

Chapter 05 성실신고 확인대상 소규모 법인의 패널티

"가문의 부를 잇는"

부동산
가족법인 절세의
모든 것

Chapter 01

가족법인 설립을 위한 결정사항

가족법인을 설립하기로 결정했다면 법인을 설립하기 위해 결정해야 할 사항들이 많이 있습니다. 크게는 ① 법인설립등기 → ② 법인 사업자등록 이렇게 절차가 나누어지고 법인설립등기를 위해서는 법인 본점 주소지를 어디로 할 것인지 먼저 정해야 합니다.

법인 본점 주소지는 법인이 부동산을 취득할 경우 취득세 이슈 때문에 매우 중요한 사항이므로 별도의 장에서 자세히 언급하겠습니다.

법인설립을 셀프로 하는게 아닌 이상 법무사 사무실과 진행을 할 텐데, 법무사 미팅 전에 스스로 정해야 하는 사항들이 있습니다.

1 법인설립등기를 위한 결정사항

법인의 본점을 어느 주소로 할지 정하고 임차계약을 마쳤다면, 법인상호와 어떤 사업을 목적으로 할 것인지 결정해야 합니다. 상호의 경우 같은 법원 관할구역 내에 동일 상호는 쓸 수 없기 때문에 미리 '인터넷 등기소'에서 검색해 보시면 됩니다.

사업목적의 경우 가족법인은 임대업 또는 부모법인 사업승계 목적의 사업내용이 주를 이루지만, 추후 다른 사업을 실제로 영위할 계획이라면, 설립시 여러 사업목적을 한 번에 다 넣는게 좋습니다. 나중에 사업목적을 추가하려면 법인등기를 정정해야 하고 관련 비용도 들기 때문에 번거롭습니다.

2 자본금

자본금은 법인을 운영하는 기본 자금으로 설립 이후에는 함부로 인출할 수가 없고 가족법인으로 어떤 사업을 할지에 따라 자본금 규모를 정해야 하기 때문에 신중해야 합니다.

이론상 자본금은 100만 원으로도 법인을 설립할 수 있지만, 사업을 위한 사무실 임차료, 세무 기장료, 인건비 등 고정비 충당이 어려워 금방 돈을 빌려야 하는 상황이 올 수 있고 부채비율이 올라가고, 재무 건정성이 안좋아 금융기관 차입도 어려워집니다.

자본금을 과다하게 하는 경우는 출자자가 개인 돈이 필요하다고 해서 다시 가져갈 수가 없음에 주의해야 합니다. 출자한 주주가 어쩔 수 없이 법인으로부터 빌려오게 되면 가지급금이라 하여 법인은 4.6%의 인정이자를 강제로 수익 인식해야 하고, 지급이자가 있는 경우는 지급이자 손금불산입이라 하여 이자비용을 법정산식에 따라 부인당하게 됩니다. 또한 자본금이 클수록 법인 설립 시 내야하는 등록면허세도 커지게 되니 이 부분도 고려할 사항입니다.

가족법인의 특성상 부동산 임대업이 주를 이루지만, 가업승계나 실제 사업 영위를 하기 위한 경우는 상법상 자본금과 별개로 특정 업종의 경우 일정 규모 이상의 자본금을 반드시 충족해야 합니다.

[최저 자본금 업종 예시]

건설업	- 토목공사업: 5억 원 - 건축공사업: 3.5억 원 - 조경공사업: 5억 원 - 시설물유지관리업: 2억 원 이상 - 실내 건축 공사, 금속 창호 지붕 건축물 조립 공사, 도장 습식 방수 석공 사업, 조경 식재 시설물 공사업, 철근 콘크리트 공사업, 구조물 해체 및 비계공사업, 상하수도 설비 공사업: 1억 5천만 원
부동산중개업	5천만 원
종합주류도매업	5천만 원
근로자파견사업	1억 원
대부업	5천만 원
종합여행업	5천만 원

고액 자산가분들을 상담하다 보면 가장 많은 경우가 새로 가족법인을 설립하면서 근생 부동산을 취득하는 경우인데, 이 경우는 자본금을 은행의 요구사항에 맞춰야 하는 경우가 많습니다. 취득할 물건 가액을 확인 후 금융기관에 대출 받을 계획이 있다면 금융권 담당자가 요구하는 수준의 담보물이나 자본금이 있기 때문에 법인 설립 전에 이를 먼저 확인한 후 자본금을 결정해서 추가 증자나 절차상의 번거로움을 줄이는게 좋습니다.

3 임원 구성

가족법인 설립 시 대표이사는 대부분 부모 중 한 분이 하시는 경우가 많지만, 부모가 공무원이나 경업금지 직장인인 경우 등 각자의 사정이 있을 수 있어 가정 상황에 맞게 하시면 됩니다. 이왕이면 대표이사는 자금력이나 신용도가 좋고 금융기관이나 관공서 방문이 가능한 기동력 있으신 분이 하는게 좋습니다.

대부분 가족법인은 자본금 10억 원 미만일 텐데, 자본금 총액이 10억 원 미만인 회사는 이사를 1~2명으로 할 수 있으나[1], 상법상 의사결정기구인 이사회를 구성할 수 없습니다.[2] 따라서 이사회의 역할을 주주총회나 대표이사가 대신 행사해야 하고, 이사회가 없음에도 이사회 의사록을 만들어 주요 의사결정을 관리한다던지 적법절차를 준수하지 못한 경우 차후 문제가 될 수 있으니 주의가 필요합니다.

대법 2019다205398(2020.7.9.)

자본금 총액이 10억 원 미만으로 이사가 1명 또는 2명인 주식회사의 이사가 자기 또는 제3자의 계산으로 회사와 거래를 하기 전에 주주총회에서 해당 거래에 관한 중요사실을 밝히고 주주총회의 승인을 받지 않은 경우, 그 거래의 효력(원칙적 무효)

---

1) 상법 제383조 【원수, 임기】 ① 이사는 3명 이상이어야 한다. 다만, 자본금 총액이 10억 원 미만인 회사는 1명 또는 2명으로 할 수 있다.

2) 상법 제383조 제5항

세법에서도 법적인 절차를 지키지 않고 의사결정 후 자금이 집행되면 효력이 없기 때문에 업무와 관련 없이 돈이 나간 것으로 보고 있는데, 법인에 쌓인 잉여금 인출을 위해 실제 많이 행하는 중간배당이나 자기주식 거래는 법적인 절차에 특히 주의해야 하니 큰 돈이 움직이는 경우는 법무사의 자문을 받아 실행하시는게 좋습니다.

서울고등법원 2020누50234

실질적 1인 주주 회사에서 요건을 갖추지 못한 중간배당은 무효인지 여부

요지

이 사건 배당은 요건을 갖추지 못한 위법한 중간배당이므로 이 사건 배당금은 업무무관가지급금에 해당됨.

부산지방법원 2014구합20521

자기주식 취득거래가 무효인 경우 특수관계자에게 지급한 주식매매대금은 업무무관가지급금에 해당됨.

요지

자기주식 취득행위가 상법 제341조에 위반되어 무효에 해당하는 경우 해당 법인이 특주관계자인 주주에게 자기주식 취득대금으로 지급한 금액은 법률상 원인 없이 지급된 것으로 이를 정당한 사유없이 회수하지 않거나 회수를 지연한 때에는 업무무관가지급금으로 봄이 타당함.

[이사가 3인 미만 시, 주주총회가 이사회 대신 행해야 하는 상법상 사항 예시][3)]

제356조	주식양도에 관한 이사회의 승인 규정
제340조의3	주식매수선택권의 부여
제398조	이사 등과 회사 간의 거래
제464조의2	이익배당의 지급시기
제462조의3	중간배당

4 사업자등록 업종 선택

법인설립등기가 완료되면 사업자등록을 하러 세무서에 방문해야 합니다. 법인설립등기 완료 후 세무사 사무실과 기장계약을 체결하면 사업자등록 절차는 대행해 주지만, 업종을 무엇으로 할지는 기본적으로 사업주가 결정해야 합니다. 이 때 법인등기부와 정관에 있는 사업의 목적 중에서 주업종과 부업종을 골라야 하는데, 부동산 임대의 경우 임대물건이 있어야 신청 가능하기 때문에 아직 물건이 없는 경우는 다른 업종을 골라야 합니다. 또한 인·허가 업종인 경우 사전에 관련 인·허가증을 발급받은 후에 사업자등록 신청을 해야 합니다.

3) 상법 제383조 제4항

5 통장 개설 및 공인인증서 발급

사업자등록증을 발급받은 후 절차부터는 법인 대표가 직접 하셔야 하는 것들 입니다. 은행에 방문하여 법인 통장을 개설해야 하는데, 은행 VIP인 경우는 괜찮지만 그렇지 않은 경우는 본점 주소지 관할 은행으로 가서 만들라고 하는 경우가 많습니다. 은행 방문 전에 전화로 통장 개설을 위한 사전 준비사항과 법인통장 개설 가능 여부를 꼭 확인 후에 방문하시길 권해드립니다.

처음 법인 통장 이체 한도를 소액으로 제한하는 경우도 있어서 개설 시 한도를 푸는 것도 꼭 확인해야 하고, 범용공인인증서를 발급받아야(1년에 약 11만 원) 세금계산서 발행과 은행용도 등 범용적으로 사용이 가능합니다. 소소한 팁을 드리자면 '조달청 공인인증서'를 검색해 보시면 1년 44,000원에도 범용공인인증서를 발급받을 수 있습니다.

이제 공인인증서를 이용하여 국세청 홈텍스 가입을 해야 하고, 매출이 발생한 경우 전자세금계산서 발급을 직접 해야 합니다.

Chapter 02

유한회사 vs 주식회사 어떤 것으로 해야 할까?

주식회사는 많이 들어보셨을 텐데 유한회사는 생소하실 겁니다. 하지만 가족법인 설립을 위해 정보를 찾다보면 유한회사로 설립했다는 이야기를 많이 들어보셨을 텐데, 둘 간의 장·단점이 무엇이고 어떤 걸로 설립해야 하는지 궁금하실 겁니다.

우리나라 대부분의 법인은 주식회사의 형태를 띄고 있으나, 가족법인에게는 유한회사가 더 적합할 가능성이 높습니다. 주식회사에 비해 운영상의 간소한 절차가 더 많기 때문입니다. 아래 표를 보시면 유심히 보아야 할 부분이 외부감사 기준입니다.

[주식회사와 유한회사의 비교]

구분	주식회사	유한회사
장점	사채발행가능, 상장가능	의사결정이 신속, 관련 제도의 제약이 덜함
단점	절차의 법적 제약 강해 의사결정이 다소 느림, 상법의 규제가 강함	사채발행 불가
자본조달	출자 외 상장 가능	출자

구분	주식회사	유한회사
현물출자	가능(감정과 법원의 인가 필요)	가능(감정 절차 완화)
세법적용	법인세법 적용 동일	
자기주식 취득	가능	불가
외부감사	- 상장법인: 무조건 감사대상 - 비상장법인: 다음 4가지 요소 중 2개 이상 충족 시 감사대상 ① 자산 120억 원 ② 부채 70억 원 ③ 매출액 100억 원 ④ 종업원 수 100명 이상 단, 전년도 자산 또는 매출액 총액이 500억 원 이상은 무조건 감사대상	직전 사업연도 말 기준 자산총액 등이 다음의 요건을 충족 ① 자산총액 또는 매출액이 500억 원 이상 ② 다음 중 3가지 이상 해당 ❶ 자산 120억 원 이상 ❷ 부채 70억 원 이상 ❸ 매출액 100억 원 이상 ❹ 종업원수 100명 이상 ❺ 사원수 50명 이상

가족법인의 경우 폐쇄적으로 운영하길 원하고 가족의 재산을 누구에게 감사받거나 적정성을 검증받고 싶지는 않을 겁니다. 또한 외부감사를 받아야 하는 대상이 되면 감사 수수료도 매우 높기 때문에 가족법인의 경우 가능하면 외부감사를 받지 않는 것이 속편하고 유리합니다. 주식회사의 외부감사 대상이 되는 기준 중에 자산 120억 원과 부채 70억 원은 근생건물 하나만 취득해도 바로 충족될 가능성이 높기 때문에 부동산임대를 주로 하는 가족법인의 경우는 유한회사로 설립하는게 유리합니다. 유한회사의 경우 자산 120억 원, 부채 70억 원 조건에 한 가지의 기준이 더 추가 되어야 외부감사 대상이 되는데, 매출액 100억 원 이상, 종업원 수 100명 이상, 사원 수 50명 이상 중에 한 개가 더 추가되어야 합니다. 하지만 부동산

임대를 주업으로 하는 경우 매출 기준이나, 종업원 기준이 충족될 가능성이 희미하므로 부동산 가족법인의 경우 유한회사가 답이 될 수 있습니다.

다만, 유한회사의 경우 자기주식 취득은 제한되기 때문에 자기주식을 활용한 법인 잉여금을 인출하는 방법을 고려하고 있다면, 유한회사가 아닌 주식회사로 설립해야 합니다.

유한회사를 주식회사로 변경하는 방법도 있지만, 법인 재산 감정평가를 받고 법원의 인가와 변경 절차를 위한 전문가의 수수료가 들고 절차도 매우 까다로우며, 통상 기간도 3~6개월이 필요하기 때문에 자기주식을 활용한 잉여금 인출을 위해 조직 변경하는 것은 실익 여부를 따져봐야 합니다.

또한 뒤의 파트에서 나오는 내용을 미리 언급하면, 부동산을 현물출자하여 법인을 설립하는 경우 유한회사가 훨씬 간편합니다. 현물출자 법인설립의 절차 중 법원인가 및 감정 절차가 완화되기 때문인데 설립이 간편하지만 자기주식 활용은 못한다는 점을 기억해야 하고 각자의 목적에 맞게 전문가의 상담을 받으시길 권해드립니다.

Chapter 03

가족법인의 주주 구성

가족법인 설립 절차 중에서 가장 하이라이트 부분이 바로 주주의 구성입니다. 가문의 부의 이전과 상속, 그리고 자녀의 경제적 지원을 하기 위한 수단으로서 가족법인을 활용하는 경우 주주의 구성과 지분율 세팅이 '상속세 및 증여세법 제45조의5 [특정법인과의 거래를 통한 이익의 증여의제]'의 적용과 곧바로 이어지기 때문에 그렇습니다.

자세한 세법 적용 내용은 뒤쪽 파트에서 설명하겠지만, 기본적으로 상속을 염두에 두거나 부의 이전 목적으로 가족법인을 설립하신다면 주주의 구성은 연로한 부모님을 제외한 자녀로만 구성하는 것을 권해드립니다.

재산을 자녀에게 내려줘야 하는 부모가 가족법인의 주주로 들어가면 법인의 가치가 커짐에 따라 부모가 갖고 있는 법인 지분의 가치도 늘어나게 됩니다. 이는 상속재산 가액이 계속 늘어나고 있는 것이기 때문에 법인의 주주에서 부모는 빠지는 것이 좋습니다.

하지만 머리로는 이해를 해도 마음으로는 이렇게 잘 안되는 분들도 많습니다. 부모 입장에서는 일평생 일구어온 부를 되물림 해주고 싶어서 가족법인을 설립하는 것이지만, 이 재산의 주인이 될 법인의 주주에 자신이 빠진다는 것이 마음으로는 매우 허탈할 수 있기 때문입니다. 그래서 상담 때 제일 많이 권해드리는 방법이 주주는 자녀 위주로 하고 대표이사는 부모로 하는 것입니다. 물론 주주총회에서 대표이사를 해임할 수 있지만, 주주인 자녀가 도의상 그렇게 하지는 않을 것이기에 부모는 대표이사로서 가족법인을 경영하시고 노후에는 법인으로부터 급여를 받아가고, 건강보험도 직장가입자로 유지하면서 안정적인 생활을 할 수 있게 하는 것입니다.

그리고 재산 여유가 많은 부모님들에게는 자녀별로 법인을 만들어 주라고 조언을 드리는데, 자녀들은 결혼으로 각자의 가정을 가지고 있을 것이기 때문에 경제력이나 사정이 서로 달라서 그렇습니다.

예를 들어 가족법인 주주로 아들과 딸이 있고 건물 1개를 소유한 경우 아들은 건물을 빨리 처분해서 매각 대금과 차익을 배당 받길 원하고, 딸은 안정적인 임대수익을 갖다가 매각 후 상급지 건물로 갈아타길 원하는 경우 자녀 간 의견차이가 커서 사이가 틀어지는 경우가 많기 때문입니다. 이런 경우 여유가 있다면, 처음부터 아들과 친손주들로 주주 구성한 가족법인을 1개 만들고, 딸과 외손주들로 주주 구성한 법인을 각각 만들어줘서 서로 별개로 운영될 수 있게 해주는 것을 권해드립니다.

Chapter 04

미성년 자녀를 주주로 넣을 때 주의사항

주주의 지분비율에 대해서는 주주별로 공평하게 배분하는게 무난한데, 만약 주주 중에 미성년 자녀나 손주가 있는 경우 만일의 대비를 위해 부모의 지분을 1%라도 더 높게 해주거나 최소한 동일 비율로 해주는 게 좋습니다. 경제력, 의사결정 능력과 권한이 없는 미성년 자녀에게 더 높은 비율의 지분을 주는 것은 자본금을 증자해야 하는 상황이 왔을 때 법인의 안정된 운영을 해칠 수 있어 금융기관 대출 심사 때 문제를 삼거나, 특정법인 제도를 편법 증여로 악용하는 것처럼 보이기 때문에 추후 과세관청에서 안좋은 시각으로 볼 수 있기 때문입니다.

추가적으로 미성년 자녀나 손주를 가족법인의 주주로 넣을 때 반드시 주의해야 할 사항이 하나 있습니다. 바로 출자금의 자금 원천을 만들어주는 것입니다. 출자금 원천을 만들어 놓지 않고 나중에 가족법인 지분 가치가 커진 후에 미성년 자녀의 지분 처분이나 지분을 통한 배당을 받을 때 그 가액 전체를 증여로 볼 가능성이 있기 때문입니다.

따라서 미성년 자녀에게는 2천만 원까지 증여공제가 가능하니 먼저 현금을 자녀 계좌로 이체하여 증여세 신고를 해두고, 그 돈을 원천으로 하여 자녀 계좌에서 법인 계좌로 출자금 이체를 해야 나중에 소명 시 자금 원천에 대한 인과관계가 확실해 집니다.

미성년 자녀를 주주로 넣고 차후 가족법인에서 잉여금이 발생했을 때 정기적인 배당을 한다면, 어릴 때부터 자금의 원천을 만들어 줄 수 있어 시드머니로 사용이 가능하고 나중에 부동산을 취득하는 경우에도 자금출처 소명 시 배당만큼은 자금 원천 입증 근거로 쓸 수 있습니다.

Chapter 05

성실신고 확인대상 소규모 법인의 패널티

과세관청에서는 부동산 임대업 등을 주 수입으로 하는 가족법인에 대해 안 좋은 시각을 갖고 있습니다. 자산가들이 절세를 위해 법을 악용하여 세금을 덜 낸다는 국민정서가 반영이 되어 있는 부분도 있고 돈 있는 사람들만 이용하는 그들만의 리그라 생각하여 이런 법인들에 대해 아예 법적으로 정해두고 패널티를 두고 있습니다.

하지만 이런 패널티들이 임대수입 관련 법인세에 관한 것들이지 자산의 승계를 막는다던지 컨설팅 자체를 막는 정도의 성격은 아닙니다. 부동산 임대를 개인 소득과 분리해서 고율의 소득세를 피해 저율의 법인세를 적용 받겠다는 것에 대해 약간의 패널티를 받는 정도라 생각하시면 되고 이러한 것이 적용되어도 고소득자의 경우 소득세율 보다는 낮기 때문에 가족법인이 실익이 없는 것은 아닙니다.

법인세법에서는 가족회사 등 특정법인에 대해 정의를 다음과 같이 하고 있습니다.[4] 다음 요건을 모두 갖춰야 하는데, 임대업을 위한

4) 법인세법 시행령 제42조【기업업무추진비의 수입금액계산기준 등】

가족법인은 대부분 해당이 된다고 보시면 됩니다.

① 가족끼리 법인의 주식수나 출자총액의 50% 초과하여 보유
② 부동산 임대가 주업이거나 부동산 수입, 이자, 배당 수입이 매출액 50% 이상
③ 상시근로자 수 5명 미만

24년까지 이러한 법인들에 대해 법인세 패널티를 3개 두고 있었는데, 25년부터는 법인세율 상승[5)]이 추가되어 패널티가 4개로 늘어났습니다.

---

② 법 제25조 제5항 및 법 제27조의2 제5항에서 "대통령령으로 정하는 요건에 해당하는 내국법인"이란 각각 다음 각 호의 요건을 모두 갖춘 내국법인을 말한다.
1. 해당 사업연도 종료일 현재 내국법인의 제43조 제7항에 따른 지배주주등이 보유한 주식등의 합계가 해당 내국법인의 발행주식총수 또는 출자총액의 100분의 50을 초과할 것 (2017.2.3. 신설)
2. 해당 사업연도에 부동산 임대업을 주된 사업으로 하거나 다음 각 목의 금액 합계가 기업회계기준에 따라 계산한 매출액(가목부터 다목까지에서 정하는 금액이 포함되지 않은 경우에는 이를 포함하여 계산한다)의 100분의 50 이상일 것 (2022.2.15. 개정)
   가. 부동산 또는 부동산상의 권리의 대여로 인하여 발생하는 수입금액(「조세특례제한법」 제138조 제1항에 따라 익금에 가산할 금액을 포함한다) (2020.2.11. 개정)
   나. 「소득세법」 제16조 제1항에 따른 이자소득의 금액 (2017.2.3. 신설)
   다. 「소득세법」 제17조 제1항에 따른 배당소득의 금액 (2017.2.3. 신설)
3. 해당 사업연도의 상시근로자 수가 5명 미만일 것 (2017.2.3. 신설)

5) 법인세법 제55조 【세율】
① 내국법인의 각 사업연도의 소득에 대한 법인세는 제13조에 따른 과세표준에 다음 각 호의 구분에 따른 세율을 적용하여 계산한 금액(제55조의2에 따른 토지등 양도소득에 대한 법인세액 및 「조세특례제한법」 제100조의32에 따른 투자·상생협력 촉진을 위한 과세특례를 적용하여 계산한 법인세액이 있으면 이를 합한 금액으로 한다. 이하 "산출세액"이라 한다)을 그 세액으로 한다. (2024.12.31. 개정)
2. 제60조의2 제1항 제1호에 해당하는 내국법인의 경우 (2024.12.31. 개정)

과세표준	세율
200억 원 이하	과세표준의 100분의 19
200억 원 초과 3천억 원 이하	38억 원 + (200억 원을 초과하는 금액의 100분의 21)
3천억 원 초과	626억 원 + (3천억 원을 초과하는 금액의 100분의 24)

1 업무용 승용차 관련 비용 한도 제한

법인차라는 것이 업무용으로 쓰는지 사적용도로 쓰는지 불분명한 부분이 있기 때문에 세법에서는 비용으로 인정할 수 있는 한도에 대해 정해두고 있습니다. 그런데 이러한 특정 가족법인에 대해서는 일반 법인보다 더 낮은 한도를 주고 있어서 가족법인을 악용해 고급차를 타고 단기 법인 비용처리를 하는 것에 금액 제한을 하는 것입니다.

출·퇴근을 포함해 업무용으로만 사용하면 이월하여 나중에 비용처리는 가능하기 때문에 당기에 비용처리할 수 있는 한도를 줄인다는 것이지 사적용도가 아닌 업무용으로 썼는데도 비용처리를 못하게 막는 것은 아닙니다. 다만 사적으로 이용 시는 법인 비용이 부인되는 것은 물론 동시에 그 금액에 대해 소득처분이라 하여 사적으로 사용한 자의 소득세까지 나오게 됩니다.

가족법인 관련 한도 제한은 ① 업무용으로 이용시 운행기록을 작성 않은 경우 일반 법인은 업무용 승용차 관련비용을 1,500만 원까지는 비용인정 해주지만, 이를 500만 원까지만 인정해 줍니다. ② 업무용 승용차의 감가상각비를 일반법인은 1년에 800만 원까지 인정해 주지만 가족법인은 400만 원만 인정해 줍니다. ③ 업무용 승용차를 처분하여 처분손실이 발생했을 때 차별로 일반법인은 손실액에 달할 때까지 1년에 800만 원 한도로 손실을 인정해 주나, 가족법인은 1년에 400만 원을 한도로 인정해 줍니다.

2 기업업무추진비 한도 제한

과거 접대비로 불리던 금액인데, 사실 가족법인이 임대업을 주로 한다면 접대할 금액이 있는 경우는 드물 것입니다. 기업이 과도한 업무추진비를 쓰는 것은 과거부터 제한을 하고 있었는데 가족법인에 대해서는 일반법인 대비 50%의 한도만을 인정해 주고 있습니다.

3 성실신고확인서의 제출

위의 업무용 승용차와 기업업무추진비 한도를 축소 적용받는 특정 가족법인은 '성실신고 확인대상 법인'으로 정하고 있으며, 여기에 해당이 되면 '성실신고확인서'를 법인세 신고 시 의무적으로 제출해야 합니다.

성실신고확인서란 장부와 세무계산이 적정하다는 것을 세무사 등 법에서 정한 전문가에게 확인받는 서식을 말하는데, 이를 제출 안할 경우 가산세와 더불어 세무조사 사유에 추가가 되니 주의가 필요합니다.[6]

---

6) 국세기본법 제81조의6【세무조사 관할 및 대상자 선정】
③ 세무공무원은 제2항에 따른 정기선정에 의한 조사 외에 다음 각 호의 어느 하나에 해당하는 경우에는 세무조사를 할 수 있다. (2014.1.1. 개정)
1. 납세자가 세법에서 정하는 신고, 성실신고확인서의 제출, 세금계산서 또는 계산서의 작성·교부·제출, 지급명세서의 작성·제출 등의 납세협력의무를 이행하지 아니한 경우

4 임대 가족법인의 법인세율 패널티

과거부터 보면 나라에서는 법인을 활용한 절세 등 법에 있는 컨설팅 활용 가능한 사항들을 계속 줄여나가고 있는 추세입니다. 2025년 세법이 개정되면서 앞의 3가지 보다는 패널티가 강한 사항으로 일반법인과 세율을 달리 적용되는 것이 도입되었습니다.

2025.1.1. 이후 개시하는 사업연도부터는 임대, 이자·배당을 주 수입으로 하는 가족법인들에게 2억 원 이하의 낮은 법인소득에 대해서 최저세율 9% 적용을 제외하고 19% 법인세율부터 적용합니다.

(5) 성실신고 확인대상 소규모 법인에 대한 법인세 과표구간·세율 조정 (법인법 §55 ①)

현 행	개 정 안
□ 법인세 과세표준 및 세율	□ 성실신고 확인대상 소규모 법인*에 대한 법인세 과표구간·세율 조정 *❶~❸요건을 모두 갖춘 법인 ❶ 지배주주등 지분율 50% 초과 ❷ 부동산임대업이 주된 사업이거나 부동산 임대수입·이자·배당소득이 매출액의 50% 이상 ❸ 상시근로자 수가 5인 미만

현행:

과세표준	세율
2억 원 이하	9%
2억 원 초과 200억 원 이하	19%
200억 원 초과 3,000억 원 이하	21%
3,000억 원 초과	24%

개정안:

과세표준	세율
200억 원 이하	19%
200억 원 초과 3,000억 원 이하	21%
3,000억 원 초과	24%

〈개정이유〉 성실신고 확인대상 소규모 법인에 대한 세부담 적정화

〈적용시기〉 2025.1.1. 이후 개시하는 사업연도분부터 적용

물론 이러한 법인세율 패널티도 고소득자의 개인 소득세율에 비하면 낮기는 하지만, 보통 꼬마빌딩 하나의 임대수입으로 과세표준이 2억 원을 안 넘는 경우도 많기 때문에 작은 임대법인의 경우 9% → 19% 적용으로 기존보다 법인세 부담은 커진다고 보시면 됩니다.

Part 3

가족법인 본점 소재지와 취득세 문제

Chapter 01 부동산 가족법인은 법인의 본점 주소지가 중요하다.

Chapter 02 임대용 물건이 지점에 해당하는지 여부

Chapter 03 법인 본점, 지점 설치 주의사항

Chapter 04 임대물건으로 주차장 운영이나 무인매장 운영 시 지점에 해당될까?

Chapter 05 본점만 대도시 밖에 설치하면 중과세가 안되는 걸까? (추징사례)

"가문의 부를 잇는"

부동산 가족법인 절세의 모든 것

Chapter 01

부동산 가족법인은 법인의 본점 주소지가 중요하다.

법인을 설립등기를 위해서 가장 먼저 할 일이 바로 법인 본점이 될 주소지를 선정하는 일이라고 앞서 설명드렸습니다. 사실 본점 주소지는 부동산 취득을 염두에 두지 않는다면, 사업자 등록이 나오는 요건만 맞아도 됩니다.

일례로 별다른 시설이나 요건을 필요로 하지 않는 1인이어도 가능한 경영컨설팅업이라던지 유튜버 같은 미디어 콘텐츠 창작업은 자택을 주소지로 해도 세무서에서 특별한 요구사항 없이 법인 사업자 등록이 나옵니다.

하지만 가족법인의 경우 대다수 부동산 취득을 염두에 두고 있기 때문에, 법인의 본점 주소지가 중요합니다. 도대체 어떤 내용 때문에 그럴까요? 바로 취득세 중과 이슈 때문에 그렇습니다.

1 대도시에 본점을 설립하고 5년 내 대도시 안 부동산 취득 시 취득세 중과[1)2)]

---

1) 지방세법 제13조【과밀억제권역 안 취득 등 중과】

② 다음 각 호의 어느 하나에 해당하는 부동산(「신탁법」에 따른 수탁자가 취득한 신탁재산을 포함한다)을 취득하는 경우의 취득세는 제11조 제1항의 표준세율의 100분의 300에서 중과기준세율의 100분의 200을 뺀 세율(제11조 제1항 제8호에 해당하는 주택을 취득하는 경우에는 제13조의2 제1항 제1호에 해당하는 세율)을 적용한다. 다만, 「수도권정비계획법」 제6조에 따른 과밀억제권역(「산업집적활성화 및 공장설립에 관한 법률」을 적용받는 산업단지는 제외한다. 이하 이 조 및 제28조에서 "대도시"라 한다)에 설치가 불가피하다고 인정되는 업종으로서 대통령령으로 정하는 업종(이하 이 조에서 "대도시 중과 제외 업종"이라 한다)에 직접 사용할 목적으로 부동산을 취득하는 경우의 취득세는 제11조에 따른 해당 세율을 적용한다. (2020.8.12. 개정)

1. 대도시에서 법인을 설립[대통령령으로 정하는 휴면(休眠)법인(이하 "휴면법인"이라 한다)을 인수하는 경우를 포함한다. 이하 이 호에서 같다]하거나 지점 또는 분사무소를 설치하는 경우 및 법인의 본점·주사무소·지점 또는 분사무소를 대도시 밖에서 대도시로 전입(「수도권정비계획법」 제2조에 따른 수도권의 경우에는 서울특별시 외의 지역에서 서울특별시로의 전입도 대도시로의 전입으로 본다. 이하 이 항 및 제28조 제2항에서 같다)함에 따라 대도시의 부동산을 취득(그 설립·설치·전입 이후의 부동산 취득을 포함한다)하는 경우 (2016.12.27. 개정)

2) 지방세법 시행령 제27조【대도시 부동산 취득의 중과세 범위와 적용기준】

① 법 제13조 제2항 제1호에서 "대통령령으로 정하는 휴면(休眠)법인"이란 다음 각 호의 어느 하나에 해당하는 법인을 말한다. (2010.9.20. 개정)

1. 「상법」에 따라 해산한 법인(이하 "해산법인"이라 한다) (2010.9.20. 개정)
2. 「상법」에 따라 해산한 것으로 보는 법인(이하 "해산간주법인"이라 한다) (2010.9.20. 개정)
3. 「부가가치세법 시행령」 제13조에 따라 폐업한 법인(이하 "폐업법인"이라 한다) (2013.6.28. 개정)
4. 법인 인수일 이전 1년 이내에 「상법」 제229조, 제285조, 제521조의2 및 제611조에 따른 계속등기를 한 해산법인 또는 해산간주법인 (2010.9.20. 개정)
5. 법인 인수일 이전 1년 이내에 다시 사업자등록을 한 폐업법인 (2010.9.20. 개정)
6. 법인 인수일 이전 2년 이상 사업 실적이 없고, 인수일 전후 1년 이내에 인수법인 임원의 100분의 50 이상을 교체한 법인 (2010.9.20. 개정)

② 법 제13조 제2항 제1호에 따른 휴면법인의 인수는 제1항 각 호의 어느 하나에 해당하는 법인에서 최초로 그 법인의 과점주주(「지방세기본법」 제46조 제2호에 따른 과점주주를 말한다)가 된 때 이루어진 것으로 본다. (2023.3.14. 개정)

③ 법 제13조 제2항 제1호에 따른 대도시에서의 법인 설립, 지점·분사무소 설치 및 법인의 본점·주사무소·지점·분사무소의 대도시 전입에 따른 부동산 취득은 해당 법인 또는 행

법조문을 보면 ① 대도시에서 법인을 설립하거나, ② 대도시에 있던 휴면법인을 인수하거나, ③ 대도시에 법인의 지점 또는 분사무소를 설치하거나, ④ 법인의 본점·주사무소·지점 또는 분사무소를 대도시 밖에서 대도시로 전입(서울특별시 외의 지역에서 서울특별시로의 전입도 포함)하는 경우, 대도시의 부동산을 취득한다면(그 설립·설치·전입 이후의 부동산 취득을 포함) 취득세가 중과세 됩니다.

상가(근생), 대지 등 매매 취득	취득세	농특세	지방 교육세	합계
개인 / 중과세 아닌 일반 세율	4.0%	0.2%	0.4%	4.6%
대도시 내 부동산 취득 법인 중과세율 (대도시 내에 본·지점 설립일부터 5년 내)	8.0%	0.2%	1.2%	9.4%

지방세법에서 말하는 대도시란 「수도권정비계획법」 제6조에 따른 과밀억제권역에서 산업집적활성화 및 공장설립에 관한 법률을 적용받는 산업단지는 제외한 지역을 말합니다. 아래 표를 보시면 서울은 전지역이 과밀억제권역에 해당되며, 산업단지는 대도시에서 제외한다 했는데 서울 안에서도 산업단지가 있습니다.

정안전부령으로 정하는 사무소 또는 사업장(이하 이 조에서 "사무소등"이라 한다)이 그 설립·설치·전입 이전에 법인의 본점·주사무소·지점 또는 분사무소의 용도로 직접 사용하기 위한 부동산 취득(채권을 보전하거나 행사할 목적으로 하는 부동산 취득은 제외한다. 이하 이 조에서 같다)으로 하고, 같은 호에 따른 그 설립·설치·전입 이후의 부동산 취득은 법인 또는 사무소등이 설립·설치·전입 이후 5년 이내에 하는 업무용·비업무용 또는 사업용·비사업용의 모든 부동산 취득으로 한다. 이 경우 부동산 취득에는 공장의 신설·증설, 공장의 승계취득, 해당 대도시에서의 공장 이전 및 공장의 업종변경에 따르는 부동산 취득을 포함한다. (2019.12.31. 개정)

산업집적활성화 및 공장설립에 관한 법률을 적용받는 산업단지란 「산업입지 및 개발에 관한 법률」 제6조·제7조·제7조의2 및 제8조에 따라 지정·개발된 국가산업단지, 일반산업단지, 도시첨단산업단지 및 농공단지를 말합니다.[3)]

서울 안의 국가산업단지 대표적인 곳은 '서울디지털 산업단지(G밸리)'가 있습니다. 잘 알려진 구로디지털단지와 가산디지털단지를 생각하시면 되는데, 여기는 산업단지이기 때문에 지방세법에서 말하는 대도시에서 제외됩니다.

[서울디지털 산업단지(G밸리)]

위치	서울특별시 구로구 구로동(1단지), 금천구 가산동(2,3단지) 일원
사업시행자	한국산업단지공단
관리기간	한국산업단지공단 서울지역본부
조성기간	1965~1974(지정일 1964.4.15.)
면적	1,922천㎡

3) 산업집적활성화 및 공장설립에 관한 법률 제2조 【정의】 제14호

[수도권정비계획법 시행령[별표 1] 〈개정 2017.6.20.〉]

– 과밀억제권역, 성장관리권역 및 자연보전권역의 범위(제9조 관련)

과밀억제권역
1. 서울특별시 2. 인천광역시[강화군, 옹진군, 서구 대곡동·불로동·마전동·금곡동·오류동·왕길동·당하동·원당동, 인천경제자유구역(경제자유구역에서 해제된 지역을 포함한다) 및 남동 국가산업단지는 제외한다] 3. 의정부시 4. 구리시 5. 남양주시(호평동, 평내동, 금곡동, 일패동, 이패동, 삼패동, 가운동, 수석동, 지금동 및 도농동만 해당한다) 6. 하남시 7. 고양시 8. 수원시 9. 성남시 10. 안양시 11. 부천시 12. 광명시 13. 과천시 14. 의왕시 15. 군포시 16. 시흥시[반월특수지역(반월특수지역에서 해제된 지역을 포함한다)은 제외한다]

따라서 서울 안이라도 국가산업단지인 구로디지털단지나, 가산디지털단지에 법인 본점 주소지를 둔다면, 대도시 밖이기 때문에 취득세 중과를 피할 수 있습니다.

주의할 점은 무조건 가산, 구로디지털단지라 해서 중과세 제외되는 것은 아니고 산업단지 구역을 잘 확인해야 하기 때문에 일부 지식산업센터는 산업단지 밖에 위치하기도 해서 관할 지자체에 확인을 하고 진행하셔야 합니다.

앞에서는 대도시 내에 법인 본점을 설립하는 경우 등의 의미를 살펴보았고 다음은 지방세법 시행령 제27조 [대도시 부동산 취득의 중과세 범위와 적용기준]의 내용입니다.

시행령의 내용은 2가지로 나뉘어 지는데, 대도시에서의 법인 본·지점 설립이나 전입에 따른 부동산 취득은 ① 해당 법인의 본점·주사무소·지점이 대도시 전입 이전이라도 본·지점 등의 용도로 직접 사용하기 위한 부동산 취득으로 한다는 부분과 ② 법인의 본·지점 설립·설치·전입 이후의 5년 이내의 부동산 취득은 업무용·비업무용 또는 사업용·비사업용의 모든 부동산 취득으로 한다는 부분입니다.

②번의 내용이 기본이기 때문에 먼저 설명드리면, 대도시에서의 법인 본·지점 설립이나 전입 이후 5년 내에 대도시 부동산 취득은 용도불문하고 전부 취득세 중과세를 적용한다는 뜻입니다.

달리 해석하면 대도시 본점 설립하고 5년이 경과한 뒤에는 서울에 부동산을 취득해도 중과세가 되지 않는다는 것입니다.

서울세제-12071(2016.8.26.) 취득세

대도시내 법인취득 부동산의 취득세 중과세 여부에 대한 질의 회신

질의요지

2008년 10월 서울시에서 설립한 법인이 2016년 2월에 서울시내에 부동산을 취득하여 본점으로 사용할 경우 취득세 중과세 해당여부

답변요지

2008년 10월에 설립하여 서울시 강남구 소재 건물을 임차하여 본점으로 사용하여 오다가 본점설립 이후 5년을 충분히 경과한 2016년 2월에 서울시 강남구 소재 부동산을 매매로 취득하고, 이를 본점으로 사용하는 경우라면 취득세 중과세 대상에 해당하지 않음.

①의 내용은 대도시에 본·지점 등 전입 이전이라도 대도시 내 부동산을 취득하여 본·지점 용도로 직접 사용하는 경우 취득세 중과세를 적용한다는 뜻입니다.

종합해 보면 법인 설립 5년 내 대도시 안에 있는 부동산을 취득할 경우, 취득세 중과세를 피하기 위해선 대도시에 법인 본점을 두면 안되고, 지점도 설치해서는 안됩니다. 또한 대도시 밖에서 안으로 본점이나 지점을 전입해서도 안됩니다.

법인 설립 5년 이내 부동산을 취득할 목적이라면, 법인 본점을 대도시 밖에 두거나(이 경우에도 대도시 안에 취득한 부동산이 법인의 본·지점 등의 용도로 직접 사용되어서는 안됨), 대도시 안에 있는 부동산을 취득하지 않으면 됩니다. 하지만 부동산 가족법인의 경우

대부분 대도시 안의 물건을 취득하길 원하기 때문에 결론적으로 법인 본점을 대도시 밖에 두고 대도시 내 임대 사용 목적의 부동산을 취득하는 것입니다.

2 휴면법인의 사용 제한

과거 서울 부동산 취득 시 중과세를 피하기 위해 대도시 내 설립 5년 지난 법인을 찾는 일들이 많았는데, 형식상 대도시 내에 설립하고 5년이 지난 법인을 인수하여 이 법인을 통해 부동산을 취득해서 중과세를 피하고자 하는 편법을 노렸던 것입니다.

하지만 실제 사업은 하지 않고 이를 목적으로 법인을 만들어 놓고 필요한 사람에게 파는 경우까지 생겨, 휴면법인을 인수하여 자본금, 상호, 임원 등 핵심사항을 변경한 경우에도 법인의 설립으로 간주하여 중과세하도록 하고자 한 것 입니다(지방세운영과-1195, 2016. 5.16. 및 같은 취지의 대법원 2016.1.28. 선고 2015두54582 판결 참조).

지방세법 시행령 휴면법인의 범위에[4] 법인 인수일 이전 2년 이상 사업 실적이 없고, 인수일 전후 1년 이내에 인수법인 임원의 100분의 50 이상을 교체한 법인을 명시하고 있는데, 이 범위를 피하고자 소액으로 매출을 인위적으로 만드는 경우도 있습니다.

4) 지방세법 시행령 제27조 【대도시 부동산 취득의 중과세 범위와 적용기준】 제1항

관련 예규를 보면 비록 매출액이 소액이라 하더라도, 그것이 거래처가 불분명하거나 정상적인 사업의 영위로 보기 곤란한 경우 등(조세심판원 2017지0864, 2018.1.25. 결정 참조)이 아닌 이상 사업실적이 없다고 단정짓기는 어렵다고 하였으나, 이는 질의 당시 사실관계를 바탕으로 판단한 해석으로서 추가 사실확인 등 변동이 있을 시는 당해 과세권자가 면밀한 조사를 통해 최종 결정할 사안이라고 하였습니다.

부동산세제과-1529(2020.7.2.) 취득세

휴면법인으로 보는 사업 실적이 없는 법인에 해당하는지 여부 질의 회신

답변요지

비록 매출액이 소액이라 하더라도, 그것이 거래처가 불분명하거나 정상적인 사업의 영위로 보기 곤란한 경우 등이 아닌 이상 사업 실적이 없다고 단정짓기는 어려움

예규 자체로는 납세자에게 유리하지만, 실제 세무조사 때는 사실판단의 문제이기 때문에 휴면법인을 활용 예정이신 분들은 참고하시기 바랍니다.

Chapter 02

임대용 물건이 지점에 해당하는지 여부

지점은 인적·물적 설비를 갖추고 법인의 사업을 행하는 장소인데, 부동산 가족법인을 운영하는 경우 본점을 대도시 밖에 설치 해도 취득 물건은 대도시 내에 위치하는 경우가 대다수이고 이 경우 물건 취득 후 임대 사업자등록을 위해 세무서에 방문하면, 임대물건 자체가 본점과 지점관계가 되기 때문에 대도시 내의 지점 설치니까 중과세 대상인가 하고 의문이 듭니다.

순수 임대로 사용하는 경우는 인적·물적 설비를 갖추고 법인의 사업을 행하는 장소(지점)가 아니므로 취득세가 중과되지 않기 때문에 임대용 상가를 취득하고 세무서에 지점 사업자등록을 하더라도 중과세율이 적용되지 않습니다. 따라서 대도시 내 임대용 물건 취득 후 세무서에 지점 사업자등록 했다고 해서 취득세 중과세율을 자진 납세할 필요가 없습니다.

서울세제-13762(2018.10.17.)

대도시 내 지점 설치에 따른 취득세 중과세 관련 질의 회신

요지

본점이 대도시 외에 소재하고 대도시 내 부동산을 취득(신축 포함)하여 임대업을 영위하는 경우, 취득한 부동산에 인적·물적시설을 갖추지 않고 임대 관련 업무를 본점에서 처리한다면 지방세법 규정에 따른 취득세 중과세대상이 아닌 것으로 판단됨.

대법 2008두18496(2011.6.10.)

중과 요건인 대도시 내에서의 지점 또는 분사무소의 설치에 따른 부동산 등기에 있어 지점 또는 분사무소는 법인세법·부가가치세법 또는 소득세법의 규정에 의하여 등록된 사업장으로서 그 명칭 여하를 불문하고 인적·물적 설비를 갖추고 계속하여 당해 법인의 사무 또는 사업이 행하여지는 장소를 말하는바,

여기서 말하는 인적 설비는 당해 법인의 지휘·감독하에 인원이 상주하는 것을 뜻할 뿐이고 그 고용형식이 반드시 당해 법인에 직속하는 형태를 취할 것을 요구하는 것은 아니다(대법원 1998.4.24. 선고 98두2737 판결, 대법원 2007.8.24. 선고 2005두13469 판결 참조).

Chapter 03

법인 본점, 지점 설치 주의사항

법인의 본점을 대도시 밖에 설립했는데, 추후 이전할 일이 생겼을 때 무심코 대도시 안으로 이전하거나, 가족법인을 활용하여 실제 사업을 해보겠다고 대도시 내에 지점을 설치하는 경우 취득세가 중과세 되니 주의해야 합니다.

앞서 산업단지는 서울 안에 있어도 대도시로 보지 않는다고 했는데, 서울 내에서 본점을 이동할 때도 가산, 구로디지털 산업단지 안에서 산업단지 밖의 서울로 이전하거나 지점을 설치한다면 대도시 아닌 곳에서 대도시 안으로 본점 이전 및 지점 설치하는 것과 똑같기 때문에 산업단지 안에서 설립 후 5년이 지났다 하더라도, 5년의 카운팅이 다시 시작되고 전입 이후 5년 내 대도시 부동산 취득은 용도불문하고 취득세가 중과세 된다는 점도 유의하셔야 합니다.

간혹 대도시 밖에 본점 설립 후 대도시 임대 부동산까지 세팅을 했는데 본점을 그 후 대도시 안으로 이전하면 어떻게 되냐 물으시는 분들이 있습니다. 과거에 취득했던 임대용 물건이 법인 본점의 대도시 전입으로 인해 소급해서 중과세가 적용될까요?

예규나 판례를 보면 대도시 전입 전 일반세율로 취득했던 임대물건을 순수 임대용으로 사용하고 법인의 본·지점 용도로 사용하지 않는다면 법인이 대도시 내로 이전했다고 해서 중과세 대상이 되는 것은 아니라고 하였습니다.

서울세제-12080(2019.8.27.) 취득세

대도시 내로 본점 전입에 따른 취득세 중과 관련 질의 회신

답변요지

대도시 밖에 본점을 둔 법인이 대도시 내의 임대용 아파트를 2017년 9월경에 일반과세로 취득신고한 후, 해당 법인이 2019년 9월경에 대도시 내의 오피스텔로 본점을 이전할 경우 2년 전에 취득한 임대용 아파트를 법인의 본점 용도로 직접 사용하지 않는다면 취득세 중과대상에 해당되지 않는다 할 것입니다.

대법 2012두13511(2015.3.26.)

과밀억제권역 내 취득한 부동산에 대하여 사용목적과 관계없이 일률적으로 중과세율을 적용한 것이 타당한지 여부

내용 발췌

대도시에서 법인 설립, 지점·분사무소 설치 및 법인의 본점·주사무소·지점·분사무소의 대도시 전입에 따라 부동산을 취득하는 경우와 설립·설치·전입 이후 5년 이내에 대도시 내에서 부동산을 취득하는 경우를 구분하여, 전자의 경우에는 법인의 본점·주사무소·지점 또는 분사무소의 용도로 직접 사용할 목적으로 부동산을 취득하는 경우에 한하여 취득세 중과대상이 되고, 후자의 경우에는 법인 또는 사무소 등이 설립·설치·전입 이후 5년 이내에 부동산을 취득하였다는 요건만 갖추면 용도를 불문하고 취득세 중과대상이 된다.

여기서 실무상 가장 중요한 사항이 하나 있습니다. 위 대법원 판례 해설에도 있듯이 '법인의 본점·주사무소·지점 또는 분사무소의 용도로 직접 사용할 목적으로 부동산을 취득하는 경우에 취득세 중과대상'을 적용할 때는 앞서 언급했듯이 대도시 내 법인 본·지점 등의 설립, 전입한 상태가 아니더라도 중과세가 적용된다는 것입니다. 단, 직접사용이 아닌 임대목적의 취득이라면 괜찮습니다.

대도시 내 설립, 전입 이후 5년 이내 대도시 부동산 취득은 용도불문 무조건 중과세 대상인 것과 비교되게 임대용이 아닌 본·지점 직접 사용목적으로 취득하는 것은 법인 본점이 대도시 밖에 있더라도 중과세가 된다는 점을 유의하셔야 합니다.

부동산을 임대가 아닌 본·지점 용도로 사용하는지는 지자체에서 법인등기부나 사업자등록으로 주소 확인이 가능한 것이기 때문에 물건 취득 후 해당 물건으로 본·지점 주소가 전입하게 된다면 자동으로 체킹이 되는 사항입니다. 예를 들어 대도시 밖에 본점 설립 후 대도시 안에서 꼬마빌딩 신축 후에 순수 임대용으로 세팅해야지 법인 사무실을 둔다든지, 매장이나 사업장을 운영한다든지, 직원을 상주시키거나, 사옥으로 쓰면 중과세 추징대상이 됩니다.

추가적으로 소소한 팁을 말씀드리면 임대업에 사용되는 상가는 사업소에 해당하지 않으므로 사업소분 주민세 대상이 되지 않습니다. 사업소분 주민세(자본금액 또는 출자금액이 30억 원 이하인 법인은 5만 원)가 나오면 지자체 담당자에게 임대차계약서 보내면 취소해줍니다.

Chapter 04

임대물건으로 주차장 운영이나 무인매장 운영 시 지점에 해당될까?

앞서 지점은 인적·물적 설비를 갖추고 법인의 사업을 행하는 장소라 하였는데, 임대 건물의 규모가 있는 경우 주차장을 운영하는 경우가 많고 건물에 공실이 있는 경우는 무인매장을 직접 설치하여 운영하는 분들도 있습니다.

이 경우 주차장 운영이나 무인매장이 상주하는 인력이 없음에도 사업에 사용되는 지점으로 봐야할까요? 지점에 해당 된다면 건물 중 지점에 직접 사용하는 부분은 취득세 중과세 대상이 되는 것이라 큰 쟁점이 됩니다.

여기에 대해서 딱 맞는 예규나 해석이 있는 것은 아니지만, 참고할만한 심판례가 있습니다. 쟁점은 이러한 무인 설비들은 물적 설비는 맞고, 완전 무인이라기 보다는 장애가 생겼을 경우 외주로 해결한다 해도 연락 및 관리하는 정도의 인력이 필요하기 때문에 이런 인력이 인적 설비에 해당되어 인적 및 물적 설비를 갖춘 지점에 해당하는 것으로 볼 수 있는가입니다.

각 사실관계에 따라 달리 적용될 수 있는 부분이기 때문에 무조건 지점이 아니다 라고 하기엔 무리가 있지만, 심판례의 사실관계를 참고하여 각자의 상황에 대응이 가능한지 판단해 보시면 되겠습니다.

조심 2019지2338(2020.7.28.) 취득세 취소

쟁점건축물이 부속토지가 취득세 중과세 대상인 대도시 내 지점용 부동산에 해당하는지 여부

결정요지

청구법인이 체결한 용역계약 내용에서도 주차장 운영과 주차장을 포함한 전체 건축물의 청소 등 유지관리를 모두 외부용역계약을 체결하여 용역업체로 하여금 수행하도록 하고 있는 점에 비추어,
주차장의 운영상 하자가 발생할 경우 일시적으로 이들 외부용역업체가 유지관리업무를 수행하고 있다고 하여 이를 청구법인이 지휘·감독하는 인적 설비에 해당된다고 보기는 어렵다 할 것이고,
청구법인의 대표이사가 이 건 건축물의 2층 일부를 임차하여 독립적으로 사업자등록을 하고 당구장 영업을 하면서 주차장 운영에 장애가 발생하는 경우 이를 외부 용역업체에서 해결할 수 있도록 중간에 연락하는 정도의 주차장관리업무를 수행한다고 하여 이를 주차장의 물적 설비와 유기적으로 결합되어 지점으로서의 기능을 수행할 수 있도록 하는 인적 설비에 해당된다고 보는 것은 무리라고 보임.

Chapter 05

본점만 대도시 밖에 설치하면 중과세가 안되는 걸까? (추징사례)

부동산 가족법인을 신규 설립할 때 본점 주소지를 대도시 밖 공유오피스나 오피스텔을 임차하는 경우가 많은데, 컨설팅하는 분들이 당연히 중과세 안되는 것처럼 안내하는 경우가 있습니다. 과연 그럴까요?

경기도 보도자료를 보면 가족법인과 비슷한 형태인 1인 기업이 본점을 대도시 밖 공유오피스에 두고 대도시 물건을 취득하여 취득세 중과세율을 탈루한 것을 비롯해 허위 본점을 이용한 수법들을 세금 추징했다고 발표했습니다.

변화의 중심 기회의 경기

보 도 자 료

경기도

보도일시	2023.11.22.(수) 배포 즉시	사진	o	자료	o	매수	3

담당부서	조세정의과 (체납총괄팀)	과 장	류영용 (031-8008-2470)
		팀 장	임용규 (031-8008-4168)
		담당자	홍화진 (031-8008-4131)

허위 본점 설립하는 수법으로 취득세 탈루한 법인 적발. 도, 146억 원 추징

○ 경기도, 본점 주소지만 대도시 외로 등재하고 사실상 대도시 내에서 본점 업무를 수행하면서 대도시 내 부동산을 취득한 법인 등(15개)을 대상으로 세무조사를 실시하여 146억 원 추징

- 9개 법인에 대하여 취득세 중과세 탈루세액 145억 원 추징
- 2개 법인에 대하여 취득 부대비용(이자, 수수료 등) 누락에 따른 1억 원 추징

경기도가 법인의 본점 주소지를 대도시 밖으로 등재하고 실제로는 대도시 내에서 본점 업무를 수행하면서 부동산을 취득해 취득세 중과세를 탈루한 11개 법인을 적발해 146억 원을 추징했다.

류영용 경기도 조세정의과장은 22일 경기도청에서 기자회견을 열고 이같은 내용의 취득세 중과 탈루 법인 세무조사 결과를 발표했다.

본점이란 법인의 주된 기능을 수행, 총무·재무·회계 등 중추적인 의사결정이 이뤄지는 장소를 말한다. 지방세법 제13조 제2항에 따르면, 경기·서울 등 대도시에서 실질적으로 법인을 설립·운영하면서 5년 이내 대도시 내 부동산을 매매로 취득하는 경우, 취득세 일반세율 4%보다 2배 높은 8%가 적용된다. 법에서 정한 대도시의 개념은 수도권정비계획법에 따른 과밀억제권역(산업단지 제외)으로 경기도에서는 수원특례시, 고양특례시, 의정부시, 군포시, 과천시 등 14개 도시가 대상이다.

경기도는 지난 8월 14일부터 11월 3일까지 중과세율 적용을 회피하기 위해 대도시 밖에 허위 본점을 두고 대도시 내 부동산을 취득하는 수법으로 중과세를 회피한 15개 법인을 집중적으로 조사했다. 그 결과 9개 법인에 대해 취득세 중과세 탈루세액 145억 원을, 2개 법인에 대해 취득 부대비용(이자, 수수료 등) 누락세액 1억 원을 추징했다.

앞서 도는 6월부터 대도시 밖으로 본점을 설립한 217개 법인을 대상으로 항공사진·로드뷰, 인터넷 포털 검색 등을 통해 실제로 주소지 내에 사무실이 존재·운영하고 있는 것으로 판단되는 법인 76개소를 제외한 141개 법인을 1차 조사 대상으로 선정했다. 이후 부동산 취득 당시 본점 주소지에 현장 조사와 탐문 등을 통해 35개를 심층 조사 대상으로 선정했으며 법인별 사업장 방문, 대표자 및 임직원 면담, 취득 물건 형태 등을 다각도로 분석해 취득세 중과세 탈루 개연성이 있는 15개 법인을 최종 조사 대상으로 선정했다.

주요 사례를 보면, A법인 대표자인 의사 B는 대도시 외 지역의 오피스텔에 본점 설립 후 대도시 내 C병원 건물을 113억 원에 취득해 일반세율(4%)로 취득세를 신고·납부했다. 경기도는 조사결과 A법인의 건물 취득일까지 대도시 외 지역의 오피스텔에 임차인이 거주하고 있었을 뿐 아니라 A법인의 출입 사실이 없음을 확인했다. 또 B와 직원 모두 대도시 내 취득 건물인 C병원에 근무하고 있어 A법인의 실제 본점 업무는 대도시 내에서 이뤄진 것으로 판단해 7억 원을 추징했다.

1인 기업 D법인은 대도시 외 지인 사무실에 본점 설립 후 대도시 내 지식산업센터 토지·건물을 1,923억 원에 취득해 일반세율을 적용한 취득세를 신고·납부했다. 그러나 경기도는 지인 사무실을 방문해 주소만 빌려주었다는 진술서와 실제 대도시 내 관계회사 E법인의 사무실에서 법인의 모든 업무를 수행했다는 직원 진술서를 확보했으며, 복리후생비 등 업무추진 비용 대부분이 E법인 사무실 인근에서 지출됐음을 확인해 54억 원을 추징했다.

1인 기업 F법인은 대도시 외 공유사무실에 본점 설립 후 대도시 내 토지를 440억 원에 취득해 일반세율을 적용한 취득세를 신고·납부했다. 그러나 경기도는 공유사무실의 규모(계약 면적 3.3㎡)와 특성상 실제로 회계·총무·재무 등의 사무를 하는 장소로 보기 어렵고, 실제 대도시 내 관계회사 G법인의 사무실에서 법인의 모든 업무를 수행했다는 직원 진술서를 확보해 20억 원을 추징했다.

류영용 경기도 조세정의과장은 "이번 조사를 통해 허위 본점 등 대도시 중과 탈루 개연성을 집중적으로 확인할 수 있었다"면서 "관련 조사를 확대해 지능적인 탈루 행위를 차단하고 공정한 조세정의를 실현하기 위해 최선을 다하겠다"고 말했다.

1 병원장의 탈루 사례

부동산 가족법인을 하는 가장 많은 직업 중 하나가 바로 의사입니다. 고소득자이기 때문에 개인 부동산과 자산은 이미 부족함이 없고 병원소득만으로도 소득세 최고세율 적용에 임대소득까지 합쳐지니 소득의 절반씩이 세금인 경우가 많아 절세방안을 간절히 원하는 분들이 많습니다.

또한 나이가 있으신 분들은 상속까지 생각하여, 자녀들에게 내가 모은 재산을 나라에 안 빼앗기고 어떻게 하면 온전히 물려줄 수 있을까 고민하시기 때문에 부동산 가족법인에 특히 관심이 많으십니다.

최근에는 병원경영지원회사(Mangement Services Organization) MSO법인이라 하여 의료인이 병원을 개설·운영함에 있어서 인사·노무·홍보 등 의료행위 외에 병원 경영에 필요한 업무를 지원해 주는 회사를 가족법인 형태로 설립하여 법인으로 병원건물 취득까지 컨설팅 받는 경우가 많습니다.

보도자료의 주요 사례를 보면 법인 대표자 겸 의사가 대도시 밖에 법인 본점을 설립 후 대도시 안의 병원으로 사용할 건물을 취득하여 일반 취득세율로 신고·납부하였다가 추징당한 사례가 나옵니다.

우선 사례의 취득세 세무조사 쟁점을 보면 ① 대도시 밖 본점의 허위성 여부, ② 법인의 대도시 내 취득 부동산이 실제 법인 본·지점의 용도로 사용되는지 여부 이렇게 2가지였습니다.

두 가지 쟁점 모두 서류와 형식은 법에 맞춰둔 것이었고 사실판단 사항이 조사의 핵심이었습니다. ①번 쟁점은 서류상 본점에서 실제 법인의 업무가 행해지고 있는가였고, 해당 주소에 다른 임차인이 사용 중이었던 점과 본점 주소에서 법인의 업무가 행해졌다는 근거자료가 없어 허위 본점으로 결론을 내렸습니다.

②번 쟁점은 형식상 법인은 취득 부동산을 순수 임대로 사용하는 것으로 되어 있었지만, 임차인이 법인 대표자가 운영하는 병원이었고 임대 건물에서 병원의 운영뿐만 아니라 법인 대표로서의 업무와 병원 겸 법인업무를 보는 직원의 근무까지 이루어지고 있었기 때문에 법인의 실제 본점은 대도시로 보아 취득 부동산에 중과세율을 적용한 것이었습니다.

실제 가족법인을 운영하는 의사분들이 ②번과 같이 많이 하고 있는데 실제 조사를 하면 취득세를 추징당할 위험성이 매우 큽니다.

남의 건물에서 병원을 운영하면 비싼 임차료에다 주기적으로 월세까지 올리니 내 건물에서 병원하고 싶다는 생각이 절로 듭니다.

가족법인으로 내 건물을 마련해 거기다 임차료를 내면 병원에서는 비용처리하여 소득세를 줄이고, 법인에서는 임대수익을 올려 본인을 포함한 가족들이 임대수익을 향유하고 게다가 개인 병원 소득과 임대수익을 분리하여 저율의 법인세만 부담하니 얼마나 일석이조라 생각했겠습니까. 덤으로 건물의 시세차익까지 누리니 이보다 좋은 컨설팅은 없다고 생각했을 겁니다.

병원 소득세 관점에서 쟁점을 추가로 말씀드리면, 소득세 세무조사 때 가족법인과의 임차료가 적정한 시세를 반영한 것인지를 보기 때문에 자의적으로 월세를 정하면 안되고 주변시세를 반영하여 주변 부동산 중개사 사무소를 통해 시세 근거자료를 남겨두어 세무조사를 대비하셔야 합니다.

법인의 실제 운영이 대도시 밖에서 이루어지기가 쉽지는 않지만, 취득세 외에도 장점이 많은 컨셉이니 의사분들은 너무 공격적으로 하기 보다는 전문가의 의견을 보수적으로 잘 반영하시기 바랍니다.

2 1인 기업 탈루 사례

1인 기업의 쟁점도 병원 사례와 같습니다. 쟁점은 ① 대도시 밖 법인 본점의 허위성 여부, ② 실제 법인의 운영이 대도시 내에서 이루어졌는지 여부인데, 병원과 조사방법이나 방향성도 같기 때문에 실제성 입증이 관건입니다.

추가적으로 주의할 점은 비상주 공유오피스(계약면적 3.3㎡)를 활용한 법인 설립은 실제성을 부인당할 가능성이 높다는 것입니다. 비상주 공유오피스 운영하는 곳을 보면 실제 자리는 없이 주소만 빌려주고, 실사 나왔을 때 지원 서비스를 제공한다고 하는데 실제 세무조사를 할 때는 입증 근거가 있어야 하기 때문에 형식상 자리나 사무실 구색만 보여준다고 해서 그곳을 실 사무실로 인정해 주긴 쉽지 않습니다.

부동산 가족법인을 염두에 두고 있다면 이런 조사사례를 참고하셔서 전문가와 미리 문제점을 검토하시기 바랍니다.

Part 4

가족법인 관련 세법과 유의사항

Chapter 01 특정법인과의 거래를 통한 이익의 증여의제

Chapter 02 특정법인은 내국법인과 외국법인을 포함

Chapter 03 증여이익 1억 원의 판단 기준

Chapter 04 특정법인을 통한 동일거래 판단 기준

Chapter 05 특정법인 증여의제 세액계산

Chapter 06 가족법인을 통한 자본거래의 제한(25년 신설)

"가문의 부를 잇는"

부동산
가족법인 절세의
모든 것

Chapter 01

특정법인과의 거래를 통한 이익의 증여의제[1)]

1) 상속세 및 증여세법 제45조의5【특정법인과의 거래를 통한 이익의 증여 의제】(2019.12.31. 제목개정)

① 지배주주와 그 친족(이하 이 조에서 "지배주주등"이라 한다)이 직접 또는 간접으로 보유하는 주식보유비율이 100분의 30 이상인 법인(이하 이 조 및 제68조에서 "특정법인"이라 한다)이 지배주주의 특수관계인과 다음 각 호에 따른 거래를 하는 경우에는 거래한 날을 증여일로 하여 그 특정법인의 이익에 특정법인의 지배주주등이 직접 또는 간접으로 보유하는 주식보유비율을 곱하여 계산한 금액을 그 특정법인의 지배주주등이 증여받은 것으로 본다. (2023.12.31. 개정)

1. 재산 또는 용역을 무상으로 제공받는 것 (2019.12.31. 개정)
2. 재산 또는 용역을 통상적인 거래 관행에 비추어 볼 때 현저히 낮은 대가로 양도·제공받는 것 (2019.12.31. 개정)
3. 재산 또는 용역을 통상적인 거래 관행에 비추어 볼 때 현저히 높은 대가로 양도·제공하는 것 (2019.12.31. 개정)

3의2. 불균등 감자 등 대통령령으로 정하는 자본거래를 통하여 이익을 분여받는 것 (2025.3.14. 신설)

4. 그 밖에 제1호부터 제3호까지의 거래와 유사한 거래로서 대통령령으로 정하는 것 (2019.12.31. 개정)

② 제1항에 따른 증여세액이 지배주주등이 직접 증여받은 경우의 증여세 상당액에서 특정법인이 부담한 법인세 상당액을 차감한 금액을 초과하는 경우 그 초과액은 없는 것으로 본다. (2019.12.31. 개정)

③ 제1항에 따른 지배주주의 판정방법, 증여일의 판단, 특정법인의 이익의 계산, 현저히 낮은 대가와 현저히 높은 대가의 범위, 제2항에 따른 초과액의 계산 및 그 밖에 필요한 사항은 대통령령으로 정한다. (2019.12.31. 개정)

1 특정법인과 지배주주의 정의

① 지배주주와 그 친족이 ② 직·간접적으로 법인의 주식을 30% 이상 보유하고 있는 경우 그 법인을 특정법인이라 하는데 부모와 자녀끼리 주식을 보유하고 있는 가족법인은 당연히 특정법인에 해당이 됩니다.

여기서 ① 지배주주란[2)] 해당 법인의 최대주주 중 직접 보유 비율이 가장 높은 자가 개인인 경우는 그 개인, 가장 높은 자가 법인인 경우는 그 법인에 대한 직접 보유 비율과 간접 보유 비율을 모두 합하여 계산한 비율이 가장 높은 개인을 말합니다.

② 주식보유 비율 중에서 직접 보유 비율은 보유하고 있는 법인의 주식 등을 그 법인의 발행주식총수 등(자기주식과 자기출자지분은 제외한다)으로 나눈 비율을 말하며, 간접 보유 비율은 개인과 해당 법인 사이에 주식 보유를 통한 간접 출자법인이 있는 경우 각 단계의 직접 보유 비율을 모두 곱하여 산출한 비율을 말합니다.

개인의 특정법인에 대한 간접보유비율=
80%×40%=32%

2) 상속세 및 증여세법 시행령 제34조의3 제1항

정의가 괜히 복잡해 보이는데 통상적으로 가족과 친인척으로만 주주 구성된 가족법인의 경우 직접·간접 보유 구조를 짜도 다 특정법인에 해당되는구나 하고 생각하시면 됩니다. 인식하기 편하시게 가족법인은 특정법인인 것으로 가정해두고 쓰겠습니다.

2 증여의제 내용[3)]

---

3) 상속세 및 증여세법 시행령 제34조의5【특정법인과의 거래를 통한 이익의 증여 의제】(2020.2.11. 조번개정)

① 법 제45조의5에서 "지배주주"란 「법인세법」 제2조 제1호에 따른 내국법인 또는 같은 조 제3호에 따른 외국법인의 주식등을 직접 또는 간접으로 보유하고 있는 자로서 이 영 제34조의3 제1항 각 호의 어느 하나에 해당하는 자(이하 이 조에서 "지배주주"라 한다)로 하되, 이에 해당하는 자가 두 명 이상인 경우 지배주주의 판정에 관하여는 같은 항 각 호 외의 부분 본문을 준용하고, 본인과 본인의 친족등의 주식등 보유비율의 합계가 사용인의 주식등 보유비율보다 많은 경우 지배주주의 판정에 관하여는 같은 항 각 호 외의 부분 단서를 준용한다. (2025.2.28. 신설)

② 법 제45조의5 제1항 제3호의2에서 "불균등 감자 등 대통령령으로 정하는 자본거래"란 같은 항 각 호 외의 부분에 따른 특정법인(이하 이 조에서 "특정법인"이라 한다)과 지배주주의 특수관계인 사이에 이루어지거나 지배주주의 특수관계인 사이에 이루어지는 다음 각 호의 어느 하나에 해당하는 자본거래를 말한다. (2025.5.7. 신설)

1. 주식등을 시가보다 높거나 낮게 평가하여 불공정한 비율로 합병(분할합병을 포함한다. 이하 이 조에서 같다)하는 거래. 다만, 「자본시장과 금융투자업에 관한 법률」 제165조의4에 따라 합병하는 경우는 제외한다. (2025.5.7. 신설)
2. 법인이 자본금(출자액을 포함한다. 이하 이 항에서 같다)을 증가시키기 위해 새로운 주식등을 시가보다 높거나 낮은 가액으로 발행하는 거래 (2025.5.7. 신설)
3. 법인이 자본금을 감소시키기 위해 주식등을 소각할 때 주주등의 소유주식등의 비율에 의하지 않거나 일부 주주등의 주식등을 시가보다 높거나 낮은 가액으로 소각하는 거래 (2025.5.7. 신설)
4. 현물출자에 의해 주식등을 시가보다 높거나 낮은 가액으로 인수하는 거래 (2025.5.7. 신설)
5. 전환사채등을 시가보다 높거나 낮은 가액으로 인수·취득·양도하거나 전환사채등에 의해 주식으로 전환·교환 또는 주식의 인수를 할 때 그 전환사채등에 의해 교부받았거나 교부받을 주식의 가액이 전환가액등보다 높거나 낮은 거래 (2025.5.7. 신설)

6. 법인이 이익이나 잉여금에 대한 배당등을 할 때 일부 주주등이 본인이 지급받을 배당등의 금액의 전부 또는 일부를 포기하거나 본인이 보유한 주식등에 비례하여 균등하지 않은 조건으로 배당등을 받는 거래 (2025.5.7. 신설)
7. 주식의 포괄적 교환 또는 이전으로 인해 소유지분이나 그 가액이 변동되는 거래 (2025.5.7. 신설)
8. 그 밖에 제1호부터 제7호까지의 거래에 준하는 거래 (2025.5.7. 신설)

③ 삭제 (2020.2.11.)

④ 법 제45조의5 제1항에서 "특정법인의 이익"이란 제1호의 금액에서 제2호의 금액을 뺀 금액을 말한다. (2016.2.5. 신설)

1. 다음 각 목의 구분에 따른 금액 (2016.2.5. 신설)
   가. 재산을 증여하거나 해당 법인의 채무를 면제·인수 또는 변제하는 경우: 증여재산 가액 또는 그 면제·인수 또는 변제로 인하여 해당 법인이 얻는 이익에 상당하는 금액 (2016.2.5. 신설)
   나. 법 제45조의5 제1항 제3호의2에 따른 자본거래의 경우: 제2항 각 호의 거래 유형에 따라 법 제38조, 제39조, 제39조의2, 제39조의3, 제40조, 제41조의2, 제42조의2, 이 영 제28조 제3항부터 제7항까지, 제29조 제2항, 제29조의2, 제29조의3, 제30조 제1항·제2항·제5항, 제31조의2 제2항 및 제32조의2를 준용하여 계산한 이익에 상당하는 금액 (2025.5.7. 신설)
   다. 가목 및 나목 외의 경우: 제7항에 따른 시가와 대가와의 차액에 상당하는 금액 (2025.5.7. 개정)
2. 가목의 금액에 나목의 비율을 곱하여 계산한 금액 (2016.2.5. 신설)
   가. 특정법인의 「법인세법」 제55조 제1항에 따른 산출세액(같은 법 제55조의2에 따른 토지등 양도소득에 대한 법인세액은 제외한다)에서 법인세액의 공제·감면액을 뺀 금액 (2016.2.5. 신설)
   나. 제1호에 따른 이익이 특정법인의 「법인세법」 제14조에 따른 각 사업연도의 소득금액에서 차지하는 비율(1을 초과하는 경우에는 1로 한다) (2016.2.5. 신설)

⑤ 법 제45조의5 제1항을 적용할 때 특정법인의 지배주주와 그 친족(이하 이 조에서 "지배주주등"이라 한다)이 증여받은 것으로 보는 경우는 같은 항에 따른 증여의제이익이 1억원 이상인 경우로 한정한다. (2025.2.28. 개정)

1. 삭제 (2020.2.11.)
2. 삭제 (2020.2.11.)

⑥ 법 제45조의5 제1항 제4호에서 "대통령령으로 정하는 것"이란 특정법인의 채무를 면제·인수 또는 변제하는 것을 말한다. 다만, 해당 법인이 해산(합병 또는 분할에 의한 해산은 제외한다) 중인 경우로서 주주등에게 분배할 잔여재산이 없는 경우는 제외한다. (2025.5.7. 개정)

⑦ 법 제45조의5 제1항 제2호 및 제3호에서 "현저히 낮은 대가" 및 "현저히 높은 대가"란 각각 해당 재산 및 용역의 시가와 대가와의 차액이 시가의 100분의 30 이상이거나 그 차액이 3억원 이상인 경우의 해당 가액을 말한다. 이 경우 금전을 대부하거나 대부받는 경우에는 법 제41조의4를 준용하여 계산한 이익으로 한다. (2025.5.7. 개정)

그럼 특정법인인 가족법인에 해당되면 어떤 패널티가 있을까요? 가족법인의 지배주주는 자녀들인 경우가 많고 가족법인에게 부와 이익을 남겨주는 거래를 하는 것은 부모인 경우가 대부분입니다.

법인이 이익을 보면 법인세를 신고·납부하고 끝날 일인데, 가족법인과 부모가 다음과 같은 거래를 하면 거래한 날을 증여일로 하여 그 가족법인의 이익에 자녀 주주가 직접 또는 간접으로 보유하는 주식보유비율을 곱하여 계산한 금액을 그 특정법인의 지배주주인 자녀가 증여받은 것으로 보아 증여세를 추가로 과세합니다.

① 재산 또는 용역을 무상으로 제공받는 것
② 재산 또는 용역을 통상적인 거래 관행에 비추어 볼 때 현저히 낮은 대가로 양도·제공받거나, 높은 대가로 양도·제공하는 것
③ 불균등 감자 등 자본거래를 통하여 이익을 분여받는 것
④ 채무를 면제·인수 또는 변제하는 것

이러한 유형의 증여의제 거래들이 25년 세법개정으로 인해 변화가 많았습니다. 자본거래를 통해 이익을 분여받는 유형이 새롭게 특정법인 증여의제에 들어옴에 따라 기존에 다른 호에서 규정하고 있던 거래들 중에 자본거래로 편입된 것들이 있어 주의를 요합니다.

---

⑧ 제7항을 적용할 때 재산 또는 용역의 시가는 「법인세법 시행령」 제89조에 따른다. (2019.2.12. 개정)
⑨ 법 제45조의5 제2항을 적용할 때 증여세 상당액은 같은 조 제1항의 증여일에 제4항 제1호의 금액에 해당 지배주주등의 주식보유비율을 곱한 금액을 해당 지배주주등이 각각 직접 증여받은 것으로 볼 때의 증여세로 하고, 법인세 상당액은 제4항 제2호의 금액에 해당 지배주주등의 주식보유비율을 곱한 금액으로 한다. (2025.2.28. 개정)

특히, 차등배당과 저가 현물출자가 자본거래 유형으로 편입되었는데, 기존에 차등배당은 무상으로 제공받는 거래 유형에 해당되었었고 저가 현물출자는 채무면제와 같은 거래 유형으로 분류되어 있었습니다. 개정 전 거래 유형과 달리 분류됨에 따라 증여의제 과세판단 시 자본거래 쪽은 더 주의가 필요하니 기억해 두시기 바랍니다.

②의 거래유형에서 현저히 낮은·높은 대가란 시가와 그 대가의 차이가 시가의 30% 이상이거나 3억 원 이상인 경우를 말하고, 특정법인이 부모로부터 금전을 저리나 무상으로 대여받는 경우는 대출금액에 4.6%에서 실제 지급이자를 뺀 금액을 금전 대출받은 날에 특정법인이 얻은 이익으로 봅니다.

[집행기준: 45의5-34의5-3]

- 특정법인과의 거래시 현저한 대가 판단 기준

① 재산 또는 용역의 양수 또는 양도의 경우 현저한 대가의 기준

구분	현저한 대가의 기준
저가양수	시가-대가≥시가×30% 또는 3억 원
고가양도	대가-시가≥시가×30% 또는 3억 원

② 시가의 범위

「법인세법 시행령」 제89조에 따른 시가를 말한다.

③ 현물출자의 대가

시가보다 낮은 가액으로 법인에게 현물출자하는 경우 대가는 현물출자자에게 교부한 발행주식의 액면가액의 합계액을 말한다.

그런데 여기서 특정법인이 이로 인해 낸 법인세를 감안하지 않으면 이중과세 문제가 있기 때문에 특정법인이 얻은 이익에서 특정법인의 법인세(전체 소득금액에서 해당 거래가 차지하는 비율로 안분)를 차감하고 특정법인의 주주 지분율로 안분한 금액을 각 주주가 증여받은 것으로 봅니다. 단, 이 경우에도 증여의제 이익이 1억 원 이상인 경우로 한정하여 특정법인의 주주가 증여받는 것으로 보고 있습니다.

또한 증여세액이 특정법인의 지배주주가 직접 증여받은 경우의 증여세 상당액에서 특정법인이 부담한 법인세 상당액을 차감한 금액을 초과하는 경우 그 초과액은 없는 것으로 봅니다. 즉, 특정법인 안끼고 직접 자녀에게 증여한 경우의 증여세를 한도로 한다는 뜻입니다.

- 증여자: 특정법인에게 이익을 분여한 특정법인 지배주주(=자녀)의 특수관계자=부모
- 수증자: 특정법인의 지배주주(=자녀)
- 증여일: 이익을 분여 거래한 날
- 주주별 증여의제 금액: (특정법인의 이익-법인세 상당액)×주주 지분율
  * 법인세 상당액=특정법인 법인세 산출세액×(특정법인의 이익÷각 사업연도 소득금액)
- 주주별 증여세 한도: (특정법인의 이익×주식보유비율)에 대한 증여세-위 법인세 상당액×주식보유비율

3 간접지배의 경우도 증여의제 해당

가족법인에 주주로 자녀가 직접 들어가지 않고 자녀의 별도 법인을 만들어서 자녀의 법인을 가족법인의 주주로 들어가는 경우도 있는데 이 경우에도 주주별 과세금액 요건인 1억 원 이상 충족 시 간접주주인 자녀에게 증여세가 과세 됩니다.

사전법규재산 2023-347(2023.6.21.)

특정법인에 자산수증이익이 발생한 경우 간접 지배하는 개인주주에 대한 증여세 과세 여부

요약

「상속세 및 증여세법」(2019.12.31. 법률 제16846호로 개정된 것, 이하 같음) 제45조의5 제1항에 따른 특정법인을 직접 보유지분 없이 간접 지배하고 있는 지배주주와 특수관계에 있는 자가 특정법인에 자산을 증여하는 경우 특정법인을 간접 지배하는 지배주주등에게 「상속세 및 증여세법」 제45조의5에 따라 증여세를 과세할 수 있는 것임.

질의

사실관계

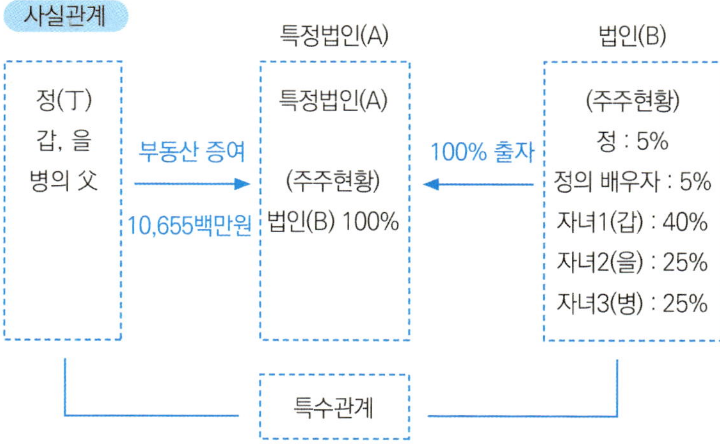

- 법인(B)는 특정법인(A)의 지분 100% 소유하고 있으며, 갑은 법인(B)의 지분 40%를 보유한 특정법인(A)의 지배주주임.

〈질의내용〉

- 특정법인(A)의 최대주주인 B법인의 최대주주와 특수관계에 있는 자(정)가 특정법인(A)에 자산을 증여하는 경우,
  - 특정법인을 간접지배하는 개인주주(갑, 을, 병)에게 상속세 및 증여세법 제45조의5에 따른 【특정법인과의 거래를 통한 이익의 증여의제】 규정이 적용되는지 여부

회신

「상속세 및 증여세법」(2019.12.31. 법률 제16846호로 개정된 것, 이하 같음) 제45조의5 제1항에 따른 특정법인을 직접 보유지분 없이 간접 지배하고 있는 지배주주와 특수관계에 있는 자가 특정법인에 자산을 증여하는 경우 특정법인을 간접 지배하는 지배주주등에게 「상속세 및 증여세법」 제45조의5에 따라 증여세를 과세할 수 있는 것입니다.

4 특정법인의 주주와 증여자가 동일인인 경우

특정법인에 증여하는 자가 동시에 특정법인의 주주인 경우 자기가 자신에게 이익을 증여하는 것이어서 당연히 증여세는 과세되지 않습니다.

예를 들어 특정법인의 주주에 자녀와 부모가 같이 포함되어 있고 부모가 특정법인에 이익을 분여하는 경우 자녀의 지분율에 해당하는 증여이익만 1억 원 이상인지 판단하면 되는 것입니다.

서면상속증여 2016-4883(2018.11.12.)

특정법인과의 거래를 통한 이익의 증여 해당 여부

요약

특정법인의 주식 지분율이 100%인 주주가 그 법인에 재산을 증여하는 경우 자기증여에 해당하여 상증세법 제45조의5【특정법인과의 거래를 통한 이익의 증여의제】에 따른 증여세가 과세되지 않는 것임.

서면4팀-508(2008.2.29.)

「상속세 및 증여세법」 제41조의 규정을 적용함에 있어 귀 질의의 경우와 같이 특정법인의 주주전원이 동시에 그 소유주식수에 비례하여 균등한 금액의 재산을 특정법인에 증여 등을 한 경우에는 증여세가 과세되지 아니하는 것입니다.

5 초과배당은 특정법인 증여의제에 해당

최근 컨설팅 기법으로 가족법인을 활용한 초과배당을 많이 실시하고 있습니다. 배당이란 주주들에게 그 소유 지분 비율에 따라 기업이 이윤을 분배하는 것인데, 초과배당이란 '법인의 주주들이 지분비율에 따라 균등하게 배당받지 않은 주주 간 배당금 또는 배당률을 달리한 배당'을 뜻합니다. 하지만 가족법인을 활용한 초과배당은 개인이 아니라 가족법인에게 초과배당하는 경우를 상정하는데, 이 경우에도 특정법인 증여의제에 해당되기 때문에 과세금액 기준인 주주별 1억 원이 넘지 않도록 주의해야 합니다.

서면법령해석재산 2017-1495(2019.6.21.)

초과배당이 「상속세 및 증여세법」 제45조의5 제2항에 따른 거래에 해당하는지 여부

요약

초과배당은 재산을 무상으로 제공한 거래에 해당하므로 「상속세 및 증여세법」 제45조의5에 따른 증여세 과세 가능

Chapter 02

특정법인은 내국법인과 외국법인을 포함

'25년 개정된 내용 중 주요한 부분입니다. 개정 전에 특정법인은 내국법인만을 의미했었는데 이제는 외국법인을 포함합니다.[4)]

개정 전에는 해외에 자녀가 거주하여 비거주자인 경우 특정법인을 피하기 위해 자녀를 주주로 하여 외국법인을 설립하고 부모의 재산을 외국법인에게 증여하는 공격적인 컨설팅이 가능했었습니다. 이 경우 수백억 부모의 재산을 외국법인에 증여한다고 해도 주주인 자녀에게는 증여세가 과세되지 않고, 외국법인이 국내에 법인세만 부담하면서 자녀가 지배하는 외국법인에 재산을 이전시킬 수 있었습니다.

4) 상속세 및 증여세법 시행령 제34조의5【특정법인과의 거래를 통한 이익의 증여 의제】(2020.2.11. 조번개정)
① 법 제45조의5에서 "지배주주"란 「법인세법」 제2조 제1호에 따른 내국법인 또는 같은 조 제3호에 따른 외국법인의 주식등을 직접 또는 간접으로 보유하고 있는 자로서 이 영 제34조의3 제1항 각 호의 어느 하나에 해당하는 자(이하 이 조에서 "지배주주"라 한다)로 하되, 이에 해당하는 자가 두 명 이상인 경우 지배주주의 판정에 관하여는 같은 항 각 호 외의 부분 본문을 준용하고, 본인과 본인의 친족등의 주식등 보유비율의 합계가 사용인의 주식등 보유비율보다 많은 경우 지배주주의 판정에 관하여는 같은 항 각 호 외의 부분 단서를 준용한다. (2025.2.28. 신설)

서면자본거래 2022-1348(2022.5.24.)

「상속세 및 증여세법」 제45조의5에 따른 특정법인이 외국법인인 경우

요약

「상속세 및 증여세법」 제45조의5에 따른 특정법인은 지배주주와 그 친족이 직접 또는 간접으로 보유하는 주식보유비율이 100분의 30 이상인 법인을 말하는 것이며, 「상속세 및 증여세법 시행령」 제34조의3 제1항의 해당 법인은 「법인세법」 제2조 제1호에 따른 내국법인을 말하는 것임.

질의

(사실관계)

- 신청법인(내국법인)이 보유하고 있는 국내 소재 부동산 및 신청법인의 지배주주(이하 '갑', 거주자)가 보유한 신청법인의 주식을 외국법인 A에게 무상으로 제공할 예정
- 외국법인 A의 주식은 갑과 「상속세 및 증여세법」상 특수관계인 비거주자 을이 100% 보유하고 있음.

(질의내용)

- (질의1) 신청법인의 국내 소재 부동산을 외국법인 A에게 무상으로 제공 시 비거주자 을에게 「상속세 및 증여세법」 제45조의5에 따른 증여세가 과세되는지 여부
- (질의2) 갑이 보유하고 있는 신청법인(내국법인)의 주식을 외국법인 A에게 증여하는 경우 비거주자 을에게 「상속세 및 증여세법」 제45조의5에 따른 증여세가 과세되는지 여부

회신

「상속세 및 증여세법」 제45조의5에 따른 특정법인은 지배주주와 그 친족이 직접 또는 간접으로 보유하는 주식보유비율이 100분의 30 이상인 법인을 말하는 것이며, 「상속세 및 증여세법 시행령」 제34조의3 제1항의 해당 법인은 「법인세법」 제2조 제1호에 따른 내국법인을 말하는 것임.

위 개정 전의 예규 내용을 보시면, 컨설팅 입장에서는 시사하는 바가 컸습니다. 고액 자산가들 중에는 자녀들을 해외에 유학보내거나 아예 원정출산 등 자녀들을 해외 시민권자로 둔 사람들이 많습니다.

제가 과거 상담했었던 회장님도 자녀가 아예 미국 시민권자이고 자녀가 미국에서 법인을 몇 개 운영하고 있었습니다. 나이가 80대인 회장님은 수천억 원의 부동산을 법인으로 보유하고 계셨고 법인의 지분을 이미 가족들이 나누어 가지고 있지만, 회장님 보유 지분 가치만 해도 천억 원 이상은 되는 상황이라 상속 대비가 절실한 상황이었습니다.

이런 경우 예규의 질의 2처럼 회장님이 보유하고 있는 국내 부동산 법인의 주식을 비거주자인 자녀가 지배하는 미국법인에 증여한다면, 미국법인은 내국법인이 아니기 때문에 특정법인에서 제외되었었습니다.

예규대로라면, 국내 부동산 법인 주식의 수증에 대해 외국법인은 국내원천소득에 대한 법인세만 국내에 부담하고 특정법인에 대한 증여의제에는 해당되지 않아 자녀에게 증여세 과세되지 않습니다. 하지만 이것은 법의 맹점을 이용한 형평성에 어긋나는 상황이었기 때문에 이를 바로 잡고자 개정되었습니다.

(5) 증여의제가 적용되는 특정법인에 외국법인 추가(상증령 §34의3)

현 행	개 정 안
□ 증여의제*가 적용되는 특정법인 * 특정법인이 지배주주의 특수관계인과의 거래로 이익을 얻은 경우, 특정법인의 지배주주등이 증여받은 것으로 의제	□ 증여의제가 적용되는 특정법인 대상에 외국법인 추가
◦ 지배주주등*의 직·간접 주식 보유 비율이 30% 이상인 내국법인 * 지배주주와 그 친족	◦ 지배주주등의 직·간접 주식 보유 비율이 30% 이상인 내국·외국법인

〈개정이유〉 특정법인과의 거래를 통한 증여의제 규정 합리화

〈적용시기〉 영 시행일 이후 거래하는 분부터 적용

상속세 및 증여세법 시행령 제34조의5 제1항이 신설되면서 특정법인 지배주주에 '외국법인의 주식 등을 직접 또는 간접으로 보유하고 있는 자'가 포함되면서 외국법인이 특정법인에 포함됨을 명확히 하였고 이 내용은 2025.2.28. 이후 증여받는 경우부터 적용합니다. [2025.2.28. 대통령령 제35351호 부칙 제4조]

Chapter 03

증여이익 1억 원의 판단 기준

특정법인과의 거래를 통한 이익에 대한 과세는 증여의제 규정이기 때문에 법에 거래의 유형과 과세 요건을 명시하고 있습니다.

특정법인과의 거래를 통한 이익의 증여 규정에서 과세대상이 되는 일정한 거래라 함은 다음의 ①~⑤와 같다(상증법 제45조의5 제1항).

① 재산 또는 용역을 무상으로 제공받는 것
② 재산 또는 용역을 통상적인 거래 관행에 비추어 현저히 낮은 대가로 양도·제공받는 것
③ 재산 또는 용역을 통상적인 거래 관행에 비추어 현저히 높은 대가로 양도·제공하는 것
④ 불균등 감자 등 자본거래를 통하여 이익을 분여받는 것(신설)
⑤ 그 밖에 ①부터 ③까지의 거래와 유사한 거래로서 다음에 해당하는 것
해당 법인의 채무를 면제·인수 또는 변제받는 것. 단, 해당 법인이 해산(합병 또는 분할에 의한 해산은 제외) 중인 경우로서 주주 등에게 분배할 잔여재산이 없는 경우는 제외한다.

상속세 및 증여세법 제43조

【증여세 과세특례】 (2010.12.27. 신설)

① 하나의 증여에 대하여 제33조부터 제39조까지, 제39조의2, 제39조의3, 제40조, 제41조의2부터 제41조의5까지, 제42조, 제42조의2, 제42조의3, 제44조, 제45조 및 제45조의3부터 제45조의5까지의 규정이 둘 이상 동시에 적용되는 경우에는 그 중 이익이 가장 많게 계산되는 것 하나만을 적용한다. (2015.12.15. 개정)

② 제31조 제1항 제2호, 제35조, 제37조부터 제39조까지, 제39조의2, 제39조의3, 제40조, 제41조의2, 제41조의4, 제42조 및 제45조의5에 따른 이익을 계산할 때 그 증여일부터 소급하여 1년 이내에 동일한 거래 등이 있는 경우에는 각각의 거래 등에 따른 이익(시가와 대가의 차액을 말한다)을 해당 이익별로 합산하여 계산한다. (2019.12.31. 개정)

③ 제2항에 따른 이익의 계산방법 및 그 밖에 필요한 사항은 대통령령으로 정한다. (2010.12.27. 신설)

상속세 및 증여세법 시행령 제32조의4

【이익의 계산방법】 (2016.2.5. 조번개정)

법 제43조 제2항에 따라 다음 각 호의 어느 하나에 해당하는 이익을 계산할 때에는 해당 이익별로 합산하여 각각의 금액기준을 계산한다.

11. 법 제45조의5 제1항의 특정법인과의 거래를 통한 이익(같은 항 각 호의 거래에 따른 이익별로 구분된 이익을 말한다) (2023.2.28. 개정)

법에 열거된 거래의 유형을 할 때 그 증여일로부터 소급하여 1년 내 같은 거래가 있는 경우 합산해서 1억 원 이상인지를 판단하는 것입니다. 따라서 1년이 안되는 기간에 증여가 몇 번 있었다면, 이번 증여만으로 주주별 1억 원이 안된다고 안심할 게 아니라 소급해서 1년 내 같은 거래의 증여가 있었다면 합해서 판단해야 합니다.

그리고 가족법인을 활용할 때 가장 많이 이용하는 것이 부모의 여유자금을 활용하는 컨셉인데, 자녀가 주주로 있는 가족법인을 만들고 가족법인에 부모의 자금을 무이자로 빌려주는 것입니다. 이때 주주별로 얻는 무이자 증여이익을 판단할 때 1억 원의 기준을 어떻게 적용하는지 궁금해 하는 분들이 많은데, 실무상 매우 중요한 기준이 되겠습니다.

서면상속증여 2018-2262(2018.8.14.)

특정법인과 거래를 통한 이익의 계산방법

요약

특정법인의 주주가 증여받은 것으로 보는 이익은 이익별로 구분하여 그 증여일부터 소급하여 1년 이내에 동일한 거래 등이 있는 경우에는 각각의 거래 등에 따른 이익을 해당 이익별로 합산하여 계산하여 1억 원 이상인지 여부를 판단하는 것임[5]

5) 상속세 및 증여세법 제43조【증여세 과세특례】
② 제31즈 제1항 제2호, 제35조, 제37조부터 제39조까지, 제39조의2, 제39조의3, 제40조, 제41조의2, 제41조의4, 제42조 및 제45조의5에 따른 이익을 계산할 때 그 증여일부터 소급하여 1년 이내에 동일한 거래 등이 있는 경우에는 각각의 거래 등에 따른 이익(시가와 대가의 차액을 말한다)을 해당 이익별로 합산하여 계산한다.

질의

(사실관계)

- 법인 A는 2017.12월 말 사업 확장을 위해 지배주주인 대표자 甲으로부터 40억 원, 은행으로부터 38억 원을 차입하여 토지와 건물을 취득함.
- 법인 A의 주주 구성은 아래와 같음.

(단위: %)

주주	甲	乙	丙	丁	戊	합계
관계	본인	아들	딸	처남	조카	
지분	30	23.25	23.25	20	3.5	100

- 甲은 법인 A에 40억 원을 빌려주고 이자를 받지 않고 있음.

(질의내용)

- 甲이 특정법인인 법인 A에 위와 같이 무상대출한 경우 금전무상 대출 등에 따른 이익의 증여 규정을 준용하여 증여이익을 계산한 금액이 아래와 같을 때 증여세 과세대상은?

(단위: 천 원)

수증자	2018년	2019년	2020년	2021년
乙	42,780	42,780	42,780	42,780
丙	42,780	42,780	42,780	42,780
丁	36,800	36,800	36,800	36,800
戊	6,440	6,440	6,440	6,440
합계	128,800	128,800	128,800	128,800

- (갑설) 특정법인과 거래를 통한 이익의 증여의제 규정에 따른 증여이익 과세대상 판단 시 수증자별 연도별로 증여이익이 1억 원 이상인 경우만 과세대상이므로 수증자별 연도별로 1억 원 이상인 자가 없으므로 과세대상이 없음.

- (을설) 증여세는 동일인으로부터 증여받은 경우 합산하여 과세하므로 연도별 계산된 증여금액을 누적 합산하여 1억 원 이상이면 과세대상이고 연도별 증여이익 금액이 128,800천 원으로 1억 원 이상이므로 乙, 丙, 丁은 2021년부터 과세대상임.

회신

「상속세 및 증여세법」 제45조의5 제1항을 적용할 때 특정법인의 주주등이 증여받은 것으로 보는 경우는 같은 법 시행령 제34조의4 제4항에 따른 특정법인의 이익에 같은 조 제5항 각 호의 구분에 따른 비율을 곱하여 계산한 금액이 1억 원 이상인 경우로 한정하여 증여세가 과세되는 것입니다.

다만, 이 경우 같은 법 시행령 제32조의4 제10호에 따라 같은 법 제45조의5 제2항 각 호의 거래에 따른 이익별로 구분하여 그 거래일부터 소급하여 1년 이내에 동일한 거래 등이 있는 경우에는 각각의 거래 등에 따른 이익별로 합산하여 1억 원 이상인지 여부를 판단하는 것입니다.

현행 법정 이자율인 4.6%를 기준으로 가족법인의 주주가 자녀 1명 100% 지분이라면, 무이자로 부모가 가족법인에 빌려줄 수 있는 한도는 약 21.7억 원입니다.

[가족법인 주주에게 증여세 없이 빌려줄 수 있는 한도]

21.7억 원×4.6%=99,820,000 〈 1억 원 (주주별 과세기준 금액)

그런데 위 예규 질의의 갑설, 을설처럼 1억 원의 한도 기준을 매년 리셋되는 것으로 끊어서 봐야할지, 매년 누적 합산으로 판단하여 1억 원 이상이 되는 때부터 과세대상으로 봐야할지 헷갈리는데, 갑설인 1억 원 한도의 기준을 매년 리셋되는 것으로 봅니다.

증여세 과세가액을 계산할 때 증여일 전 10년 내 동일인 재차증여 합산액이 1천만 원 이상인 경우 증여세 과세가액에 가산한다라는 개념[6]이 있어서 혼동되는데, 특정법인 증여의제 적용 시는 증여이익이 1년 내 1억 원 이상인 경우만 증여세가 과세되기 때문에 증여이익 1억 원이 넘는지 판단 시는 연간 누적이 아닌 소급 1년 내의 거래만 합산하여 판단하는 것입니다.

이때 주의할 점은 해당 거래일로부터 소급해서 1년 이내에 동일 거래가 있다면 각각의 거래 이익을 합산하여 1억 원 이상인지 여부를 수증자 기준으로 판단해야 한다는 것입니다. 만약 가족법인을 여러 개 만들어 법인마다 부모가 여유자금을 무이자로 빌려주었을 때, 가족법인의 주주가 똑같은 자녀라면 자녀가 각각의 가족법인을 통해 얻은 무이자 증여이익을 합산하여 1억 원을 판단해야 하는 것입니다.

---

6) 상속세 및 증여세법 제47조【증여세 과세가액】
② 해당 증여일 전 10년 이내에 동일인(증여자가 직계존속인 경우에는 그 직계존속의 배우자를 포함한다)으로부터 받은 증여재산가액을 합친 금액이 1천만 원 이상인 경우에는 그 가액을 증여세 과세가액에 가산한다. 다만, 합산배제증여재산의 경우에는 그러하지 아니하다.

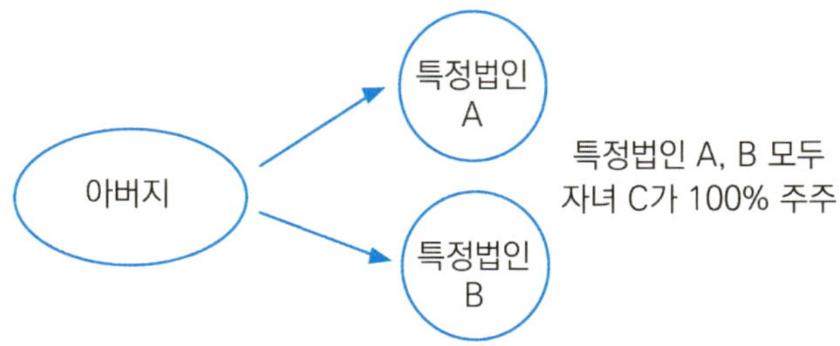

아버지가 특정법인 A, B에 각각 20억 원씩 대여 시
각각의 대여이익을 합산하여 1억 원 이상인지 판단

또한 부모가 아닌 여러 명에게 가족법인이 추가로 빌려도 가족법인의 지배주주(=자녀)와 특수관계자로부터 빌리는 것이라면 동일한 유형의 거래는 합산하여 주주별 특정법인의 이익이 1억 원 이상인지를 판단해야 합니다.

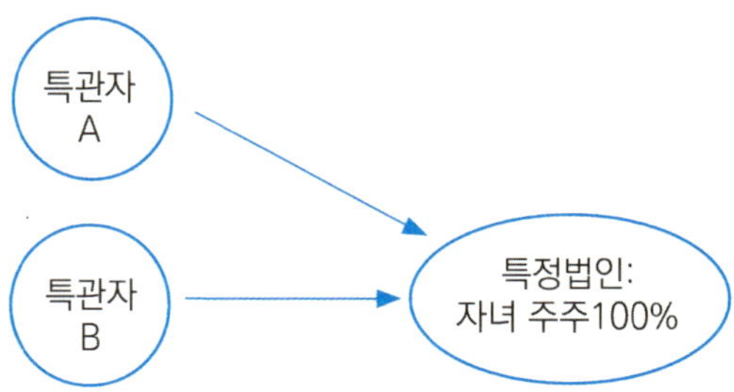

특관자 A도 20억 원 무이자 대여, 특관자 B도 20억 원 무이자 대여
합산해서 과세판단

서면4팀-1078(2007.4.3.)

특정법인에 대한 금전 무상대부시 증여세 과세여부

요약

2인 이상이 동시에 증여한 경우 각 증여재산가액을 합한 가액에 당해 최대주주의 주식비율을 곱하여 증여이익을 계산하고 본인으로부터의 증여가액은 제외함.

조심 2022서5564(2023.7.20.)

청구인이 지배주주인 쟁점외법인이 청구인이 주주인 특정법인에게 자금을 무상대여한 것으로 보고, 청구인이 특정법인과의 거래를 통한 이익을 얻은 것으로 보아 증여세를 부과한 처분의 당부

쟁점

㈜-BBB 및 ㈜-CCC(수증법인)이 쟁점대여금채권을 무상으로 제공받아 발생한 이익(인정이자)과 관련하여 수증법인별 증여의제이익을 기준으로 특정법인의 주주 등에 대한 증여세 과세여부를 판단하여야 하는지 여부

판단

나) 다음으로 쟁점②에 대하여 살피건대, 청구인은 ㈜-BBB와 ㈜-CCC이 쟁점대여금채권을 무상으로 제공받아 발생한 이익과 관련하여 청구인에게 증여세를 산정하는 과정에서 수증법인별로 증여의제이익을 산정하여 증여세 과세대상에 해당하는지 여부를 판단하여야 한다고 주장하나, 상증법령에 따르면 특정법인의 주주 등이 증여받은 것으로 보는 경우는 그 증여의제이익이 1억 원 이상인 경우로 한정하도록 규정하고 있는바, 이러한 규정은 수증자로서 이 건 증여세 납세의무자인 청구인을 기준으로 산정한 증여의제이익이 1억 원을 초과할 경우로 해석하는 것이 타당해 보이는 점, 특정법인(수증법인)별 기준으로 판단할 경우 여러 개의 특정법인에게 ○○○원 미만으로 하여 각각 나누어 증여받도록 함에 따라

이러한 증여세에 대한 과세를 회피하고자 하는 등의 변칙적인 증여가 발생할 여지가 존재하는 점 등에 비추어 위와 같이 수증법인별(○○○, ㈜-CCC)로 증여이익을 산정하여야 한다는 청구주장을 받아들이기는 어려운 것으로 판단된다.

특정법인에게 금전무상대여뿐만 아니라 부모가 무상으로 담보를 제공해 주고 특정법인이 대출받을 시 법정이자율인 4.6% 보다 적은 금리로 혜택을 보았을 때 실제 부담이자와 4.6% 이자와의 차이에 대한 이익도 증여의제로 봅니다. 따라서 부모로부터 담보를 무상으로 제공받고 4.6% 보다 적게 이자를 부담한 혜택이 주주별로 1억 원 이상인 경우에도 특정법인 증여의제를 고려해야 합니다. 하지만 요즘 금리가 담보를 제공해도 4.6% 부근이기 때문에 담보제공으로 파격적인 저리 혜택을 주는 시기가 아니라면 해당될 일이 많지 않습니다.

상속증여-458(2013.8.8.)

회신

결손금이 있거나 휴업 또는 폐업 중인 법인(이하 "특정법인"이라 함)의 주주 등과 그의 특수관계인이 특정법인과 「상속세 및 증여세법」 제41조 제1항 각 호의 어느 하나에 해당하는 거래를 하여 그 특정법인의 주주 등이 1억 원 이상 이익을 얻은 경우 증여세가 과세되는 것으로서, 귀 질의와 같이 특정법인의 채무를 보증하기 위해 금융기관에 그 특정법인의 주주 등과 그의 특수관계인이 담보를 무상으로 제공한 경우는 같은 조 제1항 제1호에 해당하는 것입니다.

※ 무상담보 제공에 따른 이익
(차입금×적정이자율*)-실제로 지급하였거나 지급할 이자
* 적정이자율: 법인세법상 당좌대출이자율(4.6%)

만약 특정법인 증여의제 이익이 1억 원 이상이어서 증여세가 과세된다면, 특정법인 증여의제이익은 합산배제증여재산이 아니기 때문에[7] 10년 내 동일인 재차증여합산 대상에 반영시켜야 하는 것입니다.

가족법인을 통해 아버지로부터 증여의제이익이 1억 원 이상 발생했는데, 해당 거래 전 10년 이내에 아버지로부터 받은 증여재산가액 합친 금액이 1천만 원 이상이 있다면, 증여세 과세가액에 가산한다는 점 주의하셔야 합니다. 따라서 가족법인을 활용 시는 아예 증여세 과세가액이 안나오게 세팅하는 것이 중요합니다.

7) 상속세 및 증여세법 제47조 【증여세 과세가액】
① 증여세 과세가액은 증여일 현재 이 법에 따른 증여재산가액을 합친 금액[제31조 제1항 제3호, 제40조 제1항 제2호·제3호, 제41조의3, 제41조의5, 제42조의3, 제45조 및 제45조의2부터 제45조의4까지의 규정에 따른 증여재산(이하 "합산배제증여재산"이라 한다)의 가액은 제외한다]에서 그 증여재산에 담보된 채무(그 증여재산에 관련된 채무 등 대통령령으로 정하는 채무를 포함한다)로서 수증자가 인수한 금액을 뺀 금액으로 한다.

Chapter 04

특정법인을 통한 동일거래 판단 기준

특정법인 증여의제이익을 구할 때 특수관계인과 거래의 종류를 4가지 호로 구분하여 열거하고 있는데[8], 증여의제이익 1억 원을 판단할 때 각 호별로 구분해서 1년간 소급 합산인지, 아니면 모든 거래 합쳐서 1년간 1억 원 이상인지가 헷갈립니다.

상속세 및 증여세법 시행령 제32조의4 [이익의 계산방법] 제11호를 보면, 법 제45조의5 제1항의 특정법인과의 거래를 통한 이익은 합산하되 같은 항 각 호의 거래에 따른 이익별로 구분된 이익을 말한다고 나와있습니다.

따라서 아래 예규처럼 특정법인에게 채무면제와, 저가양도 행위가 1년 내에 같이 있었어도 증여의제이익이 1억 원 이상인지 여부를 판단할 때는 각 호의 거래 이익별로 구분하여 각각 판단하는 것입니다.

---

8) 상속세 및 증여세법 제45조의5 제1항
   1. 재산 또는 용역을 무상으로 제공받는 것 (2019.12.31. 개정)
   2. 재산 또는 용역을 통상적인 거래 관행에 비추어 볼 때 현저히 낮은 대가로 양도·제공받는 것 (2019.12.31. 개정)
   3. 재산 또는 용역을 통상적인 거래 관행에 비추어 볼 때 현저히 높은 대가로 양도·제공하는 것 (2019.12.31. 개정)
   4. 그 밖에 제1호부터 제3호까지의 거래와 유사한 거래로서 대통령령으로 정하는 것 (2019.12.31. 개정)

심사증여 2022-43(2023.9.13.)

4. 심리 및 판단

가. 쟁점

2) 특정법인과의 거래를 통한 이익증여 산정시 부당행위계산 부인된 4가지 유형을 유형별로 구분하여 산정해야 하는지 여부

(1) 처분청은 부당행위계산 부인한 4가지 유형(임가공용역 과다지급, 가공불량마스크시트 처분, 포토필림마스크 고가매입 및 납품불량 용역비 임의보상)은 하나의 연속된 거래이기에 특정법인과의 거래를 통한 이익증여 산정시 부당행위계산 부인된 4가지 유형을 유형별로 구분하지 아니하고 특정법인의 이익증여를 산정한 당초 처분은 정당하다고 주장하고 있으나,

(2) 특정법인과 거래를 통한 이익증여로 과세하기 위하여는 "재산이나 용역을 무상으로 제공"하거나 "현저히 낮은 대가로 양도·제공" 또는 "현저히 높은 대가로 양도·제공"하는 거래를 하여야 하고, 「상속세 및 증여세법 시행령」 제34조의4에서 "현저히 낮은 대가" 및 "현저히 높은 대가"란 각각 해당 재산 및 용역의 시가와 대가와의 차액이 시가의 100분의 30 이상이거나 그 차액이 3억 원 이상인 경우로 규정하고 있어, 부당행위계산 부인한 4가지 유형을 유형별로 구분하는 것이 타당하고 임가공용역 과다지급, 포토필름마스크 고가매입 및 납품불량 용역비 임의보상이 "현저히 높은 대가로 양도·제공"하는 거래에 해당되고 가공불량 마스크시트 처분은 "재산이나 용역을 무상으로 제공"한 것으로 판단된다.

(3) 또한 특정법인의 이익에 지배주주등의 주식보유비율을 곱하여 계산한 금액이 1억 원 이상인 경우로 한정되는데, 질의회신에 따르면 <u>1억 원 이상인지 여부 판단은 '「상속세 및 증여세법」 제45조의5 제2항 각 호의 거래에 따른 이익별로 구분하여 그 거래일로부터 소급하여 1년 이내에 동일한 거래 등이 있는 경우에는 각각의 거래 등에 대한 이익별로 합산하여 1억 원 이상인지 여부를 판단하는 것이다'라고 해석하고 있어(서면 2018.8.14. 2018상속증여2260 단서 참조), 처분청이 부당행위계산 부인한 4가지 유형을 상기 사실관</u>

계와 같이 "현저히 높은 대가로 양도·제공"과 "재산이나 용역을 무상제공" 2가지 유형별로 구분하여 각각 1억 원 이상에 해당하는지 여부를 산정하는 것이 타당하다고 판단된다.

(4) 따라서 처분청이 부당행위계산 부인된 4가지 유형을 하나의 거래로 보아 특정법인에 대한 이익증여를 계산한 이 건 처분은 잘못이 있는 것으로 판단된다.

서면자본거래 2022-4934(2022.12.29.)

특정법인과의 거래를 통한 이익의 증여의제 기준금액

요약

상속세 및 증여세법 제45조의5 제1항을 적용할 때 같은 항 각 호의 거래에 따른 이익별로 구분하여 그 거래일부터 소급하여 1년 이내에 동일한 거래 등이 있는 경우에는 각각의 거래 등에 따른 이익별로 합산하여 1억 원 이상인지 여부를 판단하는 것입니다.

질의

(사실관계)

- A와 B는 부자관계이며, B는 C법인의 주식을 100% 가지고 있음.
- A는 C법인에게 80백만 원의 채무를 면제해 주었으며, 시가 10억 원인 부동산을 6.2억 원에 저가 양도함.

(질의내용)

- 특정법인과의 거래를 통한 이익의 증여의제 기준금액 적용 방법

회신

상속세 및 증여세법 제45조의5 제1항을 적용할 때 같은 항 각 호의 거래에 따른 이익별로 구분하여 그 거래일부터 소급하여 1년 이내에 동일한 거래 등이 있는 경우에는 각각의 거래 등에 따른 이익별로 합산하여 1억 원 이상인지 여부를 판단하는 것입니다.

Chapter 05

특정법인 증여의제 세액계산

1 증여재산공제 적용 가능 여부

증여받을 때 10년 주기로 배우자에게는 6억 원까지 공제 가능하고, 직계존비속에게 증여받을 때는 성년 수증자 기준으로 5천만 원까지 공제 가능합니다.

그런데 가족법인을 활용해서 증여의제를 받게 되어도 당연히 증여공제가 가능한지 아니면, 불가한 건지 의문이 들 수 있는데 증여공제가 가능합니다.

서면4팀-1973(2005.10.25.)

특정법인과의 거래를 통한 이익의 증여 해당 여부

회신

1. 상속세 및 증여세법 제41조의 규정에 의하여 결손금이 있거나 휴업 또는 폐업 중인 법인(이하 '특정법인'이라 함)의 주주와 특수관계에 있는 자가 당해 특정법인의 채무를 면제하여 당해 특정법인의 주주가 이익을 얻은 경우에는 그 이익상당액은 당해 특정법인의 주주의 증여재산가액이 되는 것입니다.

이 경우 증여받은 이익은 상속세 및 증여세법 시행령(2003.12.30. 대통령령 제18177호로 개정된 것) 제31조 제6항의 규정에 의하여 그 채무 면제로 인하여 얻은 이익에 상당하는 금액(같은 조 제1항 제1호의 규정에 해당하는 법인의 경우에는 당해 결손금을 한도로 함)에 같은조 제5항에 규정된 자의 주식비율을 곱하여 계산하는 것이며, 그 금액이 1억 원 이상인 경우에 한합니다.

다만 2003.12.31. 이전에 증여받은 이익에 대하여는 1억 원 미만인 경우에도 적용되는 것입니다.

2. 같은 법 제41조의 규정에 의하여 증여세가 과세된 경우에도 증여자와 수증자의 관계가 확인되는 경우에는 같은 법 제53조의 규정에 의한 증여재산공제를 적용하는 것입니다.

2 특정법인 증여의제의 동일인 재차증여 합산과세 여부

상속세 및 증여세법 제47조에서 합산배제가 되는 증여재산은 별도로 열거하고 있는데, 특정법인 증여의제는 여기에 해당되지 않기 때문에 합산합니다. 따라서 증여일 전 10년 내 동일인(증여자가 직계존속인 경우에는 그 직계존속의 배우자를 포함)으로부터 받은 증여재산가액을 합친 금액이 1천만 원 이상이 된다면 그 가액을 합산하여 특정법인 증여의제 증여세 과세가액에 가산합니다.

특히 매년 이어지는 거래를 주의하셔야 하는데요, 만약 가족법인에게 부모가 무상으로 20억 원 이상 빌려주고 주주가 무상금전대여에 대한 혜택을 1억 원 이상 매년 받고 있다면, 차년도에는 전년도 증여재산가액을 합산하여 증여세를 계산해야 합니다.

서면4팀-1232(2005.7.19.)

요약

특정법인과의 거래를 통한 이익에 대하여 증여세를 부과하는 경우에도 증여자가 동일인인 경우에는 재차증여 합산규정을 적용함.

조심 2023광599(2023.4.26.)

요약

지배주주등이 직접 증여받은 경우의 증여세액 산정시 증여인이 동일한 경우 10년 이내 사전증여재산가액을 합산하여 증여세액공제 및 세율을 적용하고 기납부한 세액을 공제하여 산출하는 것이 타당함.

판단

상증세법 제47조 제2항을 보면, 제1항에서는 합산배제증여재산으로 같은 법 제31조 제1항 제3호, 제40조 제1항 제2호·제3호, 제41조의3, 제41조의5, 제42조의3 및 제45조의2부터 제45조의4까지의 규정에 따른 증여재산으로 규정하고 있고, 증여세 과세가액 산정 시 해당 증여일 전 10년 이내에 동일인으로부터 받은 증여재산가액을 합친 금액이 ○○○원 이상인 경우 그 가액을 동 증여세 과세가액을 가산하고, 제1항에서 열거된 합산배제증여재산의 경우에는 그러하지 아니하다고 규정하고 있어, 이 건 증여이익에 대한 규정인 상증세법 제45조의5에 따른 증여재산은 합산배제증여재산에 포함되어 있지 아니한 점,
그렇다면 상증세법 제45조의5 제2항에서 "지배주주 등이 직접 증여받은 경우의 증여세 상당액"은 증여인이 동일한 경우 10년 이내 사전증여재산가액을 합산하여 증여세액공제 및 세율을 적용하고 기납부한 세액을 공제하여 산출하는 것이 타당한 것으로 해석되는 점,

이 건의 경우 모친은 2020.9.10. 청구인에게 비상장주식 ○○○원을 증여하였고, 2020.9.18. 쟁점법인에게 쟁점부동산을 ○○○원에 증여하게 되어 쟁점법인의 지배주주인 청구인(지분 51% 보유)이 51% 지분만큼을 증여받은 것으로 보게 되었는바, 특정법인의 증여이익을 산출함에 있어 사전증여를 받은 비상장주식 ○○○원을 합산하여 증여세를 산출하는 것이 타당해 보이는 점 등에 비추어 쟁점부동산 증여에 대한 특정법인의 증여이익을 계산하는 경우 사전증여재산을 제외하여야 한다는 청구인의 주장은 받아들이기 어렵다.

동일인으로부터의 재차증여를 합산하는 경우 증여세 과세가액에 가산한 이전 증여재산 가액에 대한 납부 증여세액은 증여세 산출세액에서 공제하게 되어있습니다. 이 경우 특정법인과의 거래를 통한 증여이익이 먼저 발생하였을 때 다음 번 증여로 합산 과세 시 공제되는 증여세액 계산방법에 의문이 있을 수 있습니다.

왜냐하면 특정법인 증여이익 산출세액 산정 시 한도액의 개념이 적용되는데,[9] 다음번 증여로 합산과세 시 공제되는 세액을 한도액의 적용 전으로 하느냐 후로 하느냐에 따라 세액 차이가 크게 나기 때문입니다. 다음 예규와 같이 공제하는 증여세액은 한도액 적용 전의 특정법인 증여이익에 대한 산출세액을 말한다고 되어 있으니 한도액 적용으로 인해 손해보는 공제 세액은 없습니다.

---

9) 증여세 한도액(지배주주등이 직접 증여받은 경우의 증여세-특정법인이 부담한 법인세 상당액) 적용

서면자본거래 2021-4522(2021.9.8.)

특정법인과의 거래를 통한 증여이익으로 증여세 과세 후 재산 증여시 공제되는 증여세액 계산방법

질의

- 신청인의 父는 2020.10.12. 상속세 및 증여세법 제45조의5에 따른 특정법인에 해당하는 '○○○○'라는 법인에 토지를 증여함.
  - 신청인은 위 조항을 적용하여 증여재산가액 2,417백만 원, 증여세 산출세액 427백만 원을 신고·납부함.
  * 증여세 한도액(지배주주등이 직접 증여받은 경우의 증여세-특정법인이 부담한 법인세 상당액) 적용, 한도액 적용 전 증여세 786백만 원
- 신청인은 母로부터 2021년 중 '□□□□' 법인 주식을 증여받을 예정임(증여재산가액 726백만 원).
  - 신청인이 '□□□□' 주식을 수증시, 당해 주식 증여재산가액 726백만 원과 사전 증여재산가액 2,417백만 원을 합산한 3,143백만 원에서 증여재산공제 50백만 원을 차감하면 과세표준 3,093백만 원이 나옴

(질의내용)

- 특정법인과 거래에 따른 증여이익 산출세액 산정시 한도액이 적용된 경우, 이후 동일 증여자로부터 다른 재산을 증여받은 경우 차감하는 사전증여재산(특정법인 관련 증여이익)에 대한 증여세액이 한도가 적용된 증여세액인지 한도가 적용되기 전 증여이익에 대한 산출세액인지 여부

회신

「상속세 및 증여세법」 제47조 제2항에 따라 증여세 과세가액에 가산한 증여재산의 가액에 대하여 납부하였거나 납부할 증여세액은 같은 법 제58조에 따라 증여세 산출세액에서 공제하는 것입니다. 이 경우 가산하는

증여재산이 같은 법 제45조의5에 따른 특정법인과의 거래를 통한 이익이고 같은 조 제2항에 따라 증여세액에 한도가 적용된 경우에 증여세 산출세액에서 공제하는 증여세액은 당해 한도가 적용되기 전의 증여 당시의 해당 증여이익에 대한 증여세 산출세액을 말하는 것입니다.

3 특정법인에게 무상금전 대여 후 상속개시된 경우 금전무상대여이익을 상속세 과세가액에 합산하여야 하는지

상속이 개시되었을 때 상속세 과세가액은 사전증여한 재산이 있는 경우 이를 가산하게 되어있는데, 상속개시 전 10년 내 상속인에게 증여한 재산가액과, 상속개시 전 5년 내 상속인이 아닌 자에게 증여한 재산가액이 여기에 해당됩니다.

부모가 가족법인에게 주주인 자녀 증여의제 과세 안되는 한도로(주주별 무이자 혜택 1억 원 미만) 금전을 무상으로 대여하고 그 후에 부모의 상속이 개시되었다면, 상속세 과세가액은 어떻게 해야할까요? 주주인 자녀에게 증여의제로 과세가 안되어도, 가족법인의 금전무상대여이익을 상속재산가액에 가산해야 할까요?

결론은 상속세 과세가액에 가산해야하는 것인데, 여기에 대해서 조세심판원의 판단은 다음과 같습니다.

조심 2022서2030(2022.9.7.)

피상속인이 특수관계법인에 금전을 무상대여한 것과 관련하여 위 무상대출에 따른 증여이익을 피상속인이 상속인이 아닌 자에게 사전증여한 것으로 보고 상속재산가액에 가산한 처분의 당부

요약

상증법 제43조 제1항은 하나의 증여에 대하여 둘 이상 동시에 적용되는 경우에는 그 중 이익이 가장 많게 계산되는 것 하나만을 적용하도록 규정하고 있고 상증법 제13조 제1항 제2호는 상속인이 아닌 자의 범위를 한정하고 있지 않고 영리법인을 제외한다는 취지를 규정하고 있지 않는 점 등에 비추어 금전무상대여이익을 사전증여재산으로 보아 합산한 처분은 잘못이 없음.

판단

그러나, 상증세법 제43조 제1항에서 하나의 증여에 대하여 둘 이상 동시에 적용되는 경우에는 그 중 이익이 가장 많게 계산되는 것 하나만을 적용하도록 규정하고 있고 이에 따라 처분청은 증여이익이 많게 계산된 상증세법 제41조의4를 적용하여 과세한바, 상증세법 제43조 제1항은 수증자가 주주인지, 법인인지에 따라 달리 적용하여야 하는 것은 아닌 것으로 보이는 점,

이 건 처분의 근거가 되는 상증세법 제13조 제1항 제2호는 상속인이 아닌 자의 범위를 한정하고 있지 않고 특히 영리법인을 제외한다는 취지를 규정하고 있지도 않는 점,

상증세법 제4조 제3항에서 「법인세법」에 따른 법인세가 부과되는 경우에는 증여세를 부과하지 아니한다고 규정한 것은 수증재산이 익금에 산입되어 법인세 과세대상이 됨에 따른 이중과세를 방지하기 위함인바, 위 규정이 영리법인에 대한 사전증여재산을 상속세 과세가액에서 제외해야 한다는 근거가 될 수 없는 점(서울고등법원 2015.11.11. 선고 2015누30175 판결, 참조),

상증세법 제13조 제3항에서는 상속세 과세가액에 가산하지 아니하는 합산배제 증여재산가액을 규정하고 있는바, 쟁점금전무상대출이익은 이에 해당하지 아니하는 점,
상증세법 제28조 제1항에 따라 상속재산가액에 가산한 증여재산에 대하여 증여세 산출세액을 공제하도록 규정되어 있고 처분청은 쟁점금전무상대출이익을 상속세 과세가액에 가산하면서 이에 대한 증여세 산출세액을 차감(이 건 조세심판관 회의 후 경정)하여 이중과세라 볼 수 없는 점,
상속세 과세가액에 합산하여 상속세를 부담하게 되었다 하더라도 청구인들이 추가로 부담하게 되는 세액은 이러한 합산과세로 인한 누진분 뿐으로 상증세법 제4조 제3항에 따라 법인세가 부과되는 경우 영리법인인 경우 증여세를 부과하지 않는다고 규정하였다 하여 반드시 다른 정책 목표인 상속세 누진과세의 적용을 배제하는 혜택을 주어야 하는 것으로는 볼 수 없는 점(서울행정법원 2010.7.23. 선고 2010구합11658 판결 참조) 등에 비추어 처분청이 피상속인이 특수관계 법인에게 금전을 무상으로 대여한 것으로 보아 상증세법 제41조의4를 적용하여 그 이자상당액을 상속세 과세가액에 가산하여 이 건 상속세를 부과한 처분은 달리 잘못이 없다고 판단(조심 2018서4408, 2019.3.5. 같은 뜻임)된다.

판단의 근거를 보시면 하나의 증여에 대해 법에 열거한 규정 중 둘 이상이 동시에 적용되는 경우 그 중 이익이 가장 많게 계산되는 것 하나만을 적용한다고 하여,[10] 특정법인 증여의제와 가족법인에 대한 금전무상대여에 대한 증여이익이 동시에 경합되는 사안인 경우 과세관청은 증여이익이 크게 계산되는 것을 적용한 것입니다.

10) 상속세 및 증여세법 제43조
① 하나의 증여에 대하여 제33조부터 제39조까지, 제39조의2, 제39조의3, 제40조, 제41조의2부터 제41조의5까지, 제42조, 제42조의2, 제42조의3, 제44조, 제45조 및 제45조의3부터 제45조의5까지의 규정이 둘 이상 동시에 적용되는 경우에는 그 중 이익이 가장 많게 계산되는 것 하나만을 적용한다.

심판례에서 특정법인 증여이익을 적용할 경우 주주별로 가족법인을 통한 무상금전대차이익에 따른 증여의제 금액이 안나오지만, 가족법인 자체를 증여받는 대상으로 하는 경우 증여이익이 나오기 때문에 과세관청은 이를 적용하였고, 상속세 및 증여세법에 상속인이 아닌 자의 범위를 한정하고 있지 않기 때문에 영리법인인 가족법인에게 상속 개시 전 5년 내에 증여한 재산가액이 있는 경우 이를 상속세 과세가액에 합산하는 것이 맞다고 하였습니다.

따라서 가족법인에게 금전무상대여한 이익 5년 치를 합산하였고 이 이익에 대한 증여세 산출세액을 차감하였습니다.

재산상속 46014-94(2001.1.27.)

피상속인이 지배주주로 있는 영리법인에 대한 채무면제시 상속세 과세가액 산입방법

요약

영리법인이 채권자인 피상속인으로부터 채무를 면제받은 후 5년 이내에 상속이 개시된 경우 당해 "채무의 면제로 인한 이익에 상당하는 금액"은 상속세 및 증여세법 제13조의 규정에 의하여 상속재산의 가액에 가산하는 것임.

(질의내용)

피상속인이 지배주주로 있는 영리법인에 대한 채무면제시 상속세 과세가액 산입방법

(갑설) 채무면제액을 다시 상속재산에 가산하는 것은 순자산가치가 (-)인 회사를 이용해 의도적으로 세금을 낮추려는 회사에 적용되어야 할 것임.

피상속인이 거의 대부분의 주식(99.34%)을 소유하고 있는 상황에서는 채무면제액이 비상장주식의 1주당 가액에 반영되어 상속세를 납부했다고 판단되는바, 상속세법 제13조의 사전증여자산의 상속세 과세가액산입규정을 선의의 납세자에게 적용하는 것은 과세의 형평성에 반하는 것이다.

(을설) 상속세법 제13조에 의하면 상속개시 전 5년 이내에 상속인이 아닌자에게 증여한 자산은 상속세 과세가액에 산입하도록 되어 있는바 채무면제액을 상속세 과세가액에 산입하고 비상장주식은 상속개시일을 기준으로 평가하도록 되어 있으므로 채무면제액을 순자산가액에 가산하여야한다.

(병설) 상속세법 제13조에 따라 상속개시 전 5년 이내에 상속인이 아닌자에게 증여한 자산을 상속세 과세가액에 산입하는 것은 증여한 자산을 상속인의 소유로 보는 것이기 때문에 비상장주식 평가시 채무면제액은 평가대상법인의 순자산가액에서 차감하여야 한다.

회신

1. 영리법인이 채권자인 피상속인으로부터 채무를 면제받은 후 5년 이내에 상속이 개시된 경우 당해 "채무의 면제로 인한 이익에 상당하는 금액"은 상속세 및 증여세법 제13조의 규정에 의하여 상속재산의 가액에 가산하는 것이며, <u>이 경우 같은 법 제28조의 규정에 의하여 당해 증여재산에 대한 증여 당시의 산출세액상당액을 상속세 산출세액에서 공제하는 것입니다.</u>
2. 비상장법인의 순자산가액은 상속세 및 증여세법 시행령 제55조의 규정에 의하여 평가기준일 현재 당해 법인의 자산을 상속세 및 증여세법 제60조 내지 제66조의 규정에 의하여 평가한 가액의 합계액에서 부채를 차감한 가액에 의하는 것입니다.

기획재정부재산-490(2025.6.9.)

피상속인이 상속개시일 전 5년 이내에 특정법인에 부동산을 증여하여 「상속세 및 증여세법」 제45조의5가 적용된 경우, 증여세액공제 계산방법

회신

상속개시일 5년 전 이내에 피상속인(「상속세 및 증여세법」 제45조의5에 따른 특정법인의 지배주주의 특수관계인에 해당한다)이 특정법인에게 재산을 무상으로 제공하여 지배주주등에게 증여세가 과세된 경우, 같은 법 제13조 제1항에 따라 상속세 과세가액에 가산하는 금액은 ① '지배주주등의 증여의제이익'과 ② '특정법인의 자산수증이익에서 지배주주등의 증여의제이익을 차감한 금액'을 합산한 금액이며,
법 제28조 제1항에 따라 상속세 산출세액에서 공제하는 금액은 ① '지배주주등의 증여의제이익에 대한 증여 당시의 증여세 산출세액'과 ② '특정법인의 자산수증이익에서 지배주주등의 증여의제이익을 차감한 금액에 대한 증여 당시의 증여세 산출세액 상당액'을 합산한 금액입니다.

원래 상속재산에 가산한 증여재산에 대한 증여세액(증여 당시의 그 증여재산에 대한 증여세 산출세액을 말함)은 상속세 산출세액에서 공제하게 되어 있습니다.

그런데 영리법인에게 증여한 경우 증여세가 아니라 더 낮은 세율이 적용되는 법인세를 납부했는데, 상속세 과세가액에 가산 후 상속세에서 공제해야 하는 세액은 어떤 세액을 적용해야 하는지가 의문일 수 있습니다.

이 예규에서 시사하는 바는 영리법인인 가족법인에게 자산의 증여나 채무 면제 등 이익을 분여하였을 때 해당 이익이 상속재산에 가

산되는 경우, 상속세 산출세액에서 공제하는 금액은 법인이 납부한 법인세가 아니고 증여재산에 대한 증여 당시의 산출세액을 공제한다는 점입니다.

심판례의 판단에서도 보면, "상속세 과세가액에 합산하여 상속세를 부담하게 되었다 하더라도 청구인들이 추가로 부담하게 되는 세액은 이러한 합산과세로 인한 누진분 뿐"이라고 하여, 낮은 세율의 법인세가 공제되는 것이 아니라 증여세액으로 공제하여 상속세 합산 뒤 누진 세율만 추가되는 것이라 하였습니다.

Chapter 06

가족법인을 통한 자본거래의 제한 (25년 신설)

상속세 및 증여세법 제45조의5 제1항에는 특정법인과의 거래를 통한 증여의제 거래 유형을 열거하고 있는데, 과거에는 재산·용역을 무상으로 가족법인에게 제공하거나 고·저가 거래를 한다거나, 채무를 면제·인수·변제해 주거나, 시가보다 낮은 가액으로 현물출자를 해주는 것으로 되어 있습니다.

그동안 여기에 자본거래가 빠져있었고 여러 예규에도 자본거래를 통한 경우 특정법인 증여의제에 해당되지 않는다고 되어 있었습니다. 이를 이용하여 컨설팅 시장에서는 그동안 가업승계지원제도 적용이 어려운 법인들 위주로 특정법인의 자본거래를 활용하여 많은 용역을 해왔습니다.

또한 부동산의 승계에 있어서도 특정법인 자본거래를 활용한 컨설팅을 많이 해왔는데 '25년 개정으로 절세 수단이 하나 사라지게 되었습니다. 나라에서는 법의 미비점을 활용한 절세방법을 부자들의 세금 회피라는 시각으로 보고 있기 때문에 이러한 방법들은 역사적으로 볼 때 계속 줄여가고 있으며, 현재의 특정법인 주주별 증여이익 1억 원이라는 기준도 미래에는 축소될 수 있어 늘 법 개정에 촉각을 세우고 전문가의 도움을 받아 계획을 수정해 가야 합니다.

상속세 및 증여세법 제45조의5

【특정법인과의 거래를 통한 이익의 증여 의제】 (2019.12.31. 제목개정)

① 지배주주와 그 친족(이하 이 조에서 "지배주주등"이라 한다)이 직접 또는 간접으로 보유하는 주식보유비율이 100분의 30 이상인 법인(이하 이 조 및 제68조에서 "특정법인"이라 한다)이 지배주주의 특수관계인과 다음 각 호에 따른 거래를 하는 경우에는 거래한 날을 증여일로 하여 그 특정법인의 이익에 특정법인의 지배주주등이 직접 또는 간접으로 보유하는 주식보유비율을 곱하여 계산한 금액을 그 특정법인의 지배주주등이 증여받은 것으로 본다. (2023.12.31. 개정)

3의2. 불균등 감자 등 대통령령으로 정하는 자본거래를 통하여 이익을 분여받는 것 (2025.3.14. 신설)

- 제45조의5 제1항 제3호의2의 개정규정은 2025.3.14. 이후 같은 개정규정에 따른 거래를 하는 경우부터 적용함. [2025.3.14. 법률 제20777호 부칙 제2조]

상속세 및 증여세법 시행령 제34조의5

【특정법인과의 거래를 통한 이익의 증여 의제】 (2020.2.11. 조번개정)

② 법 제45조의5 제1항 제3호의2에서 "불균등 감자 등 대통령령으로 정하는 자본거래"란 같은 항 각 호 외의 부분에 따른 특정법인(이하 이 조에서 "특정법인"이라 한다)과 지배주주의 특수관계인 사이에 이루어지거나 지배주주의 특수관계인 사이에 이루어지는 다음 각 호의 어느 하나에 해당하는 자본거래를 말한다. (2025.5.7. 신설)

1. 주식등을 시가보다 높거나 낮게 평가하여 불공정한 비율로 합병(분할합병을 포함한다. 이하 이 조에서 같다)하는 거래. 다만, 「자본시장과 금융투자업에 관한 법률」 제165조의4에 따라 합병하는 경우는 제외한다. (2025.5.7. 신설)
2. 법인이 자본금(출자액을 포함한다. 이하 이 항에서 같다)을 증가시키기 위해 새로운 주식등을 시가보다 높거나 낮은 가액으로 발행하는 거래 (2025.5.7. 신설)
3. 법인이 자본금을 감소시키기 위해 주식등을 소각할 때 주주등의 소유주식등의 비율에 의하지 않거나 일부 주주등의 주식등을 시가보다 높거나 낮은 가액으로 소각하는 거래 (2025.5.7. 신설)
4. 현물출자에 의해 주식등을 시가보다 높거나 낮은 가액으로 인수하는 거래 (2025.5.7. 신설)
5. 전환사채등을 시가보다 높거나 낮은 가액으로 인수·취득·양도하거나 전환사채등에 의해 주식으로 전환·교환 또는 주식의 인수를 할 때 그 전환사채등에 의해 교부받았거나 교부받을 주식의 가액이 전환가액등보다 높거나 낮은 거래 (2025.5.7. 신설)
6. 법인이 이익이나 잉여금에 대한 배당등을 할 때 일부 주주등이 본인이 지급받을 배당등의 금액의 전부 또는 일부를 포기하거나 본인이 보유한 주식등에 비례하여 균등하지 않은 조건으로 배당등을 받는 거래 (2025.5.7. 신설)
7. 주식의 포괄적 교환 또는 이전으로 인해 소유지분이나 그 가액이 변동되는 거래 (2025.5.7. 신설)
8. 그 밖에 제1호부터 제7호까지의 거래에 준하는 거래 (2025.5.7. 신설)

'25년 자본거래 신설 내용 중에 주의할 점은 기존에도 있었던 거래 유형 중 일부가 자본거래로 편입되었다는 것입니다. 4호와 6호의 내용인데 현물출자를 통해 주식을 시가보다 높거나 낮은 가격에 인수하는 거래, 차등배당을 통해 주식에 균등 비례하지 않게 배당받는 거래가 자본거래의 유형으로 들어왔습니다.

개정 전에 차등배당의 경우 '무상 제공받는 거래 유형'으로 상증세법 집행기준에 나와 있었고 저가로 현물출자하는 것은 채무면제와 같이 기타 유사한 거래 유형으로 분류되어 있었습니다.

거래유형의 분류가 중요한 이유는 앞서 소개드렸듯이 특정법인 증여이익이 주주별로 1억 원 이상인지 과세요건을 판단할 때 거래유형별로 1년 소급으로 합산하여 따지기 때문입니다. 따라서 자본거래로 변경된 거래 유형을 주의하시기 바랍니다.

포괄적인 자본거래들이 특정법인 증여의제 거래로 규정됨에 따라 아래의 과거 유권해석은 이제 적용이 안되는 것들이니 참고용으로 보시기 바랍니다.

[과거 유권해석]

(1) 특정법인 활용 불균등 감자

- 특정법인이 주주로 있는 특수관계법인의 불균등 유상감자 시 특정법인의 주주에게 상속세 및 증여세법 제45조의5 적용하여 증여세를 과세할 수는 없는 것임〈사전법규재산 2022-1318, 2023.7.21.〉.
- 특정법인(B)이 주주인 내국법인(A)이 유상감자를 실시하는 경우로서 내국법인(A)의 주주 중 개인주주만 저가 유상감자에 참여하여 특정법인(B)이 이익을 분여받은 경우, 특정법인(B)의 지배주주인 갑과 을에 대해서는 증여세를 과세할 수 없는 것임〈사전법규재산 2023-276, 2023.6.8.〉.
- 「상속세 및 증여세법」 제45조의5(2020.12.29. 법률 제17758호로 개정된 것) 규정은 특정법인이 지배주주의 특수관계인과 같은 법 제1항 제1호부터 제4호까지의 거래를 한 경우에 적용되는 것이므로 불균등 유상감자로 특정법인이 이익을 얻은 경우 「상속세 및 증여세법」 제45조의5 규정이 적용되지 않는 것임〈서면자본거래 2021-666, 2021.3.23.〉.
- 특정법인과의 거래를 통한 이익의 증여의제 대상 거래에 불균등 저가 유상감자는 포함되어 있지 않아 특정법인의 주주에 대하여는 상증법 제45조의5에 따라 증여세를 과세할 수 없음〈사전법령해석재산 2017-150, 2017.5.17.〉.

(2) 특정법인 활용 불균등 증자

- 「상속세 및 증여세법」 제45조의5 규정은 특정법인이 지배주주의 특수관계인과 같은 법 제1항 제1호부터 제4호까지의 거래를 한 경우에 적용되는 것이므로, 위 사전답변 신청의 사실관계와 같이 불균등 유상증자로 특정법인이 이익을 얻은 경우에는 「상속세 및 증여세법」 제45조의5 규정이 적용되지 않는 것임〈사전-2022-법규재산-1104, 2022.12.2.〉.

- 위 사전답변 신청의 사실관계와 같이, 상속세 및 증여세법 제45조의5 규정은 특정법인이 지배주주의 특수관계인과 같은 법 제1항 제1호부터 제4호까지의 거래를 한 경우에 적용되는 것이므로 불균등 유상증자로 특정법인이 이익을 얻은 경우 상속세 및 증여세법 제45조의5 규정이 적용되지 않는 것임〈사전-2021-법규재산-0940, 2022.6.29.〉.
- 상속세 및 증여세법 제45조의5 규정은 특정법인이 지배주주의 특수관계인과 같은 법 제1항 제1호부터 제4호까지의 거래를 한 경우에 적용되는 것이므로 불균등 유상증자로 특정법인이 이익을 얻은 경우 상속세 및 증여세법 제45조의5 규정이 적용되지 않는 것임〈서면-2022-자본거래-0016, 2022.1.25.〉.
- 거주자가 사업용 고정자산을 현물 출자하여 법인으로 전환함으로써 양도소득세를 감면받은 후 당해 법인이 제3자 배정방식의 유상증자에 의해 자본금을 증자하여 지분비율이 50% 이상 감소한 경우에는 「조세특례제한법」 제32조 제5항 제2호에 따른 주식 등의 처분으로 보지 않는 것임〈서면-2019-부동산-0818, 2019.6.17.〉.

Part 5

부동산 가족법인을 활용한 절세방안

Chapter 01 부모 여유자금 활용 예

Chapter 02 가족법인을 통해 자녀 자금출처 만드는 방법

Chapter 03 가족법인을 활용한 주택 투자 주의점

Chapter 04 부모의 토지를 활용하는 방법

Chapter 05 개인 부동산의 법인화

Chapter 06 가족법인을 활용한 배당(중간배당 및 차등배당)

Chapter 07 부동산 가족법인 설립 고민 케이스

"가문의 부를 잇는"

부동산
가족법인 절세의
모든 것

Chapter 01

부모 여유자금 활용 예

앞서 얘기했던 특정법인 증여의제 규정들을 활용하여 현실에서 어떻게 절세에 활용하는지 예시가 궁금하실 겁니다.

가장 많이 언급되고 유튜브나 금융권 VIP 상담에서도 많이 권하는 방법이 바로 가족법인 설립 후 부모의 여유자금을 활용해서 자녀의 마중물로 쓸 수 있게 해주라는 조언입니다.

성공한 CEO, 의사, 전문직 등 현금 여유가 있는 고액 자산가들은 중년을 넘기고 자녀가 성장해서 자리를 잡아갈 무렵 상속도 조금씩은 고민을 하게 되고 자녀에게 뭔가 힘을 보태주고 싶어합니다.

이 때 가장 많이 가족법인을 찾아 상담 오시는데, 부모 나이대가 70대 이상이면 상속을 염두에 두고 세금을 최소화해서 조금씩 재산을 이전하고자 하는 니즈가 가장 강하고 60대 아래로는 아직 노년을 생각하기 때문에 재산을 미리 내려주기보다는 자녀에게 경제적 도움과 힘을 보태주고 싶어하는 경우가 많습니다.

하지만 70대 이상에서도 자수성가하신 분들은 아직 내려줄 생각이 없어 자녀들이 더 마음 급해 먼저 상담을 찾아오는 분들이 많으며, 세무사에게 부모님 좀 설득해달라고 오히려 부탁을 합니다.

자녀를 위해 경제적 도움과 힘을 주고는 싶은데, 백세시대에 아직 나의 노년도 많이 남아 미리 재산을 다 내려주고 싶지는 않고 현금을 증여해 주자니 세금이 아깝고 이런 유동자산이 풍부하신 분들이 활용하기 가장 좋은 방법입니다.

자녀를 위해 가족법인에게 부모의 자금을 바로 증여 해주면 가족법인 주주인 자녀에게 지분별로 이익이 1억 원 이상인 경우 특정법인 증여의제로 증여세를 부담하게 됩니다. 그렇기 때문에 주는게 아니라 가족법인에 빌려주는 겁니다.

부모 돈을 무이자로 빌려주는 경우 자녀에게 직접 빌려주면 '금전 무상대출 등에 따른 이익의 증여'[1]라 해서 실질적으로 무이자 혜택을 본 이익이 1천만 원 이상인 경우 자녀에게 증여세가 과세됩니다.

하지만 가족법인을 활용하는 경우 자녀에게 직접 빌려주는 것이 아니고 자녀가 주주로 있는 가족법인에게 빌려주는 것이고, 구조를 이렇게 바꾼 경우 주주별 무이자 혜택이 1억 원 이상이 되어야 주주에게 증여세가 과세되기 때문에 훨씬 더 큰 금액을 빌려줄 수 있게 됩니다.

---

1) 상속세 및 증여세법 제41조의4【금전 무상대출 등에 따른 이익의 증여】

게다가 가족법인의 주주 구성을 손주나 다른 형제까지 넣어서 여러명을 구성한다면 효과를 높일 수 있는데, 1억 원이라는 이익이 가족법인 기준이 아닌 주주별로 판단하는 것이기 때문에 주주를 여러 명으로 하여 지분율을 최소로 안분하면 무이자로 가족법인에게 빌려줄 수 있는 돈이 극대화됩니다.

예를 들어 가족법인의 주주가 자녀 1명 100%인 경우 주주별 이익 기준인 1억 원을 법정 이자율인 4.6%로 나누면 약 21억 7천만 원까지 무이자로 가족법인에게 빌려줄 수 있습니다.

여기서 주주 구성을 며느리와 손주 2명을 추가하여 인당 25% 지분으로 가족법인을 구성한다면, 약 86억 9천만 원까지 무이자로 빌려주어도 가족법인 주주들에게 증여세가 과세되지 않습니다.

Chapter 02

가족법인을 통해 자녀 자금출처 만드는 방법

가족법인에게 부모 여윳 돈을 빌려주고 법인으로 투자 및 자금 운용하는 컨셉은 투자수익으로 법인의 잉여금을 만든 후에 자녀들에게 급여나 배당으로 긴 시간을 갖고 꾸준히 수익을 향유할 수 있게 해주는 방법입니다.

하지만 자녀가 당장 목돈이 필요해서 시간적 여유가 없고 자금 원천이 필요한 경우는 어떻게 해야 할까요?

투자 시드인 원금 자체는 여전히 부모 돈이고 가족법인은 그 돈을 빌린 것이기 때문에 그 돈을 자녀가 곧바로 개인화하여 사용할 수는 없습니다.

이런 때 정 급하게 자녀에게 자금이 필요한 경우는 부모 돈을 직접 증여로 주거나, 자녀에게 직접 돈을 빌려주거나, 부모가 여유자금을 가족법인에게 빌려주고 자녀는 가족법인으로부터 빌리는 형식으로 출처를 만들어 줄 수 있습니다.

가족법인을 통해 자녀가 돈을 빌리는 경우는 가족법인이 특수관계자인 자녀에게 돈을 빌려주는 '업무무관 가지급금'이 되기 때문에 4.6%의 법정이자를 받아야 하고, 가족법인에 대출이 있는 경우는 이자비용까지도 법정 산식에 따라 세무상 비용부인이 되니 주의관리를 해야 합니다.

법인세법 제28조

【지급이자의 손금불산입】
* 관련 집행기준: 28-53-1 【업무무관 자산 등에 대한 지급이자의 계산】

업무무관 자산 등에 대한 지급이자로서 손금에 산입하지 아니하는 지급이자는 다음과 같이 계산한다.

$$\text{손금불산입 지급이자} = \text{지급이자} \times \frac{(\text{업무무관 자산가액 적수}+\text{업무무관 가지급금 적수})}{\text{차입금 적수}}$$

* ㉠ (업무무관 자산가액 적수+업무무관 가지급금 적수)는 차입금 적수를 한도로 한다.
  ㉡ 가지급금 적수 계산시 가지급금이 발생한 초일은 산입하고 회수된 날은 제외한다.
  ㉢ 동일인에 대한 가지급금과 가수금이 함께 있는 경우에는 이를 상계한 금액으로 한다. 다만, 발생시에 각각 상환기간 및 이자율 등에 관한 약정이 있어 상계할 수 없는 경우에는 이를 상계하지 아니한다.

또한 부모 여유자금을 가족법인에게 무이자로 빌려줄 때도 무한정 해줄 수 있는 것이 아니고, 주주인 자녀에게 '상속세 및 증여세법 제45조의5 [특정법인과의 거래를 통한 이익의 증여의제]' 이슈가 있기 때문에 무이자 혜택이 주주별로 1억 원이 넘지 않는 한도를 매년 체크해야 합니다.

위 방법을 활용할 경우, 자녀가 집을 사야 하는데 개인대출 한도가 안 나와서 자금출처가 급히 필요하면 부모님 대신 가족법인으로부터 자금을 빌려 출처를 마련할 수 있습니다.

가족법인을 활용하지 않고 부모에게 직접 차용한다면, 무이자 대여액이 2억 1,700만 원이 넘어갈 경우 법정이자 4.6% 기준 무이자 혜택이 1천만 원을 넘게 되어 증여세 이슈가 바로 생기고, 차용증과 원금이나 이자 지급 근거 등이 마련되지 않으면 차후에 과세관청에서 문제를 삼을 수도 있습니다.

또한 차용증이 있다고 해도 이자지급 근거가 없거나 자녀가 실제 갚을 경제력이 뒷받침되지 않는다면, 형식만 차용증이지 처음부터 증여인 것이 아니냐는 관점의 공격을 받을 수 있기 때문에 차용증만 작성했다고 만사형통이 아니라는 점 유의하셔야 합니다.

반면 자녀가 가족법인을 통해 빌린 돈의 이자를 안 갚는 경우 법인에는 인정이자라 하여 4.6%만큼 강제로 법인 과표에 포함이 되고 동시에 자녀가 주주인 경우 인정배당이라 하여 자녀의 개인 배당소득으로 안갚은 이자만큼 법적으로 소득처분이 됩니다.

이는 당장의 증여세 보다는 세금이 적겠지만 법인세 및 소득세가 한번만 과세되는 것이 아니고 빌려준 대여관계가 지속되는 동안 계속 발생되기 때문에 근원적인 방법은 아닙니다.

법인세 집행기준 67-106-9

【가지급금 등의 소득처분】

① 특수관계인과의 자금거래에서 발생한 가지급금 등과 동 이자상당액으로 영 제11조 제9호에 따라 익금에 산입한 금액은 그 귀속자에 따라 다음에 해당하는 날이 속하는 사업연도에 처분한다.

1. 가지급금 등: 특수관계가 소멸하는 날
2. 미수이자: 발생일이 속하는 사업연도 종료일로부터 1년이 되는 날 다만, 1년 이내에 특수관계가 소멸하는 경우 특수관계가 소멸하는 날

법인세 집행기준 67-106-10

【가지급금에 대한 인정이자의 처분】

① 영 제89조 제3항 및 제5항에 따라 익금에 산입한 금액은 금전을 대여받은 자의 구분에 따라 다음과 같이 처분한다.

1. 출자자(출자임원 제외): 배당
2. 직원(임원 포함): 상여
3. 법인 또는 사업을 영위하는 개인: 기타사외유출
4. 이외의 개인: 기타소득

물론 이자율 4.6%면 외부 1금융권에서 빌리는 것보다 비쌀 수도 있는데 이자를 외부 금융기관 대신 가족법인에게 지급하는 것이니, 결국 가족법인 주주는 가족과 자녀들이고 가족 내부적으로 돈이 주머니만 바뀐다는 관점으로 보면 외부에서 조달하는 것보다 이득입니다.

또한 가족법인에게 빌리면 부모에게 직접 빌리는 것 대비 증여세가 과세되는 한도도 10배 이상 높기 때문에 유리한 점은 맞습니다. 하지만 빌린 돈이 크고 이자를 실제 지급할 능력이 안된다면, 앞서

언급한 것처럼 가족법인에게는 법인세, 빌린 자녀에게는 인정배당 소득세가 매년 발생되기 때문에 관리의 주의를 요합니다.

예를 들어 자녀1인 100% 주주인 가족법인에게 부모가 20억 원을 빌려주고, 자녀가 이 돈을 다시 가족법인으로부터 빌려서 아파트를 취득한다고 가정해 보겠습니다.

약 21억 원까지는 가족법인이 부모에게 빌려도 주주에게 특정법인 증여의제 증여세가 나오지 않기 때문에, 자녀는 20억 원을 가족법인에게 빌려서 이자는 갚지 않고 아파트를 취득합니다.

이 경우 가족법인에는 매년 20억 원×4.6%=92백만 원의 법인세 과표가 올라가고 법인세율 9.9%(지방소득세 포함) 적용 시 법인세 약 9백만 원이 매년 발생됩니다. 다른 금융기관의 이자비용은 없다고 가정하겠습니다(법인에게 이자비용이 있을 경우 일정부분 이자가 비용 부인됩니다).

자녀 주주에게는 92백만 원이 매년 배당 처분되므로 급여소득이 있다면 합산해서 종합소득세를 신고해야 합니다. 약식으로(그로스업과 누진공제 무시) 24% 소득세율 적용 구간이라 가정하면 지방소득세까지 약 24백만 원의 세금을 매년 내야 하고 법인세와 합치면, 매년 약 33백만 원 납부세액이 발생됩니다.

만약 20억 원을 부모에게 직접 빌린다고 가정하면 20억 원에 대한 금전무상대여이익 증여세 과표가 매년 92백만 원이고 매년 누적합산으로 증여세 적용 세율도 과표단계에 따라 누적으로 올라갑니다.

[증여세 과세 기준표]

과세표준	세율	누진공제액
1억 원 이하	10%	0원
5억 원 이하	20%	1천만 원
10억 원 이하	30%	6천만 원
30억 원 이하	40%	1억 6천만 원
30억 원 초과	50%	4억 6천만 원

따라서 20% 증여세율 적용 구간까지는 부모에게 직접 빌리는게 유리할 수도 있지만, 어느 순간 누적 부담이 역전되는 연차가 오기 때문에 작정하고 가족법인에 이자 안 갚고 그냥 아파트에 쭉 살 경우, 세금 부담만 가능하다면 해볼 만한 방법입니다.

하지만 이러한 부동산 거래신고를 하면 국토부와 서울시에서 편법증여 탈루혐의라 하여 부동산 경기 및 투기심리가 올라가는 시기에는 기획점검을 실시하고 탈세의심 사례는 국세청에 자료를 통보합니다.

국토교통부 | 보도자료 | 다시 대한민국! 새로운 국민의 나라

보도시점 : 2024. 8. 13.(화) 12:00 이후(8. 14.(수) 조간) / 배포 : 2024. 8. 13.(화)

수도권 부동산 시장을 왜곡하는 가격 띄우기 등 불법행위 집중 조사

- 국토부, 금융위, 국세청, 지자체 등 합동으로 현장점검반 가동
- 가격 담합, 보상투기, 집값 띄우기 목적의 허위신고 등 고강도 조사

□ **국토교통부**(장관 박상우)는 8월 13일부터 **수도권 주택·토지 이상거래**에 대한 관계부처·지자체 합동 **현장점검 및 기획조사에 착수**한다.

ㅇ 이번 점검 및 기획조사는 제7차 **부동산 관계장관회의**(7.18), **「국민 주거안정을 위한 주택공급 확대방안」**(8.8)에서 발표한 바와 같이 **투기수요와 부동산 거래질서를 교란**하는 **불법·불공정 행위를 차단**하고 **투명한 거래질서를 확립**하고자 마련되었다.

ㅇ 최근 서울·수도권 일부 지역 아파트 중심으로 가격 상승과 거래량이 증가하면서 **집값 담합, 특수관계인 간 업계약** 등 **시장교란행위에 대한 신고가 증가**하고 있고, 집값 오름세 지속 시에는 무분별한 투기도 발생할 수 있어 이로 인한 **주택시장 불안이 발생되지 않도록 거래과정에서의 불법행위를 사전에 차단**할 계획이다.

< 관계기관 합동 현장점검반 운영계획 >

점검 대상	• '24년 주택 거래 중 **자금조달계획 적정성**이 **의심**되거나 **허위신고** 등 **불법행위** 의심 거래(집값 담합, 집값 띄우기, 대출규정 위반 의심, 이상 고저가 거래 등)
점검 기간	• **1차 점검**(**서울 강남3구 및 마포·용산·성동구 일대**) : '24.8.13~9.27, 7주간 • **2차 점검**(**1기 신도시·인근 지역 및 서울 전체 지역**) : '24.9.30~11.15, 7주간 • **3차 점검**(기타 경기·인천 및 **이상거래 집중 지역**) : '24.11.18~12.27, 6주간
점검반 구성	• **국토부, 국세청, 금융위, 금감원, 지자체, 한국부동산원, HUG 합동** - **국토부를 팀장**으로 한 **총 5개 합동 점검팀** 구성 및 운영

현장점검 및 기획조사 결과 조치계획

□ **국세청**은 **탈세 의심사례**로 통보된 자료에 대해서는 **자체 보유 과세정보**와 **연계**하여 자금 출처 등을 **분석**하고, 편법 증여 등 **탈루혐의**가 **확인**되는 **경우**에는 **세무검증**을 **실시**할 계획이다.

□ **금융위원회**(금융감독원)와 **행정안전부**는 **대출 규정 미준수 의심사례**에 대하여 금융회사 검사 등으로 **규정 위반 여부**를 확인하고, 대출금을 **용도 외 유용**한 것으로 **최종 확인**되는 경우 **대출규정 위반**에 따른 **대출금 회수** 등 **조치**할 계획이다.

□ **관할 지자체는** 허위신고, 가격 거짓신고 등 부동산거래신고법 위반 의심사례에 대하여 **불법행위가 확인되는 경우 과태료 등 행정처분**할 계획이다.

사례3 (서울)	**특수관계인간 불법증여 의심사례(국세청 통보)** ☞ **자기자금 없이 전액 타인 자금으로 주택구입**

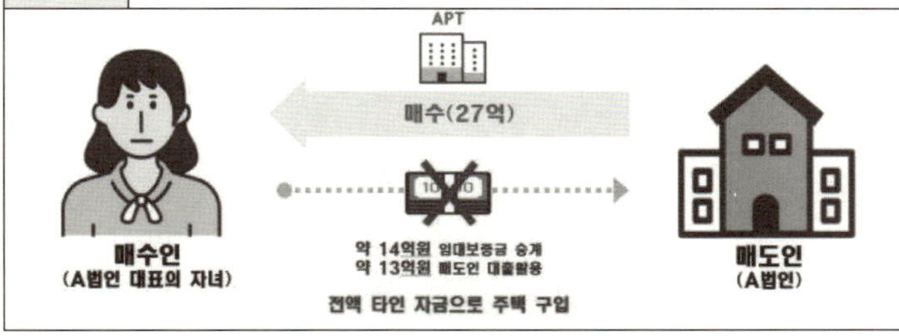

○ 본건은 **특수관계인간 직거래**로서 **매도인**(법인)은 **매수인**의 부친이 대표로 재직 중인 법인이며, **매수인**은 당초 설정된 **임대차 계약의 보증금을 승계**(약 14억)하고 매도인의 **기업자금대출**(약 13억)을 **활용**하여 본건 주택을 매수(**거래금액 27억원**)한 거래로 **자기자금 없이 전액을 타인 자금으로 주택을 구입**하는 등 **편법증여 의심**되어 **국세청에 통보**

사례4 (경기)	**차입금을 활용한 편법증여 및 법인자금 유용 의심사례(국세청 통보)** ☞ **매수자금 전액을 부친 및 부친소유 법인에서 조달**

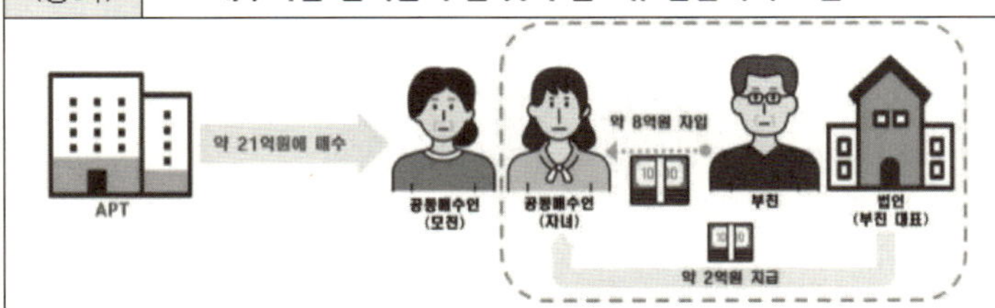

○ 본건의 **공동매수인**은 **모녀관계**로서 약 21억원에 주택을 매수하였고, 모친은 본인 소유 부동산 처분대금 등으로 매수자금 조달하였으나, **자녀**의 경우 **매수자금 전액**을 **부친**으로부터 차입(약 8억원) 및 **부친이 대표인 법인**으로부터 조달(약 2억원) 받아 지급한 사실이 확인되어 **특수관계인 간 차입금**을 통한 **편법증여** 및 **법인자금 유용**이 의심되어 **국세청에 통보**

2024. 8. 13.(화) 조간용

이 보도 자료는 2024년 8월 12일 오전 11:15부터 보도할 수 있습니다.

동행·매력 특별시 서울 SEOUL MY SOUL

보도 자료

담당 부서: 도시공간본부 토지관리과

사진 없음 ▣ 사진 있음 □ 쪽수: 3쪽

토지관리과장	이계문	02-2133-4660
토지정책팀장	지미종	02-2133-4662

서울시, 부동산 위법행위 1,017건 적발… 과태료 40억원 부과

- 자체 개발 부동산 동향분석 시스템 활용… 위법 행위 의심 거래건 집중 조사 방식
- 지연신고 819건으로 대부분… 미신고(145건), 가격 거짓신고(53건) 뒤이어
- 편법 증여 등 세금 탈루 의심 거래 3,019건도 국세청 등 관계 기관 통보 완료
- 시, "신고가 거래 후 계약 해제건 국세청 즉시 통보로 '집값 띄우기' 허위 계약 차단"

부동산 거래신고 등에 관한 법률에 의해 6억 원 이상의 주택을 매수할 때는 '주택취득자금 조달계획서'를 지자체에 제출해야 합니다.

따라서 자기자금의 조달이 거의 없고 부모나 특수관계법인으로부터 돈을 빌려 주택을 매수하는 경우 세금 탈루 의심혐의로 국세청에 통보하게 되는 것입니다.

■ 부동산 거래신고 등에 관한 법률 시행규칙 [별지 제1호의3서식] <개정 2022. 2. 28.> 부동산거래관리시스템(rtms.molit.go.kr)에서도 신청할 수 있습니다.

주택취득자금 조달 및 입주계획서

※ 색상이 어두운 난은 신청인이 적지 않으며, [ ]에는 해당되는 곳에 √표시를 합니다. (앞쪽)

접수번호		접수일시		처리기간	
제출인 (매수인)	성명(법인명)		주민등록번호(법인 · 외국인등록번호)		
	주소(법인소재지)		(휴대)전화번호		

① 자금 조달계획	자기 자금	② 금융기관 예금액 원	③ 주식 · 채권 매각대금 원	
		④ 증여 · 상속 원	⑤ 현금 등 그 밖의 자금 원	
		[ ] 부부 [ ] 직계존비속(관계:) [ ] 그 밖의 관계( )	[ ] 보유 현금 [ ] 그 밖의 자산(종류:)	
		⑥ 부동산 처분대금 등 원	⑦ 소계 원	
	차입금 등	⑧ 금융기관 대출액 합계 원	주택담보대출	원
			신용대출	원
			그 밖의 대출	원 (대출 종류:)
		기존 주택 보유 여부 (주택담보대출이 있는 경우만 기재) [ ] 미보유 [ ] 보유 (건)		
		⑨ 임대보증금 원	⑩ 회사지원금 · 사채 원	
		⑪ 그 밖의 차입금 원	⑫ 소계	
		[ ] 부부 [ ] 직계존비속(관계:) [ ] 그 밖의 관계( )	원	
	⑬ 합계	원		

⑭ 조달자금 지급방식	총 거래금액	원
	⑮ 계좌이체 금액	원
	⑯ 보증금 · 대출 승계 금액	원
	⑰ 현금 및 그 밖의 지급방식 금액	원
	지급 사유 ( )	

⑱ 입주 계획	[ ] 본인입주 [ ] 본인 외 가족입주 (입주 예정 시기: 년 월)	[ ] 임대 (전 · 월세)	[ ] 그 밖의 경우 (재건축 등)

「부동산 거래신고 등에 관한 법률 시행령」 별표 1 제2호나목, 같은 표 제3호가목 전단, 같은 호 나목 및 같은 법 시행규칙 제2조제6항 · 제7항 · 제9항 · 제10항에 따라 위와 같이 주택취득자금 조달 및 입주계획서를 제출합니다.

년 월 일

제출인 (서명 또는 인)

시장 · 군수 · 구청장 귀하

국토교통부의 보도자료 중 사례3, 4를 보면 자녀들이 특수관계법인으로부터 돈을 빌려 주택 매수자금으로 사용한 케이스인데, 국가와 지자체에서 탈세의심으로 보는 전형적 사례입니다.

만약 세법적으로 알맞게 인정이자, 지급이자 부인 등 법인세와 인정배당 소득세 모두 적정 반영했다 하더라도 국세청에서 점검받는 과정은 괴롭고 시간과 비용을 들이게 하며, 안 좋은 선입견을 갖고 시작하기 때문에 소명이 잘 끝난다 하더라도 세금 아끼려고 이렇게까지 해야 하나라는 생각이 들 수 있습니다.

그러나 이것도 소명이 잘 끝났을 경우의 이야기이지 매우 공격적인 관점까지 생각해 본다면, 과세관청이 실질과세의 원칙[2)]을 들어 가족법인의 존재 자체가 조세회피의 목적밖에 없다는 것을 입증하여 가족법인을 통한 거래를 부인해 버린다면, 직접 부모에게 빌린 것으로 증여세 과세될 수도 있기 때문에 이 컨셉은 함부로 적용하면 위험하고 전문가와 상담을 거치시길 권해드립니다.

---

2) 국세기본법 제14조【실질과세】

① 과세의 대상이 되는 소득, 수익, 재산, 행위 또는 거래의 귀속이 명의(名義)일 뿐이고 사실상 귀속되는 자가 따로 있을 때에는 사실상 귀속되는 자를 납세의무자로 하여 세법을 적용한다. (2010.1.1. 개정)

② 세법 중 과세표준의 계산에 관한 규정은 소득, 수익, 재산, 행위 또는 거래의 명칭이나 형식과 관계없이 그 실질 내용에 따라 적용한다. (2020.6.9. 개정)

③ 제3자를 통한 간접적인 방법이나 둘 이상의 행위 또는 거래를 거치는 방법으로 이 법 또는 세법의 혜택을 부당하게 받기 위한 것으로 인정되는 경우에는 그 경제적 실질 내용에 따라 당사자가 직접 거래를 한 것으로 보거나 연속된 하나의 행위 또는 거래를 한 것으로 보아 이 법 또는 세법을 적용한다. (2010.1.1. 개정)

대법 2015두46963(2017.2.15.)

〈증여세 실질과세 국가승소 판례〉
제3자를 이용한 교차증여를 경제적 실질에 따라 재구성하여 처분한 증여세 과세는 적법함.

요약

상증세법 제2조 제4항의 적용은 거래의 목적, 경위, 사업상 필요, 시간적 간격, 위험부담의 가능성 등을 종합적으로 고려하여 판단해야 하고, 이 사건 교차증여는 증여세 누진세율 적용을 회피할 목적으로 이루어진 것으로 거래 실질에 따라 직계존속으로부터 직접 증여받은 것으로 본 증여세 과세는 적법함.

…… 구 상증세법 제2조 제4항, 제3항에 의하여, 당사자가 거친 여러 단계의 거래 등 법적 형식이나 법률관계를 재구성하여 직접적인 하나의 거래에 의한 증여로 보고 증여세 과세대상에 해당한다고 하려면, 납세의무자가 선택한 거래의 법적 형식이나 과정이 처음부터 조세회피의 목적을 이루기 위한 수단에 불과하여 그 재산이전의 실질이 직접적인 증여를 한 것과 동일하게 평가될 수 있어야 하고, 이는 당사자가 그와 같은 거래형식을 취한 목적, 제3자를 개입시키거나 단계별 거래 과정을 거친 경위, 그와 같은 거래방식을 취한 데에 조세 부담의 경감 외에 사업상의 필요 등 다른 합리적 이유가 있는지, 각각의 거래 또는 행위 사이의 시간적 간격, 그러한 거래형식을 취한데 따른 손실 및 위험부담의 가능성 등 관련 사정을 종합적으로 고려하여 판단하여야 한다.

Chapter 03

가족법인을 활용한 주택 투자 주의점

부모자금을 활용한 방법으로 가장 많이 하는 투자가 바로 가족법인으로 부동산 투자 및 임대수입을 향유하는 것입니다. 부모들은 일평생 모아온 자신들의 거금을 활용하게 하는데, 자녀들이 법인으로 위험성 높은 사업을 벌인다거나 주식 같이 변동성 큰 투자를 하게 하지 않습니다.

자녀들이 안정적으로 서포트 받기를 원하기 때문에 보유 자산을 공격적으로 불리기보다는 지키기를 원하시는 분들이 대부분이라 임대수입이 안정적으로 나오는 부동산 투자를 원합니다.

주택의 경우 꾸준한 임대 수요로 상가와 달리 공실의 걱정이 적고 강남권 아파트라면 시간이 지났을 때 차익 또한 크기 때문에 사두고 시간이 지났을 때 투자의 안정성이 보장되지만, 법인으로 부동산 투자를 하는 경우에는 근린생활 시설 등 주택이 아닌 부동산으로 투자를 해야 효율이 좋습니다. 이유는 주택을 법인으로 투자하는 경우 세제 패널티가 많기 때문에 그렇습니다.

1 취득세

법인으로 주택을 취득하는 경우 취득세가 12% 적용되기 때문에 여기에 부가되는 지방교육세와 농어촌특별세가(주택 85㎡ 이하이면 농어촌특별세 비과세) 합쳐지면 13.4%(85㎡ 이하 12.4%)여서 1채만 취득하여도 개인으로 취득할 때의 최고 중과세율과 같기 때문에 수익률이 좋지 않습니다.

2 종합부동산세

주택분 종합부동산세의 법정산식은 '(주택 공시가격의 합−공제금액)×공정시장 가액비율=종부세 과세표준'이 되고 여기에 세율을 곱해 종부세 세액이 나옵니다. 여기서 개인과 달리 법인은 공제금액이 없고 세율도 개인 대비 무조건 최고세율이 적용되기 때문에 매년 보유만 해도 부담하는 금액이 상당합니다. 종부세에는 농어촌특별세가 부가적으로 종부세의 20%가 붙기 때문에 일반 상업 건물에 비해 주택 투자는 종부세라는 단점이 더욱 두드러 집니다.

예를 들어 강북 대표 아파트인 마포래미안 푸르지오 국민평수 84타입 2024.1.1. 공시가격이 약 10억 원 정도 되는데, 1채만 가지고 있어도 재산세+종부세와 농특세가 함께 2천만 원이 넘게 매년 부과됩니다.

3 매각 시 '토지 등 양도소득에 대한 법인세'[3)]

법인으로 주택을 취득하여 매각차익을 남겼을 때 법인세 외에도 '토지등 양도소득에 대한 법인세'라 하여 주택 매각차익의 20%를 추가로 내야 합니다.

법인세의 경우 폭넓은 비용처리가 되는 반면, '토지등 양도소득에 대한 법인세'를 계산할 때는 각종 비용처리가 인정되지 않고 양도당시의 장부가액만을 차감하여 계산하기 때문에 세부담이 상당하여 법인을 활용한 절세효과가 상당 부분 감소되니 투자 시 처음부터 수익률에 감안시켜야 합니다.

---

3) 법인세법 제55조의2 【토지등 양도소득에 대한 과세특례】

① 내국법인이 다음 각 호의 어느 하나에 해당하는 토지, 건물(건물에 부속된 시설물과 구축물을 포함한다), 주택을 취득하기 위한 권리로서 「소득세법」 제88조 제9호에 따른 조합원입주권 및 같은 조 제10호에 따른 분양권(이하 이 조 및 제95조의2에서 "토지등"이라 한다)을 양도한 경우에는 해당 각 호에 따라 계산한 세액을 토지등 양도소득에 대한 법인세로 하여 제13조에 따른 과세표준에 제55조에 따른 세율을 적용하여 계산한 법인세액에 추가하여 납부하여야 한다. 이 경우 하나의 자산이 다음 각 호의 규정 중 둘 이상에 해당할 때에는 그 중 가장 높은 세액을 적용한다. (2020.8.18. 개정)

2. 대통령령으로 정하는 주택(이에 부수되는 토지를 포함한다) 및 주거용 건축물로서 상시 주거용으로 사용하지 아니하고 휴양·피서·위락 등의 용도로 사용하는 건축물(이하 이 조에서 "별장"이라 한다)을 양도한 경우에는 토지등의 양도소득에 100분의 20(미등기 토지등의 양도소득에 대하여는 100분의 40)을 곱하여 산출한 세액. 다만, 「지방자치법」 제3조 제3항 및 제4항에 따른 읍 또는 면에 있으면서 대통령령으로 정하는 범위 및 기준에 해당하는 농어촌주택(그 부속토지를 포함한다)은 제외한다. (2020.8.18. 개정)

Chapter 04

부모의 토지를 활용하는 방법

부모님께서 목이 좋은 곳에 토지를 예전부터 갖고 계시거나, 부모 개인 명의로 입지 좋은 대지를 취득하신 경우 활용해 볼 수 있는 방법입니다.

이 방법을 활용하기 위해서는 건물을 지을 수 있는 토지이고, 개발가치가 있는 입지여야 합니다. 입지가 좋지 않은 개발가치 없는 곳에 돈을 들여 건물 지어봤자 공실로 인한 관리비와 이자, 부대비용만 나가기 때문에 반드시 개발가치를 먼저 검토 받아봐야 합니다.

이 컨셉은 부모의 대지 위에 가족법인 명의로 건물을 올리는 것입니다. 당연히 가족법인의 주주에는 자녀가 들어갈 것이고, 가족법인이 장기적으로 부모의 토지를 흡수해서 상속세를 절세하고 부동산까지 디벨롭하는 것입니다.

이 컨셉을 활용한 너무도 유명한 사례를 하나 소개 드리겠습니다.

[단독]곱창집을 호텔로..진념 전 부총리의 땅테크

김회정 기자 · 2018. 11. 9. 03:59

| 삼성동 보유토지에 '알코브호텔 서울'신축..가족회사 차려 절세, 추후 아들에 매각할 듯

진념 전 부총리(현 한국개발연구원 국제정책대학원대학교 초빙교수) 일가가 서울 강남 한복판 노른자 자리에 들어선 호텔의 오너가 됐다. 유네스코 세계문화유산인 선정릉을 내려다보는 위치에 4성급 호텔을 오픈하며 호텔업계에 진출한 것.

주식 간접투자로 고위공직자 중 재산증가 2위를 기록한 진 전 부총리지만 자산을 불려준 효자는 부인이 점찍은 삼성동 땅이다. 2002년 초 재산공개 내역에 따르면 26억 5,775만 원이던 자산은 현재 수백억 원 가치의 4성급 호텔로 불어났다.

8일 부동산투자업계에 따르면 진념 전 부총리와 가족 소유의 서울 강남구 삼성동 113-5번지 대지에 지난달 말 '알코브호텔 서울 매니지드 바이 아코르호텔&앰배서더'(이하 '알코브호텔서울')가 개장했다.

알코브호텔서울은 글로벌 호텔체인 아코르의 예약망과 로열티 프로그램(LeClub·르클럽)이 적용되는 국내 최초 부티크 호텔이다. 실제 호텔 소유주는 진 전 부총리 일가다.

총 802.2㎡ 규모의 해당 부지는 당초 유명 곱창 맛집인 '오발탄 선릉점'이 세들어 있던 자리로 진 전 부총리의 아내 서인정 씨가 점찍은 땅으로 알려졌다. 2006년 1월 부부 공동명의로 매입했고 2010년 6월 외국계 금융회사에 재직 중인 아들 진율 씨가 부모로부터 각각 45㎡를 사들여 90㎡를 보유했다.

해당 부지는 일반상업지역으로 공시지가만 1㎡당 1,609만 원(올해 1월 기준), 국토교통부의 인근 실거래가를 고려하면 시가는 3.3㎡당 1억

2,000만 원에 달한다. 봉은사로를 끼고 선정릉역까지 걸어서 5분 거리에 선정릉을 바라보는 노른자 땅이다.

가족 3인이 지분을 공유한 해당 토지는 담보대출을 통해 호텔을 신축하면서 몇 배로 자산가치가 불어났다. 가족회사인 ㈜알제이홀딩스(자본금 6억 5,000만 원)를 설립, 2015년 9월 100~110억 원 상당의 대출을 받았다. 현재 채권 최고액은 61억 3,200억 원으로 대출원금이 50억 원 가량 남아있는 것으로 보인다.

대표이사는 진 전 부총리의 부인 서씨지만 진율 씨가 사내이사로 등재돼 있고 최대주주다. 추후 알제이홀딩스가 호텔 운영 수입으로 진념 부부의 토지지분을 사들인다면 증여나 상속과정 없이 호텔 건물과 부지가 알제이홀딩스 소유가 된다. 그만큼 세금도 절약된다.

호텔 개발과 브랜딩은 부동산에 특화된 자산관리회사 승가헌이 맡았다. 한 부동산개발업계 관계자는 "토지의 활용성과 자산가치를 높이면서 세대간 부동산 직접 증여를 최소화했다"며 "알제이홀딩스의 호텔 운영수익을 통해 추후 호텔부지 전부를 매수할 수 있게 설계한 절세 전략으로 보인다"고 말했다.

기사의 마지막 문단이 핵심입니다. 부동산 가족법인을 설립 후에 부모님이 가지고 있는 알짜 땅위에 가족법인이 개발사업을 하는 것인데, 좀 더 풀어서 설명드리면 컨셉은 부모의 땅을 가족법인에게 서서히 이전하는 겁니다.

부동산 가족법인의 주주에 자녀를 넣고 부모의 땅이 서서히 가족법인에 이전된다면, 부동산 가치가 상승함에 따라 주주가 자녀로 있는 부동산을 소유하고 있는 가족법인의 지분가치도 같이 상승하면서 자연스러운 부의 이전이 이뤄집니다.

물론 이 컨셉을 부모님이 좋은 땅만 갖고 있다고 할 수 있는 것은 아닙니다. 개별 가정 사정과 유동자산 상황이 다르기 때문에 어떤 식으로 응용할지는 전문가와 밀도있는 상담과 컨설팅 솔루션이 필요할 것입니다.

1 가족법인이 현금흐름이 있어야 한다.

가족법인에게 부모님의 땅을 서서히 이전하기 위해선 어떻게 해야 할까요? 그냥 법인에 부모님의 토지를 주면 가족법인의 주주인 자녀에게 증여세 이슈가 생깁니다.

앞서 설명드린 "특정법인과의 거래를 통한 이익의 증여의제" 때문에 주주별 증여이익 1억 원 이상이 되면 증여세가 과세되는데 토지처럼 가액 큰 재산이 이전되면 법인을 거치더라도 자녀가 바로 증여받는 것과 똑같은 증여세를 내게 됩니다.

그럼 쪼개서 지분으로 나눠 이전하면 어떨까라고 생각하실 수도 있는데, 자녀에게 10년 내 사전증여 재산은 합산해서 증여세를 계산하기 때문에 쪼갠 지분가액이 합산되면 결국 높은 세율을 피하기 어렵습니다. 그렇다고 합산되는 10년 단위를 피하다 보면, 얼마 이전도 못하고 부모님 나이가 있으니 상속이 일어나 버릴 것입니다.

증여로 이전을 다 못한다면 결국 가족법인이 시가대로 토지를 조금씩 사가야 하는 건데 그러려면 법인이 현금흐름이 있어야 합니다.

위의 사례에서는 땅의 입지를 이용하여 호텔을 지었고 가족법인이 호텔업을 영위하며 얻는 수입으로 부모의 땅을 조금씩 사갔던 겁니다.

결론적으로 절세의 관점과 투자 테크닉이 조합이 되어야 합니다. 세무적인 관점만으로 본다면 풀어가기 쉽지 않을 수도 있어서 사업성 및 부동산 개발의 인사이트가 있는 전문가와 상담을 해야 좀 더 여러 플랜을 고민해 볼 수 있습니다.

2 토지와 건물을 분리했다가 합치는 효과

부동산을 디벨롭한다는 말 들어보셨을 겁니다. 상업적으로 좋은 입지에 있는 노후 주택을 사서 근생(상가)으로 용도변경 후에 핫플레이스가 만들어지는 걸 보셨을 텐데, 나중에 매매가의 차이를 보시면 깜짝 놀라실 겁니다. 같은 입지에서 건물이 바뀌고 용도가 바뀌었다고 매매가 2배 가까이 차이나기도 하는데, 건물의 용도변경 테크닉과 토지의 입지를 결합하여 부동산 가치가 디벨롭 된 것입니다.

건물과 토지가 합체되기 전의 각 개별가치는 용도적 한계 때문에 각각 상대적으로 크지 않습니다. 유동인구가 많고 상업적 가치가 있는 곳의 토지는 잠재력이 어마어마한데 부모가 이러한 토지를 소유하고 있다면, 건물이 합쳐지는 개발가치를 주주가 자녀인 가족법인이 누리게 하는 것이 자산승계의 핵심입니다.

부모가 이런 토지를 소유한 경우, 유동자금까지 여유 있다면 가족법인에게 자금을 빌려주고 법인 명의로 건물을 올리게 해서 현금흐름을 만들고, 법인의 임대수익 또는 사업소득으로 부모의 토지 지분을 분할해서 매수한다면 상속세 없는 자연스러운 부의 이전이 완료됩니다.

만약 부모가 유동자금의 여유가 충분하지 않은 경우, 토지의 담보대출만으로도 디벨롭을 진행할 수 있는지 검토해 봐야 합니다. 건축주는 가족법인이 하되 부모의 토지를 담보로 제공받아 대출을 일으키고 공사를 진행하는 것입니다. 디벨롭 완료 후에 이자비용 이상과 부모의 토지를 분할 매수 가능한 정도의 현금흐름이 나오는지, 투입원가 대비 매각 차익이 얼마나 예상되는지 선 검토하는 것이 포인트입니다.

물론 여기서 관건은 개발가치를 올릴 수 있는 입지의 토지여야 한다는 게 제약조건이긴 하지만, 해당만 된다면 가족법인에게 개발차익을 누리게 해줄 수 있는 좋은 기회입니다.

Chapter 05

개인부동산의 법인화

자수성가하여 서울 시내에 건물을 갖고 임대수익만으로도 여유있는 노후를 보내시는 베이비부머 세대들이 많이 있습니다. 이러한 분들은 생활이 너무도 안정되어 있고 굳이 새로운 모험을 할 동기도 없기 때문에 자녀들에게 먼저 재산을 이전해 주려는 니즈도 특별히 없고 아무 액션도 취하지 않은 분들이 은근히 많습니다.

게다가 자수성가 특징이 함부로 돈을 쓰지 않고, 돈을 모아가는 것에 특화된 분들이 많아서 임대수입도 차곡히 모아가십니다. 이런 경우 본인들은 만족할지는 몰라도 자녀들의 경우 미리 재산을 물려받는 것도 아니고 부모가 재산이 얼마 있는지도 모르며, 미리 상속 대비를 못했기 때문에 나중에 상속이 일어났을 시 부모님 건물도 지키지 못하는 상황이 발생됩니다.

1 개인 건물의 법인화가 유리한 이유

만약 부모님이 건물 임대수익 외에 다른 사업이나 근로소득이 높다면, 소득세 누진세율 체계 때문에 월세 임대소득의 절반은 이미 세금으로 매년 내고 있을지도 모릅니다.

만약 건물을 법인화하여 법인으로 임대수익을 돌리고 내 개인 소득과 구분한다면 월세에 대한 소득세 합산과세는 피하고 낮은 법인세만 부담하면서 세후 소득을 올릴 수 있게 됩니다.

또한 소득세 말고도 건물을 부모님 개인 명의로 계속 갖고 있다면 상속세는 얼마나 될까요? 토지, 상가 건물가액은 지속적으로 상승하기 때문에 시간이 갈수록 상속세를 높이게 됩니다.

상속세 과세표준 30억 원 초과 시 세율이 50%이기 때문에 건물의 절반은 나라에서 가져가는 형국이고, 지출을 아껴서 건물의 월세가 차곡히 모일수록 나라에 낼 세금을 절반씩 모아두는 것과 같습니다.

아무런 준비 없이 상속이 발생된 경우 자녀가 이 건물을 온전히 지킬 수 있을까요? 예시를 하나 보여드리겠습니다.

(예시)
- 월세 1천만 원 / 보증금 1억 원 / 시가 50억 원 꼬마빌딩 소유
- 15년 뒤 상속 가정
- 과거 15년간 지가상승률 1.45 (을지로, 한국부동산원 실제통계)

(사진은 예시입니다)

1. 대표님 상속 발생 시 세액(15년 뒤 상속 가정)

	항목	비고
(1) 부동산 가액	물건 가액	5,000,000,000
	대표님 부동산 지분율	100%
	지가상승률	1.450
	15년 뒤 빌딩 부동산 가액	7,250,000,000
	항목	비고
(2) 월세 재산가치 형성분	월세	10,000,000
	비거주임대업 소득률 (기준경비율 반영)	80.10%
	15년 치 월세 재산형성 (12달×15년×소득률)	1,441,800,000
합계		8,691,800,000

2-1. 대표님 상속세

상속세 과세표준	8,691,800,000
상속세(세율 50% 적용)	**4,345,900,000**

15년 후에 상속이 발생된다고 가정했을 때, 지금 건물 가액에 15년 간의 지가상승률이 반영될 것이고 이 경우 시가 50억 원의 건물 가액은 72.5억 원이 됩니다.

월세의 경우도 비주거용 임대소득의 경비율을 감안했을 때 15년 치의 월세 순소득은 14.4억 원입니다. 다른 소득으로 생활했다는 가정 하에 월세는 전부 누적된 것으로 보면, 이 건물로 인한 상속세 재산가액은 건물가+월세 누적액=약 86.9억 원이 되고 상속세 최고 세율(50%) 단순 적용 시 약 43억 원이 됩니다.

이 경우 자녀가 상속세 납부를 위해 건물로 대출을 받으면 세금 낼 수 있을까요?

상속세 납부를 위해 세금 43억 원이 전액 담보 대출 가능하기도 힘들지만 가능하다 전제하고 금리는 5%로 가정 시, 월 이자만 약 18백만 원이 나옵니다. 건물의 월세는 1천만 원이고 월세에 15년 뒤 물가 상승률을 감안해도 이자 내기 어렵습니다. 게다가 이자만 나가는 것이 아니라, 자녀 건물 상속 시 취득세, 정기적으로 납부해야 하는 부가세와 소득세, 재산세 및 각종 공과금, 건물 유지 보수비까지 추가 감안하면 현실적으로 자녀가 건물을 유지할 수 없습니다.

일평생 부모가 쌓아온 재산인 건물을 자녀가 온전히 물려받아 후대까지 물려주고 싶은 게 부모 마음일텐데, 1세대도 못가서 지킬 수 없다면 너무도 안타깝습니다. 그렇기 때문에 사전에 재산 이전 플랜이 중요한 것이고 이때 가족법인을 활용한다면 더 절세금액을 높일 수 있습니다.

부동산을 법인화하는 경우 부동산 대신 법인의 지분을 자녀 또는 자녀 소유 가족법인에게 넘기면 부동산이 넘어가는 것과 똑같은 실질이기 때문에 재산의 이전 방법을 지분금액과 이전 시기를 나누어 보다 다양하게 사용할 수 있습니다.

2 개인 건물을 법인화하는 현실적인 문제

개인 부동산을 법인화한다는 것은 자산구성의 변화를 가져옵니다. 내 개인 명의로 있을 때는 부동산이었는데 이제 부동산을 법인에 넘기고 나는 법인의 지분을 갖는 것이기 때문에 상속재산의 종류도 부동산에서 주식으로 바뀌는 것입니다. 월세의 귀속도 법인으로 바뀌는 것이어서 나의 개인 소득과 법인의 임대소득은 분리가 되어 임대 수입을 함부로 법인에서 꺼내오지 못합니다.

개인과 법인 여러 장·단점을 고민하고 상속증여 절세를 위해 법인 전환을 결정했다면 어떻게 전환할 것인지 방법의 문제를 고민하게 됩니다. 개인 부동산을 법인화 시키는 방법은 사업포괄양수도 방식과 현물출자 방식으로 나눌 수 있습니다.

어떤 방식으로 하던지 개인 부동산을 법인화 시키는데 가장 주의점은 개인 부동산 양도세를 이월시켜야 한다는 점입니다.

내가 갖고 있던 부동산을 내가 지분 소유한 법인으로 넘기는 건데 양도세를 낸다고 의아하게 생각하실 수도 있지만, 현물출자의 경우 부동산을 넘기는 대가로 법인 지분을 취득한 것이고 소득세법 양도의 정의에 법인에 대한 현물출자도 포함되어 있습니다.[4)]

"내가 실질적으로 부동산을 통제하는 것은 전 후가 다를게 없는데 굳이 양도세도 내고 법인은 취득세까지 내면서 법인 전환하는 것이 실익이 있을까?" 이런 생각이 들 수 있지만, 조세특례제한법 및 지방세특례제한법에서 규정하는 취득세 감면과 양도소득세 이월과세의 혜택이 있기 때문에 이 요건을 준수하는 것이 개인 부동산 법인화의 가장 주의사항이라 할 수 있습니다.

---

4) 소득세법 제88조
   1. "양도"란 자산에 대한 등기 또는 등록과 관계없이 매도, 교환, 법인에 대한 현물출자 등을 통하여 그 자산을 유상으로 사실상 이전하는 것을 말한다.

① 법인전환 양도소득세의 이월[5)]

원칙대로면 개인 부동산을 법인에 넘기는 때를 기준으로 양도세를 신고·납부하여야 하고, 만약 부동산을 오래 전 저가에 취득했다면 양도차익이 상당한데 법인으로부터 현금 대가를 받은 것도 아니어서 유동성이 부담스러울 수 있습니다.

양도세에 대해 세금 내는 것을 피할 수는 없으나, 법인 전환하는 지금 내는 것이 아니고 법상 요건을 갖춘다면 나중에 법인에서 부동산을 매각할 때, 개인이 부동산을 그 법인에 양도한 날이 속하는 과세기간에 다른 양도자산이 없다고 보아 계산한 양도소득산출세액 상당액을 법인세로 납부하게 됩니다.

---

5) 조세특례제한법 제32조【법인전환에 대한 양도소득세의 이월과세】

① 거주자가 사업용 고정자산을 현물출자하거나 대통령령으로 정하는 사업 양도·양수의 방법에 따라 법인(대통령령으로 정하는 소비성서비스업을 경영하는 법인은 제외한다)으로 전환하는 경우 그 사업용 고정자산에 대해서는 이월과세를 적용받을 수 있다. 다만, 해당 사업용 고정자산이 주택 또는 주택을 취득할 수 있는 권리인 경우는 제외한다. (2020.12.29. 단서신설)

② 제1항은 새로 설립되는 법인의 자본금이 대통령령으로 정하는 금액 이상인 경우에만 적용한다. (2010.1.1. 개정)

③ 제1항을 적용받으려는 거주자는 대통령령으로 정하는 바에 따라 이월과세 적용신청을 하여야 한다. (2010.1.1. 개정)

④ 제1항에 따라 설립되는 법인에 대해서는 제31조 제4항부터 제6항까지의 규정을 준용한다. (2010.1.1. 개정)

⑤ 제1항에 따라 설립된 법인의 설립등기일부터 5년 이내에 다음 각 호의 어느 하나에 해당하는 사유가 발생하는 경우에는 제1항을 적용받은 거주자가 사유발생일이 속하는 달의 말일부터 2개월 이내에 제1항에 따른 이월과세액(해당 법인이 이미 납부한 세액을 제외한 금액을 말한다)을 양도소득세로 납부하여야 한다. 이 경우 사업 폐지의 판단 기준 등에 관하여 필요한 사항은 대통령령으로 정한다. (2017.12.19. 개정)

1. 제1항에 따라 설립된 법인이 제1항을 적용받은 거주자로부터 승계받은 사업을 폐지하는 경우 (2013.1.1. 개정)
2. 제1항을 적용받은 거주자가 법인전환으로 취득한 주식 또는 출자지분의 100분의 50 이상을 처분하는 경우 (2013.1.1. 개정)

이월과세 요건만 준수한다면, 당장 양도세 안내도 되고 법인에서 매각 안한다면 계속 이월되니 법상 절차와 사후관리 요건만 준수한다면, 개인 양도세가 법인 전환의 걸림돌은 안 될 것입니다.

② 취득세의 감면[6)]

부동산 임대업에서 법인 전환의 가장 큰 걸림돌은 바로 법인의 부동산 취득세입니다. 조세특례제한법 요건을 갖춘 현물출자나 사업 양·수도에 의한 사업용 고정자산의 취득은 취득세의 50%를 경감하게 되어 있으나, 부동산 임대업과 부동산 공급업은 제외가 되기 때문입니다.

법인은 본점 주소지가 수도권 과밀억제권역 안에 있다면 근생건물, 토지의 경우 취득세가 9.4% 적용되기 때문에 위 예시의 50억 원 건물이라면 취득관련 세금만 4.7억 원이 됩니다. 월세도 변함이 없고 바뀌는 건 내 명의소유에서 내가 지배하는 법인 소유로 넘어간 것뿐인데, 이렇게 거액의 취득세 때문에 당장 의사결정을 못하시는 분들이 많습니다.

---

6) 지방세특례제한법 제57조의2【기업합병·분할 등에 대한 감면】
④「조세특례제한법」 제32조에 따른 현물출자 또는 사업 양도·양수에 따라 2027년 12월 31일까지 취득하는 사업용 고정자산(「통계법」 제22조에 따라 통계청장이 고시하는 한국표준산업분류에 따른 부동산 임대 및 공급업에 대해서는 제외한다)에 대해서는 취득세의 100분의 50을 경감한다. 다만, 취득일부터 5년 이내에 대통령령으로 정하는 정당한 사유 없이 해당 사업을 폐업하거나 해당 재산을 처분(임대를 포함한다) 또는 주식을 처분하는 경우에는 경감받은 취득세를 추징한다. (2024.12.31. 개정)

부모님 입장에서는 임대소득이 나의 개인 사업소득 또는 근로소득과 분리되어 소득세를 낮춘다는 것 말고는 직접 혜택 받는 게 없기 때문에 자녀를 위한 상속 증여세 절세만으로는 법인 전환 실행을 위한 동기가 약할 수 있습니다.

따라서 전문가와의 상담을 통해 실제 어느 정도의 상속증여 절감이 일어나는지, 자녀에게 법인 지분이전은 어떤 식으로 해줄 것인지 등을 각자의 상황에 맞춰 시뮬레이션을 해봐야 합니다.

하지만 취득세를 당장 납부하더라도 긴 호흡으로 보면 상속증여세가 워낙 크기 때문에 부동산을 법인화하여 법인지분으로 자녀에게 또는 자녀 가족법인에게 순차 이전하면서 세금을 줄이는 게 훨씬 이득인 경우가 대다수입니다.

자녀에게 이전 대상 자산이 부동산이 아닌 법인 지분으로 변경된 경우 절세 측면에서 활용할 수 있는 방안이 훨씬 다양하기 때문입니다.

3 사업양수도 방식과 현물출자 방식의 법인전환

개인 임대 부동산을 법인화하는 방법은 크게 사업양수도 방식과 현물출자 방식 2가지가 있습니다. 법인에게 개인 임대사업장을 넘기는 것을 사업양수도 방식이라 하는데, 이를 적용하기 위해서는 부동산의 순자산가액만큼 현금을 설립 자본금으로 넣을 수 있는 분만 할 수 있습니다. 위에서 언급했던 개인 양도세의 이월과세 요건 중 가장 실무적으로 중요한 것이 바로 법인 자본금 요건을 맞추는 것입니다.

개인의 사업용 고정자산을 현물출자하여 법인 자본금을 대체하는 경우 유동자금의 부담없이 부동산의 법인화가 가능합니다. 하지만 법인을 설립 후 개인 부동산을 양수도하는 방식은 법인이 개인 부동산을 매수하는 것이기 때문에 부동산 사업장을 양수할 자금 이상의 자본금이 법인에 있어야 합니다.

또한, 사업양수도하여 법인으로 전환하는 경우 법인 자본금이 부동산 사업장의 순자산가액 이상인 경우만 개인 부동산의 양도세를 이월할 수 있기 때문에[7] 유동자산 없이 건물만 갖고 계신 분이 법인전환을 사업양수도 방식으로 한다고 하면, 현실적으로 하고 싶어도 할 수가 없습니다.

이렇게 법인전환 대상인 부동산을 제외하고 유동자산이 없는 경우는 현물출자 방식의 법인전환 밖에 현실적인 대안이 없으며, 현물출자는 출자금을 부동산으로 대체하는 것이기 때문에 출자금 걱정을 안해도 되지만 평가수수료 등 고액의 전문가 수수료 비용과 시간이 많이 들고 절차가 복잡합니다.

---

7) 조세특례제한법 제32조【법인전환에 대한 양도소득세의 이월과세】
② 제1항은 새로 설립되는 법인의 자본금이 대통령령으로 정하는 금액 이상인 경우에만 적용한다.

조세특례제한법 시행령 제29조【법인전환에 대한 양도소득세의 이월과세】
⑤ 법 제32조 제2항에서 "대통령령으로 정하는 금액"이란 사업용 고정자산을 현물출자하거나 사업양수도하여 법인으로 전환하는 사업장의 순자산가액으로서 제28조 제1항 제2호의 규정을 준용하여 계산한 금액을 말한다.

대부분의 자수성가 건물주들은 일평생 모은 재산을 유동자산보다는 건물로 집결한 분들이 많기 때문에 현물출자 법인전환이 비용과 시간이 많이 듦에도 불구하고, 이 방식의 법인전환을 가장 많이 고려하고 있습니다.

그리고 부동산 법인 전환 시 법인 지분으로 절세 방법의 다양화를 시도할 수 있기 때문에 세대간 부의 이전이 자녀에게 온전히 일어날 수 있기를 바라는 분들은 당장의 취득세와 전환비용을 부담하더라도 장기 관점에서 이득이라면 당연히 준비와 실행을 하십니다.

법인 지분으로 이전 시 과연 얼만큼의 세금이 줄어들 수 있는지가 가장 궁금하시겠지만, 이것은 자녀의 구성과 각 가정의 상황과 투자 방향성 등에 따라 모두 달라지기 때문에 각자의 상황에 맞게 전문가와 상담을 통해 실익을 따져보시는 것이 좋습니다.

4 현물출자 법인전환 절차

빌딩급의 임대 부동산을 갖고 계신 분들은 법인전환하고자 할 때 부동산 순자산가액 이상의 현금을 별도로 갖고 있는 분은 많지 않습니다. 우리나라 부자들은 대부분 자산편중이 부동산으로 쏠려 있기 때문인데, 이런 이유로 현물출자 법인전환이 현실적으로 고려할 수밖에 없는 법인전환 방법입니다.

하지만 앞서 언급드린 것처럼 시간과 비용이 많이 드는데, 어떤 절차를 거치는지 궁금하실 수 있어 간단한 흐름과 절차를 소개해드리고자 합니다. 각각의 전문적 절차는 해당 파트의 전문가들이 개입되어 처리를 하기 때문에 일일이 아실 필요는 없지만, 이렇게 복잡하고 어려운 절차를 거치기 때문에 고가의 수수료가 소요되고 시간이 걸리는구나 하고 이해만 하셔도 도움이 될 거라 생각됩니다.

① 법인설립의 준비

상법상 절차에 따라 법인이 설립되기 때문에 내용을 다 알려면 무척 생소하고 복잡하나, 실무에서는 법무사가 수수료를 받고 거의 모든 절차를 대행해 줍니다.

직접 정해야 할 것은 발기인을 누구로 할 것인지, 법인 상호, 자본금, 1주당 가액 정도입니다. 발기인은 현물출자하는 개인 부동산임대업자는 무조건 포함되는 것이고 자녀를 추가하려면 주식을 인수할 대금을 정하고 이에 대한 자금출처를 먼저 준비해야 향후 증여세 문제를 대비할 수 있습니다.

개인 부동산 임대사업장을 순자산으로 현물출자하는 것이어서 자본금과 주식발행 사항은 임대사업장의 결산 및 부동산 감정평가 등 현물출자가액 확정을 위한 절차가 종료된 다음에 정할 수 있습니다.

② 현물출자 계약서 작성

현물출자 계약할 때는 임대사업의 포괄적인 현물출자가 되도록 주의해야 하는데, 양도소득세 이월과세의 조세지원 요건도 중요하지만 사업양도에 대한 부가가치세 과세가 되지 않기 위한 요건 때문입니다. 현물출자계약은 신설법인의 사업자등록 신청일 이전에 체결되어야 하는데 사업자등록 신청 시 아직 법인등기가 없기 때문에 진성 사업자임을 증명할 자료가 필요하기 때문입니다. 계약서 작성 시 현물출자가액은 결산 및 감정평가 등의 절차와 검사인의 조사가 완료된 후 확정되기 때문에 현물출자가액의 결정방법만 기재됩니다.

③ 법인 사업자등록 신청

현물출자 기준일(법인전환 기준일)에 맞춰 개인 임대사업장은 폐업이 되기 때문에 세금계산서 발행 등의 사업을 중단없이 이어가려면 기준일 3일 전에는 법인 사업자등록 신청을 해야 합니다. 이때 법인등기부등본이 아직 없기 때문에 세무서 민원실에서 공무원이 이상하게 생각할 수 있지만 현물출자계약서를 보정서류로 법인 설립 등기 전에도 사업자등록 신청이 가능합니다. 이때 세무서가 발행해 주는 사업자등록증은 법인 등록번호 없이 사업자번호만 있고 향후 법인 설립등기 이후 완전한 사업자등록증으로 교체됩니다. 하지만 법인등기부등본 없이 사업자등록증만으로는 법인 계좌개설이나 금융 업무 등 기본업무를 할 수가 없기 때문에 법인설립인가가 나올 때까지는 불편함을 감수해야 합니다.

④ 개인사업자 결산, 감정평가, 회계감사(순자산 확정)

개인사업자의 법인전환 당해연도 1월 1일부터 법인전환기준일(개인사업자 폐업일)까지를 결산기간으로 하여 자산, 부채를 확정하는 결산 업무가 신속하게 진행되어야 합니다.

현물출자에 대한 법원 인가를 받기 위해서는 세무사가 완료한 결산재무제표에 대해 유형자산은 감정평가를 받고 기타 자산 및 부채에 대해서는 회계감사를 받아야 합니다.

⑤ 현물출자인가 신청 및 인가

결산, 감정평가, 회계감사가 마무리되면, 관련 서류들을 법무사에게 전달하고 법무사는 현물출자인가 신청을 접수합니다. 법원의 심사가 보통 1~2달의 기간이 소요되며, 법원 인가 후에 법인설립등기가 진행됩니다. 여기까지 과정만 해도 세무사, 감정평가사, 회계사, 법무사 4명의 전문직이 일을 처리해야 하기 때문에 수수료가 고액일 수밖에 없습니다.

⑥ 부동산 명의이전

법인설립등기가 되었기 때문에 현물출자한 부동산의 명의가 개인에서 설립된 법인으로 변경되어야 하고 취득세 과세대상이기 때문에 법무사가 진행하면서 취득세 감면 요건이 되는 경우는 지방세 공무원의 검증도 같이 이루어집니다.

하지만 부동산매매나 임대업의 경우 법인전환 현물출자 시 취득세 감면대상이 아닙니다.

⑦ 양도소득세 이월과세 신청

현물출자 법인전환의 주 목적은 개인의 양도소득세 이월이 핵심이기 때문에 양도소득세 신고서와 이월과세적용신청서를 개인 주소지 관할 세무서에 기한 내에 제출해야 합니다. 이때 또한 현물출자 받아 신설된 법인도 최초 법인세 신고 시 이월과세적용신청서를 제출해야 하기 때문에 기한 놓치지 않게 주의를 요합니다.

5 전문가의 비용지출을 아까워하면 안되는 이유

상속·증여를 고민 중인 고액 자산가분들은 아마도 여기저기 보험사 컨설턴트부터 금융권 세미나, 은행 증권사 PB센터 등등에서 부동산 가족법인 컨셉 많이 들어보셨을 겁니다.

다들 공격적인 영업이 목적인지라 컨셉 설명하기 바쁘고 장점을 엄청 부각시킵니다. 특히 ○○중소기업 경영연구소 등 보험사와 연계된 컨설턴트들은 세무사 자격이 있는 사람들도 아닙니다.

자극적으로 부동산 가족법인 컨셉의 장점만을 부각시키고, 외부 세무사를 자문위원으로 두고 협업하기도 하지만 정작 주체가 되는 컨설턴트 본인들은 자격사가 아니다 보니 실제 과세관청과 쟁점을 돌파해가면서 일을 수행해 본 적 없는 분들이 대다수입니다.

은행 등 금융권에서 상담해 주는 분들 또한 부동산 가족법인 컨셉만 알지 실제 세무사 등록증 걸고 수행까지 해본 것이 아니기 때문에 부의 이전 실제 액션을 하려면 결국 전문 세무사를 찾아 나서야 합니다.

또한 금융권에서 패밀리오피스 서비스를 홍보하면서 가족법인 설립 및 자금 운용을 해드린다는 기사를 보신 적이 있을 텐데, 이것은 가족법인 설립을 지원해 주는 대신 부모의 여유자금을 자신의 금융권 가족법인 계좌에 예치해서 운용을 맡긴다는 조건으로 해주는 것입니다. 결국 부모 돈을 가족법인에 빌려준 상태로 금융권에서 운용을 해준다는 것이지 자녀에게 실제 원본 자금을 넘기는 플랜은 아니어서 향후 부모 상속재산으로 그대로 있는 것이며, 부모 자산이 현금이나 유동자산인 경우에만 해당되는 것입니다.

가족법인 설립 자체는 법무사에게 맡기면 되는 것이라 대단한 서비스가 아닙니다. 핵심은 법인을 이용해서 세대 간 부의 이전을 실행하는 것인데 은행이나 증권사에서 이걸 무료로 해준다고 생각하시나요? 자금 수신이 목적이기 때문에 자신들에게 돈을 맡겨주면 법무사 통한 법인 설립 수수료를 서비스로 해주겠다는 것이고 법인 계좌로 자금을 운용해 주겠다는 것뿐입니다.

더구나 현금이 아닌 부동산을 넘기는 플랜은 난이도가 높고 과세 리스크도 크기 때문에 금융기관에서 이런 위험을 감수해가면서 함부로 해줄 수 있는 사항도 아닙니다.

고액 자산가들은 금융권에서 모든 것을 무료로 해주는 것처럼 홍보하기 때문에 전문 자격사들이 업무제안을 하고 용역 수수료를 요청하면, "금융사에선 무료로 해주는 건데 왜 고액의 수수료를 청구하나요?" 하고 생각하시는데 수행의 본질 자체가 다른 것이기 때문에 혼동하시면 안됩니다.

컨설팅을 컨셉만 아는 것과 실제 국세청 리스크를 대응해 가면서 수행한다는 것은 천지차이입니다. 돌발변수가 얼마나 많은지 모르실 겁니다.

고액 자산가 분들은 은행에서 무료 상담을 받는 것에 익숙하고 보험 컨설턴트들에게도 보험 가입 조건으로 무료 상담 받는 것에 익숙하기 때문에 세무 상담과 컨설팅에 고액 수수료를 지불한다는 것이 거부감 들고 익숙하지 않은 분들이 많습니다.

"무료 상담 때 컨셉 다 알려줬고 이거 실행만 하는 것뿐인데 돈을 이렇게 내야 하나?" 단순히 이렇게 생각하는 분들이 많은데, 컨설팅이라는 것은 오랜 기간의 업력을 바탕으로 나오는 아이디어와 경험이고 법의 규제를 피하는 것이다 보니 세법의 실질과세라는 리스크가 필수적으로 동반됩니다.

세무의 핵심은 리스크 관리이기 때문에 실제 엄청나게 신경이 쓰이고 과세관청의 대응 노하우가 필요하다는 것을 아셔야 합니다.

또한 실제 수행을 위해서는 각 가정에 맞게 커스텀 된 구조를 새로 짜야 하고 각 단계별 위험도 사전에 측정할 수 있어야 하며, 단기간에 되는 것이 아니라 수년에 걸쳐 행해지는데, 이것을 단순 수행이라고 생각하기엔 얼마나 많은 노하우와 업력이 있어야 가능한 것인지 그 가치와 희소성을 아신다면 수수료가 비싸다는 말이 쉽게 나오지는 않을 겁니다.

① 특수관계자 간 거래는 지뢰밭

부동산 가족법인의 큰 컨셉은 자녀들이 최대주주로 있는 법인을 만들고 개인으로 일구어놨던 부동산을 그 법인에 이전하여 부를 승계시키는 겁니다. 또는 부모의 여유자금을 활용하여 자녀 소유 법인이 부동산이나 사업으로 가치를 올리고 법인의 가치 상승은 자녀가 누리게 하는 겁니다.

구조가 이렇다 보니 모든 거래가 특수관계자들 간의 거래입니다. 특히 부동산의 경우 부모가 자녀 소유 가족법인에게 증여를 하든 매매를 하든 과세관청에서는 의심의 눈으로 볼 수 밖에 없습니다.

국세기본법에 실질과세의 원칙이라는 것이 있습니다. 구조나 형식이 조세회피 목적 뿐이라면 거래 형식을 부인하고 실질대로 재구성하여 과세할 수 있다는 내용인데, 실질과세라는 칼자루가 과세관청에 있기 때문에 과세관청이 얼마나 공격적인 시각으로 보느냐에 따라 이를 상대하는 납세자는 큰 곤란에 빠질 수도 있습니다.

설령 납세자가 법원에서 승소한다고 해도 그 수년의 기간과 변호사 비용 등등 상처 뿐인 영광이 되기도 합니다. 컨설팅 컨셉처럼 국세청이나 지자체가 시비 없이 지나간다면 너무도 좋겠지만 법에 맞게 했다 하더라도 이것은 장담할 수가 없습니다. 조사관 성향과 시각에 따라 통제할 수 없는 변수가 너무 크기 때문입니다. 따라서 실행 후에도 사후적인 대응 역량이 중요한 것입니다.

이러한 잠재적 위험에도 불구하고 성공만 한다면, 자산규모 따라 차이는 있겠지만 부동산은 가액 자체가 크기 때문에 통상 몇 십억 절세가 되는 건 예사입니다. 하지만 공격적인 컨설팅일수록 리스크도 크기 때문에 '하이 리스크 하이 리턴'이 세무에도 똑같이 적용됩니다. 고객 따라서 안전하게 보수적으로 가길 원하는 분들도 있기 때문에 이러한 것들이 전문가의 시각으로 고객 성향에 맞게 플랜을 짜야하는 이유입니다.

② 과세관청의 시각을 알아야 합니다.

법에 금지 조항이 없고 예규에 가능하다고 해서 실행을 했음에도 불구하고 과세관청에서 소명요구가 올 수도 있습니다. 이론과 실무의 괴리일 수도 있는데, 조사관의 성향에 따른 사람 리스크는 누구도 사전에 장담할 수가 없습니다.

컨설팅을 수행한 전문가 입장에서 전문가의 자존심과 고객과의 신뢰를 지켜야 하기에 과세관청의 공격에 예민하게 대처하기 십상입니다. 여기서 전문가의 경험치와 업력에 따른 대처가 갈립니다. 얼마만큼의 세무공무원을 대응해 봤으며, 그들의 생각과 생리를 알고 유연하게 공격 수비를 해나가면서 풀 수 있는지에 따라 일을 키워 버릴 수도 있고 조용히 해결할 수도 있습니다.

왜 국세청 출신 세무사를 선호할까요? 이렇게 담당 공무원의 판단에 따라 난이도가 바뀌는 업무는 과세관청의 시각으로 리스크를 미리 감안할 수 있는 촉이 있어야 합니다.

특히나 부동산 가족법인 같은 특수관계자 간의 거래는 담당 공무원이 어떤 의심의 눈으로 보고 어떻게 테클을 걸지, 어떤 자료를 요구할지 이게 감지가 안되면 컨설팅 자체가 매우 위험해질 수도 있습니다.

③ 실제 업무 수행 경험치가 있는가?

아무리 국세청 출신이어도 부동산 가족법인 업무를 안해봤다면 소용이 없습니다. 단순히 과세관청의 시각만으로는 컨설팅을 풀어갈 수 없습니다.

컨설팅이라는 것은 법을 어떻게 활용하여 절세를 만들지 법의 테두리 내에서 창의적인 구조를 짜내는 작업입니다. 이러한 절세 구조는 이 분야에 대한 연구와 실제 다양한 케이스의 수행 경험이 어우러져야 나올 수 있습니다. 앞서 말씀드렸듯이 부동산 가족법인 컨셉은 무료 상담 중에도 나올 수 있고 유튜브에도 나옵니다. 하지만 컨셉만 가지고는 각각의 고객상황에 맞는 구조를 컨설팅하기에 한계가 있습니다.

고객마다 얼마나 다양한 니즈와 각각 처한 상황이 있겠습니까? "이런 케이스에는 이런식으로 적용하고, 저런 때는 이렇게 변형하고…" 이런 맞춤형이 되어야 하는데, 컨셉만 알아서 이런 처방이 나올 수 있을까요? 원칙 몇 가지 얘기 말고는 풀어갈 수 있는 경험치가 부족해서 솔루션을 줄 수가 없습니다.

컨설팅 수수료가 왜 비쌀까요? 컨셉을 아는 것과 실제 수행을 할 수 있다는 것은 차이가 크기 때문입니다. 그 수행을 위해 과세관청의 시각도 알아야 하고 부동산 가족법인에 대한 업무 수행치도 쌓여야 일을 풀어갈 수 있습니다. 시중 전문가 중에 이런 요건 되는 전문가가 몇이나 될까요? 희소성이 있다면 비싼 건 시장논리에 따라 당연한 것입니다.

무엇보다 온전한 부의 이전이 끝나기까지는 수년이 걸립니다. 이 기간 동안 컨설팅 프로젝트를 이끌어가고 국세청, 지자체 대응하고 세무조사를 막아야 할 수도 있습니다. 법상 문제가 없더라도 가액이 크고 특수관계자 간의 거래면 세무조사 대상자로 선정될 가능성이 높기 때문입니다.

이렇게 험난한 장기 프로젝트를 길게는 5년 이상 매니징을 해야 하는데 당연히 용역비가 비쌀 수밖에 없습니다.

하지만 무엇보다 가격이 비싸더라도 고객이 원하는 온전한 부의 이전을 수행해 줄 수 있는 세무사라면, 절세의 득이 용역 수수료보다 훨씬 크다면, 아껴야 할 이유가 있을까요?

한 세대가 쌓아온 가문의 부가 이전되는 것이니 만큼 당장의 수수료 보다는 내가 장기적 관점에서 얻게 되는 효익을 따져보시는 것이 중요한 것입니다.

Chapter 06

가족법인을 활용한 배당

(중간배당 및 차등배당)

배당이란 기업이 일정기간 영업활동으로 벌어들인 이익금 일부 또는 전부를 주주에게 돌려주는 것을 말합니다. 법인의 이익을 개인화하는 방법은 임직원의 급여·상여와 주주의 배당이 대표적인데, 급여와 상여는 비용처리가 되는 반면 배당은 법인의 비용처리가 되지 않습니다.

그럼에도 불구하고 2천만 원 이하의 배당까지는 개인 종합소득세 합산 과세되지 않고 15.4%(지방소득세 포함)의 분리과세로 납세의무가 종결되기 때문에 전략적으로 급여·상여와 병행하여 사용하고 있습니다. 또한 경제활동을 하지 않는 미성년자녀는 현실적으로 직원으로서 인건비를 지급할 수 없어 배당을 통해 자금의 원천을 마련해줄 수 있습니다.

한편 주주별로 2천만 원 초과하여 배당을 줄 경우에는 건강보험료가 추가될 수 있는데, 만약 직장을 다니는 자녀가 가족법인의 주주로 있을 때 2천만 원 초과하여 배당을 받으면 '소득월액 건강보험료'라 하여 건강보험료가 추가로 과세됩니다.

또한 소득이 없는 배우자나 자녀가 건강보험 피부양자 자격으로 있었는데 연간소득이 2천만 원을 초과하면 건강보험 피부양자 자격이 박탈됩니다. 따라서 가족법인에서 이익금을 급여·상여보다는 배당 위주로 배분할 경우에는 주주의 상황에 맞게 지분율을 세팅해서 연 배당액 2천만 원을 기준으로 밸런스를 잡는 것이 좋습니다.

1 중간배당

12월 말 법인의 경우 일반적인 정기배당은 다음연도 1월 1일부터 3월 31일 사이에 진행하게 됩니다. 하지만 예외적으로 영업연도 중에 1회에 한하여 지급하는 중간배당이라는 것이 있습니다. 단, 중간배당은 정관에 규정이 있어야만 가능하고 이사회 결의 등 요건이 필요합니다.[8)]

배당을 정기배당보다 당겨서 지급시기를 조절할 수 있기 때문에 가족법인의 이익금을 가족주주들이 활용하는 측면에서 원칙적인 정기배당보다 유리합니다.

2 차등배당

이익배당은 주주평등의 원칙에 따라 가진 주식 수에 따라 균등하

8) 상법 제462조의3【중간배당】
① 연 1회의 결산기를 정한 회사는 영업연도 중 1회에 한하여 이사회의 결의로 일정한 날을 정하여 그 날의 주주에 대하여 이익을 배당(이하 이 조에서 "중간배당"이라 한다)할 수 있음을 정관으로 정할 수 있다.

게 하는 것이 원칙이나, 예외적으로 주주총회 결의에 의해 지분율이 다른 대주주와 소액주주에게 차등배당을 할 수 있습니다. 이는 대주주 스스로 배당받을 권리를 포기하거나 양도하는 것과 같아서 상법 제464조[9]에 위배되지 않는 것이라 하였습니다(대법원 80다1263 판결).

개인주주에게 차등배당하는 것은 세법개정을 통해 2021년부터 증여세와 소득세 모두 과세하는 것으로 개정되어 차등배당의 실익이 없어졌습니다. 부모가 배당을 포기하고 자녀에게 더 많은 배당을 준다하여도 증여세 및 소득세가 모두 과세된다면 굳이 차등배당을 할 실익이 없기 때문입니다.

하지만 가족법인을 이용한 차등배당을 활용 시 절세포인트가 있습니다. 이 경우 특정한 구조 하에서만 활용 가능한데 부모의 법인이 있고 부모법인의 주주로 자녀법인이 들어온 경우가 이에 해당됩니다.

[가족법인 활용 차등배당 구조 예시]

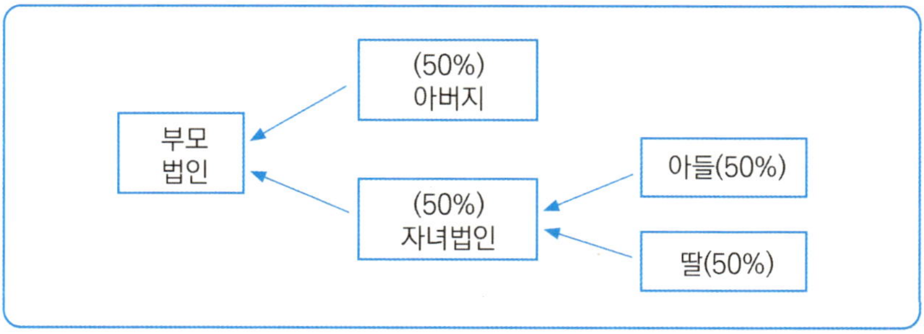

9) 상법 제464조【이익배당의 기준】 이익배당은 각 주주가 가진 주식의 수에 따라 한다.

이런 구조에서 아버지가 배당을 포기하여 자녀법인이 지분율보다 추가로 배당금을 받을 때, 자녀법인은 이에 대한 법인세를 내게 됩니다. 다만 자녀법인의 주주에게 법인세와 별도로 증여세가 과세되기 위해서는 자녀법인(특정법인)을 통한 주주별 이익이 1억 원 이상인 경우여야 됩니다.

가족법인을 주주로 할 경우 개인주주와 비교되는 점은 개인주주가 차등배당을 받으면 바로 추가 이익에 대해 소득세와 증여세가 과세되는 반면, 법인주주의 차등배당은 주주별 이익이 1억 원 미만으로 된다면 추가 배당이익에 대해 법인세만 과세가 되고 주주에게 증여세는 과세되지 않는다는 것입니다.

또한 법인세에 있어서도 법인주주의 배당소득은 수입배당금 익금불산입이라하여 이중과세 조정을 위한 조치가 추가로 있어 개인주주보다 유리합니다.[10] 수입배당금 익금불산입은 자녀법인이 부모법

---

10) 법인세법 제18조의2【내국법인 수입배당금액의 익금불산입】

① 내국법인(제29조에 따라 고유목적사업준비금을 손금에 산입하는 비영리내국법인은 제외한다. 이하 이 조에서 같다)이 해당 법인이 출자한 다른 내국법인(이하 이 조에서 "피출자법인"이라 한다)으로부터 받은 이익의 배당금 또는 잉여금의 분배금과 제16조에 따라 배당금 또는 분배금으로 보는 금액(이하 이 조 및 제76조의14에서 "수입배당금액"이라 한다) 중 제1호의 금액에서 제2호의 금액을 뺀 금액은 각 사업연도의 소득금액을 계산할 때 익금에 산입하지 아니한다. 이 경우 그 금액이 0보다 작은 경우에는 없는 것으로 본다. (2022.12.31. 개정)

1. 피출자법인별로 수입배당금액에 다음 표의 구분에 따른 익금불산입률을 곱한 금액의 합계액 (2022.12.31. 개정)

피출자법인에 대한 출자비율	익금불산입률
50퍼센트 이상	100퍼센트
20퍼센트 이상 50퍼센트 미만	80퍼센트
20퍼센트 미만	30퍼센트

인의 지분율을 얼마나 가지고 있는지에 따라 30%~100%까지 부모법인으로부터 받는 배당금을 과표에서 빼주는 효과가 있습니다. 위 예시구조에서는 자녀법인이 부모법인의 지분을 50% 갖고 있기 때문에 자녀법인이 차입금 이자가 없다는 전제하에 배당 수입에서 100% 빠지는 조정을 해줍니다. 결국 배당 수입에 대한 자녀법인의 법인세가 없게 되는 것입니다.

(예시) 부모법인에서 1.6억 원을 배당할 때, 아버지가 배당을 포기하고 자녀법인이 전액 배당받을 시

<table>
<tr><th>주주</th><th>지분율</th><th>균등배당 시</th><th>실제배당액</th><th>초과배당액</th></tr>
<tr><td>아버지</td><td>50%</td><td>0.8억 원</td><td>0</td><td>△0.8억 원</td></tr>
<tr><td>자녀법인</td><td>50%</td><td>0.8억 원</td><td>1.6억 원</td><td>0.8억 원</td></tr>
<tr><td>계</td><td>100%</td><td>1.6억 원</td><td>1.6억 원</td><td>0</td></tr>
<tr><td colspan="5">1) 가족법인 법인세</td></tr>
<tr><td colspan="5">100% 수입배당금 익금불산입 → 1.6억 원-1.6억 원=0원</td></tr>
<tr><td>2) 특정법인 증여 의제</td><td>초과배당액의
지분별 안분</td><td>주주별
이익</td><td></td><td></td></tr>
<tr><td>아들(지분 50%)</td><td>0.8억 원×50%</td><td>0.4억 원</td><td colspan="2" rowspan="2">1억 원 미만 과세제외</td></tr>
<tr><td>딸(지분 50%)</td><td>0.8억 원×50%</td><td>0.4억 원</td></tr>
</table>

→ 자녀법인 법인세 0원, 자녀인 주주에게 증여세 0원

2. 내국법인이 각 사업연도에 지급한 차입금의 이자가 있는 경우에는 차입금의 이자 중 제1호에 따른 익금불산입률 및 피출자법인에 출자한 금액이 내국법인의 자산총액에서 차지하는 비율 등을 고려하여 대통령령으로 정하는 바에 따라 계산한 금액

하지만 이런 구조가 가능하기 위해서는 부모법인에서 이익잉여금이 발생되는 구조여야 합니다. 자녀법인도 단순히 조세회피만을 위해 형식상 존재하는 페이퍼컴퍼니인 경우 과세관청의 공격을 받을 수 있으니 조심해야 합니다.

Chapter 07

부동산 가족법인 설립 고민 케이스

부동산 가족법인을 설립하는 동기는 개인 목적마다 다르겠지만 크게 2가지 타입으로 나눠볼 수 있습니다. 첫 번째는 본인의 개인소득이 높아서 임대소득과 분리하여 소득세를 줄이고 세후소득을 높이려는 동기, 두 번째는 나이가 있는 고액 자산가들이 자녀에게 상속증여세를 절세하여 사전에 물려주려는 동기가 있고 각 타입에 따른 케이스를 들어보겠습니다.

1 개인 고소득+임대소득

의사 등 전문직, 고소득 사업가, 연예인, 프로 운동선수 또는 억대 연봉 직장인들은 개인 소득세와 건강보험료를 많이 내고 있습니다. 이런 분들은 자가 주택은 이미 마련이 되어 있고 추가 아파트 투자를 고민하다가 다주택자 패널티 때문에 수익형 부동산으로 눈을 돌리는 경우가 많습니다.

단계별로 본다면 이미 소득세를 많이 내고 있기 때문에 수익형 부동산 임대수익으로 현금흐름을 만들어도 절반이 세금으로 나간다면 투자 유인이 줄어들어 부동산 가족법인 또는 1인 법인을 만들어 자신의 소득과 분리하는 걸 첫 번째 목표로 둡니다.

법인으로 임대소득을 귀속시키면 대출이자뿐만 아니라 각종 사업 관련, 투자관련 비용을 반영할 수 있고 낮은 법인세율로 높은 세후 소득을 법인 잉여금으로 담아둘 수 있습니다. 만약 개인으로 수익형 임대 부동산 비용이 발생한다면 초창기 결손이 나거나 투자가 실패하여 이자비용 등이 계속 수익을 상회하더라도 다른 개인 소득에서 통산할 수도 없고 결손을 향후 수익형 임대소득에서만 사용 가능합니다. 주택임대소득은 결손을 타소득과 통산시킬 수 있는데 반해 비주거용 수익형 임대수익은 개인으로 할 경우 이러한 결손 사용 제한이 있기 때문에 법인의 활용이 유리합니다.

또한 개인은 자신의 급여를 비용처리할 수 없는 반면, 법인은 대표자의 급여를 비용처리가 가능합니다. 물론 급여처리하면서 근로소득세를 원천징수해야 하고 4대 보험의 부담이 있기는 하지만(등기임원의 경우 4대보험 중 건강보험과 국민연금만 의무) 법인의 현금흐름이 충분히 발생하기 전엔 무보수 임원으로 해두어도 상관이 없습니다.

나중에 급여나 배당으로 귀속연도와 금액을 조정해 가면서 나의 개인 소득이 낮을 때는 배당과 급여를 높이고 개인소득이 높을 때는 무보수로 하여 법인의 현금흐름을 높이는 것에 집중하면 됩니다.

법인 임대 운용의 다음 단계는 매각 차익의 세후소득을 올리는 것입니다. 작은 월세 정도의 구분상가 말고 꼬마빌딩 정도 되면 부동산 상승기와 금리 하락 때 토지의 온전한 상승분을 매각차익으로 누릴 수가 있는데, 개인의 경우 차익이 10억 원만 넘어도 지방소득세까지 49.5%의 세율을 적용받는 반면, 법인은 과세표준이 2억 원~200억 원 사이 20.9%의 세율을 적용하면 되기 때문에 2배 이상의 세금 차이가 납니다. 이런 절세액을 투자 시드로 재활용하여 다음 상급지 물건으로 갈아타기가 가능합니다.

이런 식으로 재산을 불려가고 세후 소득과 노후 자금을 마련하기 위한 목적이 고소득자에게는 1인법인 내지 가족법인의 설립 1차 동기가 됩니다.

2 고액 자산가의 자녀 지원 목적

앞에서도 언급했지만 부모가 돈이 많을 경우 자녀를 지원해 주고 싶은 방법으로 법인을 활용하는 것만큼 합법적이고 절세 최선책이 없습니다.

① 자녀법인에 현금 빌려주고 투자금으로 활용

현금이 많은 부모가 하는 가장 무난한 방법이 자녀를 주주로 한 가족법인을 만들어 돈을 주주 1인당 20억 원 정도로 맞춰 법인에게 빌려주는 방법입니다(주주별 지분율 균등 시). 앞에서도 이 사례에 대한 설명을 가장 많이 하였는데, 법인이 부모에게 빌린 돈으로 투자 차익 또는 현금흐름을 만들어 자녀에게 배당 또는 급여를 줄 수 있는 정도로 키우는 방법입니다.

대다수 고객분들이 공실 안나는 입지 좋은 수익형 부동산을 구입하여 임대 현금흐름을 만드는 것을 가장 안정적으로 선호합니다.

② 기존 토지 또는 구축 건물에 신축을 준비

앞에 소개한 진념 부총리 사례가 이 방법의 베스트 예시인데, 그 정도로 좋은 강남권 입지가 아니더라도 개발가치가 있는 구축이나 토지를 보유한 경우에도 충분히 사용할 수 있습니다.

용적률을 다 쓰지 않은 괜찮은 입지의 구축 건물이나, 상업지로서의 개발가치가 있는데 주택으로 되어 있는 곳을 근생으로 용도변경하여 활용하거나, 부모 소유의 오래된 건물이나 대지가 개발하지 않은 채 방치되어 있는 곳을 신축하거나 하는 경우가 활용 예시입니다.

여기서 포인트는 신축 전에 가족법인을 설립하여, 주주로 자녀를 넣고 부지 매입 및 건축주를 법인으로 하여 부동산 개발가치 차익을 가족법인이 향유하게 하는 것입니다.

③ 강남 꼬마빌딩 매입 때 자녀 주주로 넣기

아직 상속이나 증여를 본격적으로 생각할 나이는 아니지만, 내 돈으로 괜찮은 서울 입지의 빌딩을 구입할 때 자녀에게도 소득의 원천을 만들어 주고 싶은 경우에도 가족법인 설립 동기가 됩니다.

이 경우 자녀 지분에 해당하는 출자금을 먼저 자녀에게 증여해 주고 그 돈으로 법인 자본금을 자녀가 이체하게 하는 것이 포인트입니다. 이렇게 부동산 가족법인의 주주로 자녀가 어릴 때부터 들어가게 된다면, 배당으로 소득원천을 만들어 줄 경우 향후 시드머니 마련은 물론 자녀가 부동산 구입 시 자금출처 자료로 활용이 가능합니다.

Part 6

가족법인을 활용한 부동산 신축과 운영

Chapter 01 장기 보유 차익형 vs 밸류업 후 단기 매각

Chapter 02 장기 보유 차익형에 맞는 신축 사업자 유형

Chapter 03 신축 후 단기 매각에 맞는 사업자 유형

Chapter 04 수익률이 높은 주택 신축(다가구 주택 vs 다중주택)

Chapter 05 원룸건물 신축으로 은퇴준비하기(개인 명의 활용)

Chapter 06 법인 부동산 투자의 꽃 근생빌딩

Chapter 07 근생(상가)건물 투자는 부가가치세가 핵심

"가문의 부를 잇는"

부동산 가족법인 절세의 모든 것

Chapter 01

장기 보유 차익형 vs 밸류업 후 단기 매각

건물 부동산 투자로 돈을 버신 분들을 크게 2유형으로 나눠본다면, 오랫동안 보유해서 부동산 가치에 물가 상승분이 반영되어 보유 기간에 대한 차익을 크게 보신 분(장기 보유 차익형)과 저평가 되어 있는 물건을 골라 입지에 맞는 리모델링이나 용도변경 후에 예측했던 매각 차익을 만들어 내는 분(디벨로퍼) 이렇게 나눌 수 있을 것입니다.

베이비부머 세대 고액 자산가들은 대부분 과거에 부동산을 낮은 가격에 사두고 지금까지 보유하신 분들입니다. 오래 보유한 부동산은 근저당 대출 끼고 매입했어도 옛날 낮은 가격에 샀기 때문에 지금은 대출 하나도 없는 경우가 많고 이러한 분들은 대출이 없다 보니 월세 수익률에 민감하지도 않습니다. 따라서 특별한 집안 사정이 있지 않은 한 매각 생각도 없고 계속 장기 보유하는 성향을 갖고 있습니다. 아마 이 유형이 대부분 베이비부머 세대의 전통적인 부동산 자산가들의 모습일 겁니다.

요즘은 부동산 투자 기법이 많이 공유되고 예전처럼 소수만이 아는 그런 진입장벽 있는 노하우가 아니기 때문에 배우려고 하면 너무나 많은 자료와 소스들이 있습니다. 코로나 전후 저금리와 유동성 자금들이 부동산 상승기를 만들면서 이런 기법들을 일반 투자자들도 많이 배우고 실전에 뛰어들고 있습니다. 시간에 비례한 가치 상승을 기다리기 보다는 대출을 활용해 부동산을 벨류업하고 비교적 단기간에 가치를 직접 만들어 차익을 남기는 신흥 부동산 자산가들이 많아졌습니다.

최근엔 이런 지식을 직접 배울 시간이 없는 의사 등 전문직, 사업가들 또는 고액 자산가들 중에 번거로운 것을 싫어하는 분들을 위해 물건 찾는 것부터 임대수익률 분석, 신축 설계, 시공 등 전 과정을 매니징 해주는 신축 PM(Project Manager)서비스도 생겨서 관심만 가지면 돈을 주고 대신 맡길 수도 있습니다.

물론 두 유형의 장·단점이 명확해서 투자 성향의 차이로 선택이 대부분 갈립니다. 본인 투자 성향 외에도 본업으로 버는 나의 현금흐름과 현재 가용 자금, 레버리지 비율과 수익률, 자금 묶이는 시간 등등 고려할 사항이 많기 때문에 투자의 방향성은 자신의 상황에 맞게 잡은 후 상담을 받는 것이 좋습니다.

경험상 가족법인을 활용해 자녀에게 안정적인 지원을 해주고 싶어하는 고액 자산가들은 신축보다는 좋은 입지의 평균적인 수익률이 나오는 건물을 사서 자녀가 자산 손실을 낼 가능성을 아예 만들고 싶어하지 않는 경향이 강했습니다.

반면에 건물 리모델링을 통해 월세와 부동산 수익률 증대를 해보신 분들이나, 자산이 좀 더 확장해 나가길 바라는 분들은 디벨롭을 선호했고 레버리지를 이용해 부동산 사업을 확장해 보신 분들은 나이가 있어도 신축과 리모델링의 필요성을 잘 알고 계셨습니다.

장기 보유를 할 경우 그냥 매입을 해서 가지고 있던지, 신축이나 리모델링을 해서 가지고 있던지 오래만 갖고 있으면 입지가 좋은 부동산은 올라가는 것은 맞습니다.

하지만 신축과 리모델링 시 수익률 분석을 하고 시작하기 때문에 (내가 직접 분석 못하면 돈을 주고서라도 반드시 하고 투자해야 합니다) 내가 투입한 자본 대비 얼마의 차익과 현금흐름이 나오는지 파악 후 들어가는 거라 무작정 시간 버티기 투자보다는 가치를 단기간에 만든다는 장점이 있습니다.

반면에 예상치 못한 공사원가 상승, 금리, 시장분위기 변동성은 단점이 될 수 있지만 과도한 레버리지를 쓰는 경우가 아니면 리스크를 어느 정도는 조절할 수 있고 단순 매입보다는 같은 돈으로 적극적인 가치를 만들어낼 수 있는 기회가 되기도 합니다.

가족법인을 만들어 자녀에게 마중물로서 자금을 빌려주고 차익과 현금흐름을 만들어주고 싶은게 목적이라면, 부동산 차익을 위해 무작정 시간에 투자하는 것보다는 신축이나 리모델링을 통한 디벨롭에 관심을 가져보는 것이 보다 효율적인 방법이 될 수 있습니다.

Chapter 02

장기 보유 차익형에 맞는 신축 사업자 유형

장기로 건물을 보유한다면 임대수익과 시간에 비례하는 토지의 시세차익을 누리는 것이며, 1필지의 토지 상승분을 온전히 누리기 때문에 공동주택(아파트)이나 집합건물 구분상가가 아닌 건축법상 단독주택(다중주택, 다가구주택)이나 꼬마빌딩을 신축 후 임대를 합니다.

물론 서울 강남 아파트의 경우 시세상승 기대치가 단독건물 이상으로 안정적이긴 하나 개인으로 투자 시 높은 양도세가 걸리고 자녀에게 이전하는 절세 방법도 힘듭니다. 그렇다고 법인으로 투자하기에는 종부세 등 세제 패널티로 수익률이 안나오기 때문에 대상에서 제외하는 것입니다.

다중주택이나 다가구주택도 주택이기 때문에 법인으로 투자 시 세제 패널티가 있지만, 신축하는 경우는 다른 대처 방안이 있기 때문에 소개드리는 것입니다.

사업자등록 유형을 보자면, 주택을 신축하여 장기 보유하는 경우는 (건설)임대주택사업자가 되는 것이고 근생 꼬마빌딩을 신축하는 경우는 비주거용 부동산 임대사업자가 되는 것입니다.

앞서 법인으로 부동산 투자의 꽃은 근생빌딩 투자이고 주택 투자는 세제상 패널티가 많기 때문에 권하지 않는다고 말씀드렸는데, 아파트나 일반 주택 매수의 경우는 차익으로만 수익을 실현하는 방식이고 월세로 돌리기에는 자기자본이 너무 많이 들어가서 현금흐름 수익률이 좋지 않으며, 법인 종부세 몇 년 내고 매각 때 토지 등 양도소득에 대한 법인세를 내면 정산 후 마이너스 나는 경우가 다반사이기 때문에 그렇습니다.

하지만 디벨롭을 가미한 주택신축의 경우는 세제상 다른 방법을 찾을 수가 있는데, 건설임대사업자와 주택신축판매업을 활용하는 것이고 뒷 파트에서 자세히 설명드리겠습니다.

다가구나 다중주택을 신축하는 경우의 장점은 상업용 입지를 찾는 것보다 물건을 찾기 수월하고 입지에 따른 예민도 즉, 월세와 공실의 변동성이 적어 이자보다 높은 수익률의 안정적인 월세 현금흐름을 만들기 좋다는 것입니다.

무엇보다 근생빌딩을 짓는 것보다 적은 10억 원 이하의 에퀴티로도 실행해 볼 수 있어(물론 지역마다 땅값은 다릅니다) 내가 고액 자산가가 아니어도 건물주를 시도해 볼 수 있다는 것이고 자녀를 위한 가족법인을 활용하더라도 주주가 자녀 1명일 때 특정법인 증여세 안 나오는 20억 원 이하 자금 빌려주고 시도해 볼 수 있는 방법입니다.

보유하는 동안 현금흐름 수익률이 좋고 장기 보유 후 매각차익까지 기대할 수 있는 입지를 잘 고르면 성공적인 투자가 되는 것인데, 다가구나 다중주택은 매각이 쉽지 않기 때문에 단순히 월세 수익률보다는 이왕이면 먼 미래에 개발사업을 하는 업자에게 팔 가능성을 두고 코너나 역 접근성, 개발 가능성 좋은 입지 땅을 확보하는 것이 좋습니다.

근생빌딩을 신축하는 경우는 공실 걱정 없고 배후수요 및 유동인구 분석 등 접근성 좋은 입지의 물건을 찾아야 한다는 어려움이 있지만, 임차인 세팅 후 수익률에 따라서 더 큰 시세차익을 누릴 수도 있고 강남처럼 입지가 좋은 상권이라면 시간에 비례하는 시세차익은 덤으로 따라옵니다. 상업지역의 경우 가액이 크기 때문에 시세차익도 훨씬 크게 누릴 수 있습니다.

건축물을 주택으로 할 것인지 근생으로 할 것인지는 월세 수익률을 위주로 할 것이냐 시세차익을 목적으로 할 것이냐, 수중에 얼마의 돈이 있어서 입지를 어디로 할 수 있느냐에 따라 달라집니다.

장기적 시세차익은 무엇을 지었든지 결국 건축물이 아닌 토지의 가격이 결정합니다. 결국 투자금에 맞춰서 땅의 입지가 정해지는 것이고 그 입지의 수요에 맞는 용도의 건축물을 짓게 되는 것입니다. 시세차익만 본다면 입지 상급지가 최고의 선택이 될 것인데 예를 들어 최고의 상급지 서울 강남, 그중에서도 역 대로변 상업지역이 이면 골목 주거지역보다는 상급지가 되는 것이어서 이것은 투자금 크기에 따라 결정된다고 보면 됩니다.

다음으로 입지가 정해지면 거기가 주거용으로 수요가 나올 것인지 오피스나 상가 수요가 나올 것인지에 따라 건축물이 정해지는 것입니다.

반면에 현금흐름을 고민하고 있다면 수익률이 좋아야 한다는 것인데 은행 이자율보다 더 높은 수익을 목적으로 한다는 것이고 이것은 원가(분모)보다 좋은 효율의 월세(분자)가 나와야 합니다.

이런 입지는 원가인 토지가격은 낮은데 월세는 잘 나오는 지역 위주로 가야 하고 저평가된 주택입지의 땅이거나 토지가격 저렴한 지방에서 월세수요가 풍부한 입지의 땅이 해당됩니다.

조건에 맞는 입지를 골랐다면 건축물은 입지의 수요에 맞게 지으면 되는 것이고 입지가 주거용이냐 상업용이냐에 따라 공실 리스크가 많이 달라지는데 통상 상업용보다는 주거용이 임대 안정성은 높습니다. 동일 지역이라면 상업용은 주거용보다 입지 조건을 더 많이 따져야 하고 좋은 입지일수록 토지가격(원가)이 올라가기 때문에 상가 월세가 더 높다 해도 수익률이 더 낮아집니다.

따라서 가족법인을 통해 자녀에게 현금흐름을 만들어주고 싶은 분들은 은행 이자를 내고도 얼마만큼의 수익률이 기대되는지를 꼭 투자 전에 따져봐야 합니다.

서울의 건물들은 대부분 수익률이 낮기 때문에 디벨롭이 안된 구축건물에 대출까지 많이 받는다면 은행 이자 내고 오히려 마이너스 현금흐름이 되기 때문입니다. 현실적으로 신축이나 리모델링 통해 디벨롭 해도 월세는 은행 이자와 각종 세금 유지비 내고 약간만 남긴다는 마인드로 접근해야 서울 근생건물을 장기 보유하는 투자가 가능할 것입니다.

[시세차익 대 현금흐름 입지 비교]

구분	시세차익 목적	현금흐름 목적
입지 요건	※ 상급지가 차익용으로는 최고 (강남) 1. 서울, 수도권 〉 지방 2. 서울 중에서도 핵심지 3. 핵심지 안에서도 좋은 입지와 필지	※ 땅값은 낮은데, 월세는 잘나오는 지역 1. 저평가된 주택입지의 땅 2. 땅값이 저렴한 지방에서 월세 수요가 많은 입지의 땅
건축물 타입 (근생 vs 주택)	입지가 정해졌다면 그 입지에 맞는 수요의 건축물 선정 - 시세차익은 건축물을 무엇을 짓는지가 아닌 토지의 가치상승이기 때문	입지에 맞는 수요의 건축물 선정 - 임대 안정성은 주거용이 상업용보다 좋음 - 동일 지역 근생건물이 주거용 건물보다 월세는 높지만 수익률은 낮음(상가 입지용 땅값이 주택용 땅 보다 비싸기 때문)

장기 보유로 큰 차익을 얻는 경우 개인보다는 당연히 법인이 절세 효과가 커서 구축 건물이나 부지 구입 전에 가족법인으로 자녀주주 세팅 후에 실행하시길 권해드립니다.

법인으로 투자 시 주의점은 다가구나 다중주택은 주택이기 때문에 앞서 언급했던 종합부동산세와 토지 등 양도소득에 대한 법인세 과세 대상이어서 수익률 산정 시 주의해야 하고 절세를 위해 건설임대사업자 또는 주택신축판매업 절차를 잘 이행해야 합니다. 하지만 주택신축판매업은 장기 보유가 목적이 아닌 단기에 팔아서 차익을 남기는 유형이므로 이는 뒤에서 다시 설명드리겠습니다.

Chapter 03

신축 후 단기 매각에 맞는 사업자 유형

신축해서 부동산 가치를 올린 후 단기 매각하는 것은 부동산매매업에 해당하고 근생빌딩을 신축 또는 리모델링해서 되파는 경우 사업자 유형은 특별한 유의사항이나 혜택은 없습니다. 수익률 분석과 입지를 잘 고르고 매각 전 공실 없게 임차인 세팅만 잘하고 팔 때까지 임대수익으로 이자와 세금 및 유지비만 낼 수 있다면 운용 시 큰 문제 될 게 없습니다.

하지만 주택의 경우 주택신축판매업으로 일정 요건을 갖추면 세제상 혜택이 단순 매매업자보다는 많이 있습니다. 우리나라는 주택 공급이 부족해서 주택을 신축해서 파는 것은 세법에서 부동산매매업이 아닌 건설업으로 보아 행정상 메리트를 더 주기 때문입니다.

주택신축판매업이 건설업에 해당하면 중소기업특별세액감면, 창업중소기업세액감면을 적용받을 수 있어 법인세나 소득세 감면을 받지만, 건설업에 해당하지 않고 부동산업에 해당하면 감면혜택을 받을 수 없습니다.

문제는 똑같은 주택신축판매업인데 건설업이냐 부동산업이냐에 따라 감면 여부가 달라진다는 것인데, 함부로 적용했다가는 가산세까지 추징당하기 때문에 기준을 알아야 합니다.

위의 감면 혜택들은 조세특례제한법(이하 '조특법')에 열거하고 있는데, 조특법상 업종 분류는 조특법에 별도의 규정이 있으면 그 규정에 따르며, 별도의 분류 규정이 없으면 한국표준산업분류의 기준에 따릅니다. 하지만 조특법에는 건설업에 대한 별도의 분류 규정이 없으므로 한국표준산업분류 기준을 봐야 하는데, 직접 건설활동을 수행하는지 아닌지에 따라 구분됩니다.

68. 부동산업

681. 부동산임대 및 공급업
6812. 주거용 건물 개발 및 공급업
직접 건설활동을 수행하지 않고 전체 건물 건설공사를 일괄 도급하여 주거용 건물을 건설하고, 이를 분양·판매하는 산업활동을 말한다. 구입한 주거용 건물을 재판매하는 경우도 포함한다.

41. 종합건설업

411. 건물 건설업
4111. 주거용 건물 건설업
단독 주택, 연립 주택, 다세대 주택, 아파트 등의 주거용 건물을 건설하는 산업활동을 말한다.

자산가나 일반 투자자 입장에서 시공능력, 기술자 요건 등 건설업 요건을 맞추기가 쉽지는 않기 때문에 사업자 본인이 직접 건설활동을 수행하지 않고 전문 시공사에게 도급을 주어 주택을 짓고 있습니다. 이 경우 건설업이 아닌 주거용 건물 개발 및 공급업으로 보도록 구분하고 있어 건설업으로서의 세제감면을 온전히 받기는 현실적으로 힘듭니다.

대법 2019두52836(2019.12.24.)

> 주택신축판매업은 한국표준산업분류상 주거용 건물 개발 및 공급업에 해당하고, 구 조세특례제한법상 중소기업특별세액 감면대상이 되는 건설업에 해당하지 않는다.

하지만 건설업 요건이 안되더라도 주택신축판매업 본연의 의미로 받을 수 있는 혜택들도 있습니다.

다가구(상가주택)나 다중주택을 지을 때 노후된 단독주택을 사서 멸실 후에 용적률을 다 써서 최대로 지을 것인데, 바로 멸실할 노후 주택을 취득할 때도 취득세를 내야 합니다. 더구나 법인으로 매수할 것이어서 법인으로 주택을 취득하면 1채만 취득하더라도 최대 취득세율인 12%가 적용됩니다. 바로 멸실할 노후 주택의 취득세를 12% 중과로 내는 것은 아까운 일인데 이러한 중과를 배제해 주는 조항이 있습니다.[1)]

---

1) 지방세법 시행령 제28조의2 【주택 유상거래 취득 중과세의 예외】 (2020.8.12. 신설) 법 제13조의2 제1항을 적용할 때 같은 항 각 호 외의 부분에 따른 주택(이하 이 조 및 제28조의3부터 제28조의6까지에서 "주택"이라 한다)으로서 다음 각 호의 어느 하나에 해당하는 주택은 중과세 대상으로 보지 않는다. (2020.8.12. 신설)

법인 사업자등록 낼 때 주택신축판매업에 해당하는 코드(주거용 건물 개발 및 공급업, 주거용 건물 건설업 모두 상관 없음)로 등록을 해야 합니다. 사후관리 요건으로는 멸실할 주택 취득일로부터 1년 경과하기 전에 멸실을 해야하고, 그 취득일부터 3년이 경과할 때까지 주택을 신축하지 않은 경우 또는 그 취득일부터 5년이 경과할 때까지 신축 주택을 판매하지 않은 경우는 중과배제가 제외됩니다.

---

8. 다음 각 목의 어느 하나에 해당하는 주택으로서 멸실시킬 목적으로 취득하는 주택. 다만, 나목 5)의 경우에는 정당한 사유 없이 그 취득일부터 2년이 경과할 때까지 해당 주택을 멸실시키지 않거나 그 취득일부터 6년이 경과할 때까지 주택을 신축하지 않은 경우는 제외하고, 나목 6)의 경우에는 정당한 사유 없이 그 취득일부터 1년이 경과할 때까지 해당 주택을 멸실시키지 않거나 그 취득일부터 3년이 경과할 때까지 주택을 신축하지 않은 경우 또는 그 취득일부터 5년이 경과할 때까지 신축 주택을 판매하지 않은 경우는 제외하며, 나목 5) 및 6) 외의 경우에는 정당한 사유 없이 그 취득일부터 3년이 경과할 때까지 해당 주택을 멸실시키지 않거나 그 취득일부터 7년이 경과할 때까지 주택을 신축하지 않은 경우는 제외한다. (2024.12.31. 개정)
   가. 「공공기관의 운영에 관한 법률」 제4조에 따른 공공기관 또는 「지방공기업법」 제3조에 따른 지방공기업이 「공익사업을 위한 토지 등의 취득 및 보상에 관한 법률」 제4조에 따른 공익사업을 위하여 취득하는 주택 (2020.8.12. 신설)
   나. 다음 중 어느 하나에 해당하는 자가 주택건설사업을 위하여 취득하는 주택. 다만, 허당 주택건설사업이 주택과 주택이 아닌 건축물을 한꺼번에 신축하는 사업인 경우에는 신축하는 주택의 건축면적 등을 고려하여 행정안전부령으로 정하는 바에 따라 산정한 부분으로 한정한다. (2021.4.27. 개정)
      1) 「도시 및 주거환경정비법」 제2조 제8호에 따른 사업시행자
      2) 「빈집 및 소규모주택 정비에 관한 특례법」 제2조 제1항 제5호에 따른 사업시행자
      3) 「주택법」 제2조 제11호에 따른 주택조합(같은 법 제11조 제2항에 따른 "주택조합설립인가를 받으려는 자"를 포함한다)
      4) 「주택법」 제4조에 따라 등록한 주택건설사업자
      5) 「민간임대주택에 관한 특별법」 제23조에 따른 공공지원민간임대주택 개발사업 시행자
      6) 주택신축판매업[한국표준산업분류에 따른 주거용 건물 개발 및 공급업과 주거용 건물 건설업(자영건설업으로 한정한다)을 말한다]을 영위할 목적으로 「부가가치세법」 제8조 제1항에 따라 사업자 등록을 한 자

이 요건들 중 5년 내에 판매까지 해야 하는 것은 부동산 경기에 따라서 충족시키기가 현실적으로 힘들 수 있습니다. 정말 사업으로 주택신축판매업을 영위하는 사람들이 아니고선 본업이 따로 있고 부동산 경기에 따라 마음대로 되는 것도 아닌데 운 좋게 차익보고 매각이 되면 모를까 일반 자산가들 입장에서 쉬운 일은 아니니 투자자 입장에서 이런 혜택이 있다 정도만 아셔도 되겠습니다.

Chapter 04

수익률이 높은 주택 신축 (다가구 주택 vs 다중주택)

다가구주택은 들어봤어도 다중주택은 아마 생소하실 겁니다. 둘 다 건축법상으로는 단독주택 안에 포함되는 개념이고 외관으로 볼 때는 둘 다 원룸 건물이어서 차이가 없습니다.

다가구주택은 주택으로 쓰이는 층수가 3개층 이하이고 연면적 200평 이하, 19세대 이하가 거주할 수 있는 세대 별 독립거주 시설을 말합니다. 다중주택은 주택이 3개층 이하, 연면적 200평 이하인 건 같으나 세대별 독립된 주거형태가 아닌 공동취사 시설이 필요한 건물을 말합니다.(개별 취사시설 설치 불가)

최근 3~4년 전 부동산 불장 시세차익을 경험하면서 강남권 등 주요 입지의 근생건물만 주목 받았는데, 60세 부근의 은퇴 연령의 투자자들은 시세차익보다는 안정적인 월세 수익률의 원룸건물을 가장 선호합니다. 또한 가족법인 통해 자녀에게 은행 이자 이상의 수익률로 안정적인 생활비 현금흐름을 만들어주고 싶은 부모들도 원룸건물을 주목할만 합니다. 서울에서 원룸건물을 짓는다면 시세차익과 동시에 상가보다 안정적이고 높은 수익률을 누릴 수 있기 때문입니다.

다중주택을 짓는 이유는 건축법상 주차대수 기준이 다가구보다 완화되어 수익성 극대화로 지을 수 있기 때문입니다. 1층에 주차면적이 적게 들어가는 만큼 임대줄 수 있는 면적과 호실을 늘릴 수 있으니 수익률이 올라가는 것입니다. 하지만 법적으로는 개별 취사시설 설치가 불가여서 준공승인이 완료되면 불법개조 후 다가구와 똑같이 임대를 주는 실정입니다.

그럼 "수익성만 생각하면 다중주택으로 하면 되지 않느냐?"라고 생각하실 수 있는데 세제혜택을 비교하면 건설임대주택 요건 및 혜택은 다가구만 가능하고 다중은 장기로 보유하기에는 무리가 있습니다. 만약 가족법인으로 다중주택을 신축하려면 5년 안에 매각하는 플랜으로 주택신축판매업(주거용 건물 개발 및 공급업)으로 가셔야 세후수익을 지킬 수 있습니다.

다가구나 다중주택이나 가족법인으로 투자 시 가장 걸림돌은 매년 나오는 ① 종합부동산세와 매각 시 차익의 20%를 내는 ② 토지 등 양도소득에 대한 법인세인데 다가구주택의 경우 건설임대주택 요건을 충족시키면 이 2개의 세금을 면제받을 수 있습니다.

1 가족법인의 다가구주택 건설임대사업자 등록

건설임대사업자의 가장 중요한 요건은 신축을 하고 소유권보존등기 이전에 지자체와 세무서에 주택임대사업자등록을 해야 한다는 것입니다.

이때 지자체 등록은 건물 소재지 관할이 아닌 임대사업자 주소지 관할 지자체에 방문신청하거나 온라인으로 렌트홈(https://www.renthome.go.kr)에서 신청하시면 되고 세무서에는 지자체에서 발급받은 주택임대사업자 등록증을 가지고 주소지 관할 세무서 방문하여 별도 신청을 해야 합니다. 하지만 렌트홈으로 등록 신청 시는 세무서 방문 필요없이 온라인으로 사업자등록 신청도 같이 가능합니다.

이 때 핵심은 '소유권보존등기 이전'이라는 기한을 잘 지키는 것인데, 이 기한을 넘기면 건설임대가 아닌 일반 매입임대주택이 되어버리니 각별한 주의가 필요합니다. 소유권보존등기 이전에는 아직 주택이 완공 전이라 사업계획승인서나 건축허가서를 첨부하여 임대사업자 등록을 신청하시면 됩니다.

[건설임대(장기 보유 목적)]

<table>
<tr><td colspan="4">'소유권보존등기 이전'에 주택임대사업자등록을 해야 함.
(보존등기 이후에 임대사업자 등록하면 일반매입 임대주택이 됨)</td></tr>
<tr><td>구분</td><td>다중</td><td>다가구</td><td>요건</td></tr>
<tr><td>(1) ★종부세 합산배제</td><td>X</td><td>0</td><td rowspan="2">1) 2호 이상 임대
2) 기준시가 9억 원 이하
('25.6.4. 이후 등록한 단기임대주택은 6억 원 이하)
3) 10년 이상 장기임대
('25.6.4. 이후 등록한 단기임대주택은 6년 이상)
4) 면적 149㎡ 이하
5) 지자체+세무서 등록
6) 임대료 증액률 5% 이내</td></tr>
<tr><td>(2) ★법인 추가 양도세 제외</td><td>X</td><td>0</td></tr>
<tr><td>(3) 취득세 감면</td><td>X</td><td>X</td><td>건설임대업자 취득세 감면은 공동주택(아파트, 다세대) 대상</td></tr>
</table>

구분	다중	다가구	요건
(4) 부가세 - 신축 시 환급 가능	X	X	면세용 주택임대이기 때문 (부가세 관련 뒤에서 설명)
(5) 부가세 - 매도 시 건물분 부가세 과세	X	X	

① 법인 건설임대주택 종합부동산세 합산배제 요건[2)]

---

2) 종합부동산세법 시행령 제3조【합산배제 임대주택】

7. 건설임대주택 중 「민간임대주택에 관한 특별법」 제2조 제4호에 따른 공공지원민간임대주택 또는 같은 조 제5호에 따른 장기일반민간임대주택(이하 이 조에서 "장기일반민간임대주택등"이라 한다)으로서 다음 각 목의 요건을 모두 갖춘 주택이 2호 이상인 경우 그 주택. 다만, 종전의 「민간임대주택에 관한 특별법」 제2조 제6호에 따른 단기민간임대주택으로서 2020년 7월 11일 이후 같은 법 제5조 제3항에 따라 같은 법 제2조 제4호에 따른 공공지원민간임대주택 또는 같은 조 제5호에 따른 장기일반민간임대주택으로 변경신고한 주택은 제외한다. (2020.10.7. 단서신설)
   가. 전용면적이 149제곱미터 이하로서 다음의 구분에 따른 공시가격이 그 구분에 따른 금액 이하일 것 (2025.2.28. 개정)
      1) 2호 이상 30호 미만의 주택을 임대하는 경우: 2호 이상의 주택의 임대를 개시한 날(2호 이상의 주택의 임대를 개시한 날 이후 임대를 개시한 주택의 경우에는 그 주택의 임대를 개시한 날) 또는 최초로 제9항에 따른 합산배제신고를 한 연도의 과세기준일을 기준으로 하여 9억원
      2) 30호 이상의 주택을 임대하는 경우: 30호 이상의 주택의 임대를 개시한 날(30호 이상의 주택의 임대를 개시한 날 이후 임대를 개시한 주택의 경우에는 그 주택의 임대를 개시한 날) 또는 최초로 제9항에 따른 합산배제신고를 한 연도의 과세기준일을 기준으로 하여 12억원
   나. 10년 이상 계속하여 임대하는 것일 것. 이 경우 임대기간을 계산할 때 「민간임대주택에 관한 특별법」 제5조 제3항에 따라 같은 법 제2조 제6호의 단기민간임대주택을 장기일반민간임대주택등으로 변경 신고한 경우에는 제7항 제1호에도 불구하고 같은 법 시행령 제34조 제1항 제3호에 따른 시점부터 그 기간을 계산한다. (2020.10.7. 개정)
   다. 임대료등의 증가율이 100분의 5를 초과하지 않을 것. 이 경우 임대료등 증액 청구는 임대차계약의 체결 또는 약정한 임대료등의 증액이 있은 후 1년 이내에는 하지 못하고, 임대사업자가 임대료등의 증액을 청구하면서 임대보증금과 월임대료를 상호 간에 전환하는 경우에는 「민간임대주택에 관한 특별법」 제44조 제4항에 따라 정한 기준을 준용한다. (2020.2.11. 개정)

종부세 과세기준일인 6월 1일 현재 다음 요건을 모두 충족하면 종부세 부과 시 건설임대주택을 합산배제 받을 수 있으며, 다른 주택의 종부세 세율 적용 때 주택수에서도 제외됩니다.

- 전용면적이 149제곱미터 이하로서 2호 이상의 주택의 임대를 개시한 날 또는 최초로 합산배제신고를 한 연도의 과세기준일의 공시가격이 9억 원 이하일 것('25.6.4. 이후 등록한 단기임대주택은 6억 원 이하일 것)
- 10년 이상 계속하여 장기임대하는 것('25.6.4. 이후 등록한 단기임대주택은 6년 이상)이어야 하고 임대료 증가율이 5% 이하일 것

다가구주택은 단독 등기 건물임에도 세대별로 독립된 생활공간을 갖춘다는 전제하에 조특법에 의거 주택임대사업자로 등록하면 다세대주택과 마찬가지로 세대당 전용면적과 공시가격을 적용하여 세제혜택을 부여합니다. 반면에 다중주택의 경우 원칙적으로 각 세대는 독립적이지 않고 공동취사시설을 갖추어야 하기 때문에 세대당이 아닌 건물 전체 면적과 공시가격으로 세제혜택을 부여합니다.

따라서 종부세 합산배제 기준을 충족하려면 다중주택의 경우 호실 전체 면적 45평 이하여야 하고 임대 2호 이상이려면 2채를 지어야 하는 것이어서 현실적으로 어렵습니다.

② 법인 건설임대주택 '토지 등 양도소득 법인세' 과세제외 요건[3)]

---

3) 법인세법 시행령 제92조의 2【토지 등 양도소득에 대한 과세특례】

② 법 제55조의2 제1항 제2호 본문에서 "대통령령으로 정하는 주택"이란 국내에 소재하는 주택으로서 다음 각 호의 어느 하나에 해당하지 않는 주택을 말한다.

1의13.「민간임대주택에 관한 특별법」 제2조 제2호에 따른 민간건설임대주택 중 장기일반민간임대주택등으로서 다음 각 목의 요건을 모두 갖춘 주택이 2호 이상인 경우 그 주택. 다만, 종전의「민간임대주택에 관한 특별법」 제5조에 따라 등록을 한 같은 법 제2조 제6호에 따른 단기민간임대주택을 같은 법 제5조 제3항에 따라 2020년 7월 11일 이후 장기일반민간임대주택등으로 변경 신고한 주택은 제외한다. (2020.10.7. 단서신설)

가. 대지면적이 298제곱미터 이하이고 주택의 연면적(「소득세법 시행령」 제154조 제3항 본문에 따라 주택으로 보는 부분과 주거전용으로 사용되는 지하실 부분의 면적을 포함하고, 공동주택의 경우에는 전용면적을 말한다)이 149제곱미터 이하일 것 (2018.2.13. 신설)

나. 10년 이상 임대하는 것일 것 (2020.10.7. 개정)

다.「민간임대주택에 관한 특별법」 제5조에 따라 민간임대주택으로 등록하여 해당 주택의 임대를 개시한 날의 해당 주택 및 이에 딸린 토지의 기준시가의 합계액이 9억 원 이하일 것 (2022.8.2. 개정)

라. 직전 임대차계약 대비 임대보증금 또는 임대료(이하 이 호에서 "임대료등"이라 한다)의 증가율이 100분의 5를 초과하는 임대차계약을 체결하지 않았을 것. 이 경우 임대료등을 증액하는 임대차계약을 체결하면서 임대보증금과 월임대료를 서로 전환하는 경우에는「민간임대주택에 관한 특별법」 제44조 제4항에서 정하는 기준에 따라 임대료등의 증가율을 계산한다. (2022.8.2. 신설)

마. 임대차계약을 체결한 후 또는 약정에 따라 임대료등의 증액이 있은 후 1년 이내에 임대료등을 증액하는 임대차계약을 체결하지 않았을 것 (2022.8.2. 신설)

1의15.「민간임대주택에 관한 특별법」 제2조 제2호에 따른 민간건설임대주택 중 같은 조 제6호의2에 따른 단기민간임대주택(이하 이 호에서 "단기민간임대주택"이라 한다)으로서 다음 각 목의 요건을 모두 갖춘 주택이 2호 이상인 경우 그 주택 (2025.2.28. 신설)

가. 대지면적이 298제곱미터 이하이고 주택의 연면적(「소득세법 시행령」 제154조 제3항 본문에 따라 주택으로 보는 부분과 주거전용으로 사용되는 지하실 부분의 면적을 포함하며, 공동주택의 경우에는 전용면적을 말한다)이 149제곱미터 이하일 것 (2025.2.28. 신설)

나. 6년 이상 임대하는 것일 것 (2025.2.28. 신설)

다.「민간임대주택에 관한 특별법」 제5조에 따라 단기민간임대주택으로 등록하여 2호 이상의 주택의 임대를 개시한 날(2호 이상의 주택의 임대를 개시한 날 이후 임대를 개시한 주택의 경우에는 그 주택의 임대를 개시한 날)의 해당 주택 및 이에 딸린 토지의 기준시가의 합계액이 6억원 이하일 것 (2025.2.28. 신설)

법인 건설임대사업자가 다음 요건 모두 충족 시 의무임대기간 임대한 후 양도하면 '토지 등 양도소득 법인세'가 과세되지 않습니다. 기준은 종부세 합산배제 요건과 거의 비슷합니다.

- 임대주택 2호 이상, 주택 연면적 149제곱미터 이하
- 10년 이상 임대하는 것일 것('25.6.4. 이후 등록한 단기임대주택은 6년 이상)
- 임대개시일 현재 기준시가 9억 원 이하('25.6.4. 이후 등록한 단기임대주택은 6억 원 이하일 것)
- 임대료 증가율 5% 이하

여기서도 마찬가지 이유로 다가구는 가능해도 다중주택은 현실적으로 요건을 충족시키기 어렵습니다.

2 가족법인으로 다중주택 '주택신축판매업' 등록

다중주택은 같은 예산으로 건물을 지을 때 수익률 극대화를 만들 수 있는 선택지입니다. 다만 건설임대주택 요건을 충족시키기 어렵기 때문에 장기로 보유는 힘들지만 주택신축판매업자로서 5년 안에 매각을 한다면 종부세와 '토지 등 양도소득 법인세'를 피할 수 있습니다.

라. 직전 임대차계약 대비 임대보증금 또는 임대료(이하 이 호에서 "임대료등"이라 한다)의 증가율이 100분의 5를 초과하지 않을 것. 이 경우 임대료등의 증액 청구는 임대차계약의 체결 또는 약정한 임대료등의 증액이 있은 후 1년 이내에는 하지 못하고, 임대사업자가 임대료등의 증액을 청구하면서 임대보증금과 월임대료를 서로 전환하는 경우에는 「민간임대주택에 관한 특별법」 제44조 제4항에 따라 정한 기준을 준용한다. (2025.2.28. 신설)

① 주택신축판매업자의 미분양 주택 5년간 종부세 합산배제[4)]

---

4) 종합부동산세법 제8조【과세표준】

② 다음 각 호의 어느 하나에 해당하는 주택은 제1항에 따른 과세표준 합산의 대상이 되는 주택의 범위에 포함되지 아니하는 것으로 본다.

2. 제1호의 주택 외에 종업원의 주거에 제공하기 위한 기숙사 및 사원용 주택, 주택건설사업자가 건축하여 소유하고 있는 미분양주택, 가정어린이집용 주택, 「수도권정비계획법」 제2조 제1호에 따른 수도권 외 지역에 소재하는 1주택 등 종합부동산세를 부과하는 목적에 적합하지 아니한 것으로서 대통령령으로 정하는 주택.

종합부동산세법 시행령 제4조【합산배제 사원용주택등】

① 법 제8조 제2항 제2호 전단에서 "대통령령으로 정하는 주택"이란 다음 각 호의 주택(이하 "합산배제 사원용주택등"이라 한다)을 말한다.

3. 과세기준일 현재 사업자등록을 한 다음 각 목의 어느 하나에 해당하는 자가 건축하여 소유하는 주택으로서 기획재정부령이 정하는 미분양 주택
   가. 「주택법」 제15조에 따른 사업계획승인을 얻은 자
   나. 「건축법」 제11조에 따른 허가를 받은 자

종합부동산세법 시행규칙 제4조【합산배제 미분양 주택의 범위】

영 제4조 제1항 제3호 각 목 외의 부분에서 "기획재정부령이 정하는 미분양 주택"이란 주택을 신축하여 판매하는 자가 소유한 다음 각 호의 어느 하나에 해당하는 미분양 주택을 말한다. (2009.5.12. 개정)

1. 「주택법」 제15조에 따른 사업계획승인을 받은 자가 건축하여 소유하는 미분양 주택으로서 2005년 1월 1일 이후에 주택분 재산세의 납세의무가 최초로 성립하는 날부터 5년이 경과하지 않은 주택. 다만, 다음 각 목의 경우에는 주택분 재산세의 납세의무가 최초로 성립한 날부터 해당 목에서 정하는 기간이 경과하지 않은 주택으로 한다. (2025.3.21. 개정)
   가. 2025년도 과세기준일 현재 주택분 재산세의 납세의무가 최초로 성립한 날부터 5년은 경과했으나 7년은 경과하지 않은 경우: 7년 (2025.3.21. 신설)
   나. 2025년도 과세기준일 현재 주택분 재산세의 납세의무가 최초로 성립한 날부터 4년은 경과했으나 5년은 경과하지 않은 경우: 6년 (2025.3.21. 신설)
2. 「건축법」 제11조에 따른 허가를 받은 자가 건축하여 소유하는 미분양 주택으로서 2005년 1월 1일 이후에 주택분 재산세의 납세의무가 최초로 성립하는 날부터 5년이 경과하지 않은 주택. 다만, 다음 각 목의 경우에는 주택분 재산세의 납세의무가 최초로 성립한 날부터 해당 목에서 정하는 기간이 경과하지 않은 주택으로 한다. (2025.3.21. 단서신설)
   가. 2025년도 과세기준일 현재 주택분 재산세의 납세의무가 최초로 성립한 날부터 5년은 경과했으나 7년은 경과하지 않은 경우: 7년 (2025.3.21. 신설)
   나. 2025년도 과세기준일 현재 주택분 재산세의 납세의무가 최초로 성립한 날부터 4년은 경과했으나 5년은 경과하지 않은 경우: 6년 (2025.3.21. 신설)

법인이 주택을 취득하는 것은 투기 등 나라에 안좋은 영향으로 보아 제재를 하는 것인데, 부족한 주택을 공급하는 주택신축판매업자가 미분양되어 재고로 어쩔 수 없이 보유하고 있는 것까지 제재하는 것은 합리적이지 않기 때문에 종부세를 5년간 합산배제 해주는 것입니다.

투자자로서 신축을 하는 경우 대부분 건축법 제11조에 따른 허가를 받은 자일 것이고 신축주택의 주택분 재산세 납세의무가 최초 성립한 날부터 5년 경과 전까지의 주택만 합산배제 해줍니다. 주의할 점은 합산배제는 내가 스스로 챙겨서 별도신고를 해야 하는 것이며, 나라에서 알아서 해주는 것이 아니기 때문에 종부세 배제를 위해서는 꼭 합산배제 신고를 하셔야 합니다.

② 주택신축판매업자의 '토지 등 양도소득 법인세' 과세제외[5)]

---

5) 법인세법 제55조의2【토지등 양도소득에 대한 과세특례】

④ 다음 각 호의 어느 하나에 해당하는 토지등 양도소득에 대하여는 제1항을 적용하지 아니한다. 다만, 미등기 토지등에 대한 토지등 양도소득에 대하여는 그러하지 아니하다. (2010.12.30. 개정)

3. 「도시 및 주거환경정비법」이나 그 밖의 법률에 따른 환지(換地) 처분 등 대통령령으로 정하는 사유로 발생하는 소득 (2010.12.30. 개정)

법인세법 시행령 제92조의 2【토지 등 양도소득에 대한 과세특례】

④ 법 제55조의2 제4항 제3호에서 "대통령령으로 정하는 사유로 발생하는 소득"이란 다음 각 호의 어느 하나에 해당하는 소득을 말한다.

4. 주택을 신축하여 판매(「민간임대주택에 관한 특별법」 제2조 제2호에 따른 민간건설임대주택 또는 「공공주택 특별법」 제2조 제1호의2에 따른 공공건설임대주택을 동법에 따라 분양하거나 다른 임대사업자에게 매각하는 경우를 포함한다)하는 법인이 그 주택 및 주택에 부수되는 토지로서 그 면적이 다음 각 목의 면적 중 넓은 면적 이내의 토지를 양도함으로써 발생하는 소득 (2015.12.28. 개정)

법인세법에 토지 등 양도소득에 대한 내용이 아주 길고 복잡하게 나와있어 해당 조문을 찾는 것도 보통 일이 아닌데, 주택신축판매와 관련하여 신축이 미분양으로 임대 후 분양 시는 재고자산의 판매이기 때문에 '토지 등 양도소득 법인세'를 적용 않는다는 것입니다.

하지만 이 경우 잠시 임대를 하더라도, 분양 광고 등을 지속적으로 하고, 이런 자료를 모아 세무서에서 혹시 모를 소명 요청을 했을 때 근거를 제시할 수 있어야 합니다.

신축 투자하는 자산가의 입장에서도 노후 주택 멸실하고 새 건물에 임차인 다 세팅해 두고 밸류업해서 단기 매각을 하면 차익도 누리지만 매각되는 기간까지 임대수익도 누릴 수 있습니다. 요건을 못 지키고 장기 보유 시 종부세 등 패널티가 너무 세기 때문에 반드시 수익률 분석 때부터 현실적 단기 매각가와 목표 수익률을 정해두고 시작해야 한다는 점을 주의하셔야 합니다.

가. 주택의 연면적(지하층의 면적, 지상층의 주차용으로 사용되는 면적 및 「주택건설기준 등에 관한 규정」 제2조 제3호의 규정에 따른 주민공동시설의 면적을 제외한다) (2006.2.9. 개정)

나. 건물이 정착된 면적에 5배(「국토의 계획 및 이용에 관한 법률」 제6조의 규정에 따른 도시지역 밖의 토지의 경우에는 10배)를 곱하여 산정한 면적 (2006.2.9. 개정)

사전법령해석법인 2018-714(2018.12.10.)

신축주택 재차임대 후 분양 시 토지 등 양도소득에 대한 법인세 과세 여부

질의

(사실관계)

- 갑법인은 주택신축판매업을 영위하는 법인으로, 2010.12월 김포 ○○동 일대 주택건설사업(총 1,×××세대)을 시행하기 위해 시공사인 ○○건설과 공사계약을 체결하고 주택건설사업을 진행함.
- 초기, 계약금 안심보장제 도입으로 1,×××세대 분양에 성공하였으나 김포시 주택시장의 악화로 2014년 대규모 해약사태(1,×××세대, 99.3% 미분양) 발생함.
  * 계약금 안심보장제: 수분양자가 중도해약 하더라도 계약금을 보전해 주는 제도
- 갑법인은 대규모 미분양 사태와 계약해지 세대에 대한 계약금 및 중도금을 당장 반환해야 하는 상황에서 불가피하게 미분양주택에 대해 1차 임대(전세기간: 2년)를 진행함.
- 2016년에 이르러 당시 김포시 분양시장상황 악화지속 등으로 분양이 사실상 이루어지지 못한 상태에서 전세 만료에 따른 보증금을 상환할 경우 심각한 유동성 위기까지 예상되어 결국 부득이 하게 2차 임대(전세기간: 2년)를 실시함.
  * 1·2차 임대기간 중 분양전환 시도·분양전환 전략수립 등 분양을 위해 노력하였으며 임대차계약서상 "임대차 목적물이 분양 예정인 부동산"임을 명시함.
- 2018년 현재, 도시철도 개통 예정 등의 호재로 김포시 주택시장이 회복됨에 따라 분양이 재개되었으며, 2019년 상반기까지 분양을 추진함.

(질의내용)

- 주택신축판매업자가 분양목적의 신축주택을 재차임대한 후 분양하는 경우
  - 토지 등 양도소득에 대한 법인세가 과세되지 않는 주택신축판매업 소득에 해당하는지 여부

회신

주택을 신축하여 판매하는 법인이 대규모 미분양 사태와 분양시장 악화로 인해 미분양주택을 재차임대 후 분양하는 경우로서 미분양주택의 원활한 분양을 위해 사업목적의 변경없이 분양활동을 지속하는 등 일시적·잠정적으로 임대한 것으로 볼 수 있는 경우 「법인세법 시행령」 제92조의2 제4항 제4호에 따라 토지 등 양도소득에 대한 법인세가 과세되지 않는 것임. 다만, 일시적·잠정적 임대에 해당하는지 여부는 임대경위·사업목적의 변경 여부·임대기간 중 분양 노력·임대차계약서상 분양목적 주택 명시 여부·장부상 재고자산 계상 여부 등을 종합적으로 고려하여 사실판단할 사항임.

서면2팀-681(2006.4.28.)

토지 등 양도소득에 대한 과세특례 적용 여부

요약

법인이 자기의 책임과 계산 하에 도급을 주어 주택을 신축판매하는 경우, 그 주택과 일정 범위 내 부수토지를 양도하는 경우 토지 등 양도소득에 대한 과세특례규정을 적용하지 아니하는 것임.

질의

- 법인의 토지 등 양도소득에 대한 과세특례 적용에서 제외되는 주택신축판매업의 범위에 건설회사에 도급을 주어 건설한 주택(아파트)을 분양하는 경우,
  - 법인세법 제55조의2 과세특례 적용상 추가과세(30%) 대상에서 제외되는지 여부?

회신

법인이 자기의 책임과 계산하에 건설업자에게 도급을 주어 주택을 신축하여 판매하는 경우, 그 주택과 법인세법 시행령 제92조의2 제4항 제4호에서 정하는 면적 범위 내 부수토지를 양도함으로써 발생하는 소득(미등기된 경우 제외)에 대하여는 법인세법 제55조의2(토지 등 양도소득에 대한 과세특례) 제1항의 규정을 적용하지 아니하는 것입니다.

[주택신축판매업(다중주택 단기 매도 목적)]

구분	다중	비고
(1) ★종부세합산배제	○	- 주택신축판매업(주거용 건물 건설업)으로 사업자등록 - 최초 5년간만 종부세합산배제 신청하는 경우만
(2) ★법인 추가 양도세 제외	○	- 주택신축판매업자에게 신축주택은 재고자산의 판매이기 때문에 법인 추가 양도세× - 신축이 미분양으로 임대 후 분양 시는 주택 신축목적이 분양목적임을 소명해야 함. (잠시 임대를 하더라도, 분양 광고 등을 지속적으로 하고, 이런 자료를 모아 근거로 제시)
(3) 취득세 감면	○	- 신축 위한 멸실예정주택 취득에 대한 감면 (사후요건: 3년 내 신축, 5년 내 판매 분양)
(4) 부가세 - 신축 시 환급 가능	○	- 다중주택 부가세 관련 뒤에서 설명
(5) 부가세 - 매도 시 건물분 부가세 과세	○	

3 법인으로 다중주택과 다가구주택(상가주택) 무엇을 선택해야 할까?

건축물을 무엇을 지을지는 토지의 입지가 결정하는 것입니다. 원룸건물을 짓는다면 무조건 서울이고 최대의 수익률을 생각한다면 주차장 면적을 아껴 다중주택을 선택하게 될 것입니다.

하지만 장기 보유에 목적을 둔다면 당장의 수익률보다는 건설임대사업자 등록 요건을 맞출 수 있는 다가구로 하되, 서울은 땅값 원가가 비싸기 때문에 반드시 수익률을 분석해 봐야 합니다.

만약 다중주택으로 한다면 다중주택 허가가 관건이어서 불법개조를 비교적 묵인해 주는 지자체(관악구가 대표적)를 우선적으로 고려해야 합니다.

그 외 고려사항은 가족단위보다는 원룸 수요가 많은 지역, 미혼 직장인들이 자취하는 곳, 학생들이 많은 곳 위주가 될 것이고 서울 3대 업무지구(강남권, 여의도권, 광화문·종로)와 환승없이 연결된 역세권, 가성비를 생각한 1~2종 일반주거지역을 고르는게 좋습니다. 지역을 골랐다면 입지는 공통적으로 향후 가치가 오를만한 입지(가시성 좋은 곳, 코너, 4m 이상 도로 접한 곳), 가급적 부정형이 아닌 네모 반듯한 필지를 선택하시면 좋습니다.

서울과 구도심이 아닌 신도시 택지지구를 보실 수도 있는데, 여기는 상가주택이 더 잘 맞습니다. 신도시 택지지구 가보시면 1층에 상가임대를 주고 탑층에는 주인세대가 살면서 나머지를 주택임대 주는 상가주택을 많이 보셨을 겁니다. 가급적 일조권을 덜 받고 상가 수요가 있을 입지면 좋습니다.

4 다중주택의 부가가치세 문제

부동산의 임대나 매매는 부가가치세 문제가 복잡합니다. 원래 건물의 공급은 부가세가 과세이지만 건물 중 국민주택 규모 이하의 주택에 대해서는 임대이든 매매이든 모두 면세로 취급합니다. 따라서 앞서 언급했던 다가구주택과 다중주택이 국민주택 규모 이하인지에 따라 매각 시 부가세 과세 여부가 달라지고 짓는 중 공사비의 부가세 환급 문제도 달라집니다.

원래 다가구이든 다중이든 단독주택이기 때문에 연면적을 보면 국민주택 규모는 당연히 초과되지만, 다가구의 경우만 특별히 각 호의 세대별로 국민주택 규모 여부를 판단합니다. 따라서 대부분의 다가구 주택은 호별 세대를 국민주택 규모 이하로 만들기 때문에 부가세법상으로 임대이든, 매매이든 전부 면세로 취급됩니다.

반면에 다중주택은 호별 기준이 아닌 건물 전체 연면적으로 국민주택 규모 초과 여부를 판단하기 때문에 매매시 부가세 과세대상이고 주택임대의 경우는 주택 규모 상관 없이 면세입니다.

<table>
<tr><th colspan="3">부동산
매각/임대 부가세</th><th>임대 → 주택의 임대만
부가세 면세</th><th>매각 → 건물 분 중 상가/
국민주택 초과 주택은 과세</th></tr>
<tr><td colspan="3">토지</td><td>과세
(주택 토지 임대는 면세)</td><td>면세</td></tr>
<tr><td rowspan="3">건물</td><td colspan="2">주택 외=상가</td><td>과세</td><td>과세</td></tr>
<tr><td rowspan="2">주택</td><td>국민주택
이하</td><td rowspan="2">면세</td><td>면세</td></tr>
<tr><td>국민주택
초과</td><td>부동산매매사업자=과세
주택임대사업자=면세</td></tr>
</table>

하지만 다중주택 매매의 경우에도 주택신축판매업자가 아니라 주택임대사업자라면 팔 때 부가세 면세가 되는 경우가 있습니다. 주택임대는 건물 규모 상관없이 면세사업자여서 실제 면세 임대사업자로서의 연수를 채우고 매도한다면, 과세 및 면세 여부 등은 주된 사업의 과세 및 면세 여부 등을 따르기 때문에[6] 아래 예규처럼 당초 매매를 목적으로 신축하여 매입세액이 공제된 해당 다중주택을 주택임대사업에 사용하다 양도하는 경우 해당 주택의 양도는 「부가가치세법」 제14조 제2항 제1호에 따라 부가가치세가 면제될 수 있습니다.

하지만 이 경우에도 일시적·잠정적으로 임대하다 양도하는 경우에는 같은 법 제9조에 따라 부가가치세가 과세되는 것이라고 하였으며, 주택신축판매사업을 주택임대사업으로 전환한 것인지, 일시적·잠정적으로 임대한 것인지 여부는 사실판단이라 하여 몇 년의 기준을 지켜야 한다는 명확한 규정은 없는 상황입니다.

---

6) 부가가치세법 제14조 【부수 재화 및 부수 용역의 공급】

① 주된 재화 또는 용역의 공급에 부수되어 공급되는 것으로서 다음 각 호의 어느 하나에 해당하는 재화 또는 용역의 공급은 주된 재화 또는 용역의 공급에 포함되는 것으로 본다. (2013.6.7. 개정)

1. 해당 대가가 주된 재화 또는 용역의 공급에 대한 대가에 통상적으로 포함되어 공급되는 재화 또는 용역 (2013.6.7. 개정)
2. 거래의 관행으로 보아 통상적으로 주된 재화 또는 용역의 공급에 부수하여 공급되는 것으로 인정되는 재화 또는 용역 (2013.6.7. 개정)

② 주된 사업에 부수되는 다음 각 호의 어느 하나에 해당하는 재화 또는 용역의 공급은 별도의 공급으로 보되, 과세 및 면세 여부 등은 주된 사업의 과세 및 면세 여부 등을 따른다. (2013.6.7. 개정)

1. 주된 사업과 관련하여 우연히 또는 일시적으로 공급되는 재화 또는 용역 (2013.6.7. 개정)
2. 주된 사업과 관련하여 주된 재화의 생산 과정이나 용역의 제공 과정에서 필연적으로 생기는 재화 (2013.6.7. 개정)

만약 다중주택 신축 때 주택신축판매업자로서 부가세를 공제받고, 매각 시 부가세 면제받을 목적으로 임대사업자로 전환했다면 앞서 언급한 '토지 등 양도소득에 대한 법인세'는 내야 하는 상황에 이를 수 있습니다. 왜냐하면 부동산 공급업자의 미분양 재고로서 일시적 임대였고 분양 홍보와 노력을 계속한 상황을 전제로 면제해 주는 것인데, 부가세를 면제받겠다고 임대사업자로 전환해버린 것이면 앞뒤가 안맞기 때문입니다. 따라서 부가세를 낼 것인지 '토지 등 양도소득에 대한 법인세'를 낼 것인지 시세차익과 건물매각가를 비교 판단 후 컨셉을 정해야 하겠습니다.

서면법령해석부가 2018-2593(2019.1.23.)

주택신축판매업자가 다중주택을 신축하여 임대 후 양도하는 경우 부가가치세 면제 여부

회신

주택신축판매업을 영위하는 사업자가 다중주택(단독주택)으로 건축허가를 받아 신축한 건물을 용도변경의 허가를 받지 아니하고 원룸(공동주택) 형태로 개조하는 경우로서 해당 다중주택의 전체 주거전용면적이 85제곱미터를 초과하는 경우 「조세특례제한법」 제106조 제1항 제4호의 국민주택에 해당하지 아니하는 것이며 사업자가 당초 매매를 목적으로 신축하여 매입세액이 공제된 해당 다중주택을 주택임대사업에 사용하다 양도하는 경우 해당 주택의 양도는 「부가가치세법」 제14조 제2항 제1호에 따라 부가가치세가 면제되는 것이나, 매매가 되지 아니하여 일시적·잠정적으로 임대하다 양도하는 경우에는 같은 법 제9조에 따라 부가가치세가 과세되는 것임.
이 경우 주택신축판매사업을 주택임대사업으로 전환한 것인지, 일시적·잠정적으로 임대한 것인지 여부는 사실판단할 사항임.

Chapter 05

원룸건물 신축으로 은퇴준비하기 (개인 명의 활용)

가족법인으로 신축하는 것과는 별개의 주제이지만, 개인 명의로 원룸건물을 신축했을 때 최고의 절세법이 있어서 소개해 드리고자 합니다. 고액 자산가 분들은 풍부한 자산이 있으니 이런 플랜에 관심이 없을 수 있지만, 보통 직장을 은퇴하는 분들 또는 빨리 젊은 나이에 파이어족을 하고 싶은 분들은 안정적 월세가 나오길 희망하시는 분들이 많아서 퇴직금으로 원룸건물 마련에 도전해 볼만 합니다.

이때 포인트는 법인이 아니라 개인 명의로 신축 또는 매수하는 것이고, 법정요건을 만족했을 때 원룸건물의 임대소득도 비과세, 양도차익도 비과세를 받을 수가 있습니다.

1 주택임대소득 비과세 요건[7)]

① 원룸건물의 기준시가가 12억 원 이하(실거래가격 12억 원이 아닙니다)이고, ② 1주택만 가지고 있어야 합니다.

다중주택이나 다가구주택은 단독주택에 해당되어 1주택 요건을 충족할 수 있는데, 다가구주택은 개별 독립세대로 구성되어 있지만 호별로 구분등기가 되어있지 않은 경우 1개의 주택으로 봅니다.[8)]

예를 들어 원룸건물 1주택이지만 기준시가가 12억 원 초과인 경우나, 2주택 보유 시 월세 임대소득은 전부 과세대상입니다.

만약 퇴직금과 기존 집을 처분한 돈으로 다가구주택을 3개 층 이하 19세대로 신축하여 1채만 보유한다면, 여기서 나오는 월세가 전부 비과세 소득입니다.

원룸건물 탑층에 살거나 마음에 드는 동네에 전세로 살고 다가구 1주택에서 월세 50만 원씩 16세대에 임대 가정 시, 50만 원×16세대×12개월=9,600만 원이 1년에 세금 하나도 없이 합법적으로 들어오는 것입니다. 월 800만 원이니 은퇴자로서 이자가 없다면 매우 풍족한 현금흐름이 될 것입니다.

---

7) 소득세법 제12조 【비과세소득】
   2. 사업소득 중 다음 각 목의 어느 하나에 해당하는 소득
      나. 1개의 주택을 소유하는 자의 주택임대소득(제99조에 따른 기준시가가 12억 원을 초과하는 주택 및 국외에 소재하는 주택의 임대소득은 제외한다)

8) 소득세법 시행령 제8조의2 【비과세 주택임대소득】
   ③ 법 제12조 제2호 나목을 적용할 때 주택 수는 다음 각 호에 따라 계산한다.
   1. 다가구주택은 1개의 주택으로 보되, 구분등기된 경우에는 각각을 1개의 주택으로 계산

2 주택 양도차익 비과세 요건

다가구나 다중주택을 1주택으로 본다면 당연히 1세대 1주택 비과세가 아닌가 하고 생각하실 수도 있지만 비과세 안되는 사례들이 있습니다.

소득세법 시행령 제155조 [1세대 1주택의 특례] 제15항을 보면, 해당 다가구주택을 구획된 부분별로 양도하지 아니하고 '하나의 매매단위로 하여 양도하는 경우'에는 그 전체를 하나의 주택으로 본다라고 되어 있습니다.

그리고 건축법 시행령 별표1의 다가구 요건을 보면 1) 주택으로 쓰는 층수 3개층 이하, 2) 세대수 19세대 이하, 3) 바닥면적 합계 660제곱미터 이하로 되어 있어서 세법에서도 이 기준을 실제와 비교합니다. 즉, 실제 조사 시 건축법상 다가구의 요건이 안 지켜져 있으면 1주택인 다가구로 보지 않고 공동주택으로 보겠다는 것입니다. 다가구가 아닌 다세대로 보는 순간 다주택자가 되어 1세대 1주택 혜택은 받을 수가 없습니다.

다가구주택(다중주택 포함)이 세무조사 시 1주택으로 보지 않고 과세되는 사례는 다음 3가지가 대표적입니다.

① 옥탑방으로 4개 층이 되는 때

다가구(다중)주택은 건축법상 주택으로 쓰는 층이 3개층이어야 하는데, 옥탑방 면적이 주택 수평 투영면적 1/8 초과 시 층수에 산입되게 하고 있어 공부상 다가구여도 세법에서 실질에 맞게 공동주택으로 보아 양도세를 과세합니다. 따라서 팔기 전에 옥탑방을 철거하고 사진이나 영상으로 철거한 근거를 남겨두는 것이 중요합니다.

② 전입신고 실제용도 주의

공부상 1층은 근생, 2~4층은 다가구주택인 경우 1층이 근생임에도 전입신고 되어 실제 주택으로 사용 시, 실질에 따라 4개 층을 주택으로 보기 때문에 다가구(다중) 아닌 공동주택으로 보아 양도세를 과세합니다.

③ 하나의 매매단위로 양도할 것

건물을 공동명의로 소유 시 공동소유자와 함께 건물 전체를 하나의 매매단위로 매도해야 다가구로 인정을 합니다. 지분별로 나눠서 여러 단위로 양도 시 세대별 주택 수로 계산하여 다주택자의 양도세를 적용합니다.

3 다가구나 다중주택에 근생을 넣은 경우 상가주택의 부가세 및 양도세 주의

① 양도세 주의사항

개인 명의로 원룸건물을 취득 때 상가와 주택이 복합되어 있는 겸용주택인 경우 양도가격이 12억 원 초과이면, 1세대 1주택이더라도 상가는 면적 상관없이 주택과 구분하여 양도세가 과세됩니다.

반면에 양도가격 12억 원 이하인 경우는 주택의 면적이 주택외 면적 보다 클 경우는 건물 전체를 주택의 양도로 보아 상가가 부분 있더라도 1세대 1주택 적용이 가능합니다.

② 부가세 주의사항

상가와 주택을 같이 임대하고 있었다면, 상가의 건물분 양도는 부가세 과세대상입니다. 여기서 아셔야 하는 것은 부가세는 양도차익이 아닌 매도가액의 10%가 과세되는 것입니다. 그리고 상가의 양도에서도 토지는 부가세 면세이고 건물분에 대해서만 부가세 대상입니다. 따라서 건물을 일괄액으로 매각했을 때 상가의 건물분만 부가세 대상이므로 안분하는 작업이 필요한데 매우 복잡하기 때문에 주의를 요합니다.

Chapter 06

법인 부동산 투자의 꽃 근생빌딩

법인으로 주택 신축을 하는 경우 주택은 근생보다 입지에 덜 예민하므로 저렴한 토지를 골라 원가 절감으로 수익률을 높게 할 수 있고, 상가보다 낮은 공실률로 안정적 현금흐름을 챙길 수 있습니다. 하지만 법인으로 주택 투자는 앞서 설명했듯이 종부세와 '토지 등 양도소득 법인세' 패널티가 있기 때문에 이를 피하기 위해선 지켜야 하는 요건들이 많았습니다.

반면에 투자금만 충분하다면 큰 시세차익과 법인의 장점을 다 누리면서 세제 패널티 없이 개인 소득과 분리하여 보다 편히 투자 운영할 수 있는 것이 바로 근생 건물입니다.

근생 투자 시는 주택 투자 때처럼 사업자등록과 업종을 무엇으로 해야 하는지 따질 필요가 없습니다. 그냥 '비주거용 건물 개발 및 공급업' 이것을 주업종으로 하고 완공 후에는 '비주거용 부동산 임대업' 추가하면 될 뿐, 특별한 세제감면이 없으니 사후관리 할 요건도 없습니다.

근생의 경우도 강남 빌딩처럼 무조건 차익형이 아니라 지역과 입지에 따라 수익형과 차익형으로 성격을 나눠서 봐야 합니다.

강남 건물이 특이하게 월세 수익률보다는 차익 목적으로 들어가는 것이지 상가는 원래 전통적으로 현금흐름을 주목적으로 하는 수익형 투자였습니다.

투자 시드가 충분하고 미래 차익을 위해 에셋파킹 목적이라면 일자리와 오피스 수요가 많은 강남, 여의도, 광화문이 대표적 지역이고 해당 지역 안에서도 입지는 역에서 멀지 않은, 시끄럽지 않으면서 상권에 인접한 입지가 좋습니다. 땅의 모양 또한 주차장을 최대 설치하고도 용적률을 모두 찾을 수 있는 필지가 신축이나 향후 매각 가치를 위해 좋습니다.

반면에 차익보다는 수익형 목적의 근생투자라면 지역은 핫하고 트랜디한 곳은 지양해야 합니다. 예전에 핫하던 이태원 경리단길 생각해 보시면 치솟는 월세 때문에 자영업자들은 다 떠나고 상권의 공실, 노후화로 젠트리피케이션이 일어나 건물주 임대인들은 한숨만 나옵니다.

수익률을 위해서는 공실 리스크 줄이는 배후수요가 중요하기 때문에 주거세대가 많은 지역(베드타운), 꾸준하고 안정적 임차수요가 있는 지역을 고르는 것이 좋습니다. 지역 내 입지 또한 배후세대가 많은 주동선, 유동인구가 풍부하고 워크인 고객이 접근하기 좋은 입지를 찾아야 합니다. 또한 1층 상가가 도로에 접하도록 설계가 가능한 필지, 가시성이 좋고 눈에 잘 띄는 필지가 좋습니다.

Chapter 07

근생(상가)건물 투자는 부가가치세가 핵심

상가는 주택이 아니기 때문에 임대를 주던지 매매를 하던지 언제나 부가가치세 이슈가 있습니다. 단 매매 시에는 건물과 토지분을 나누어 건물분에 대해서만 부가세가 과세됩니다.

반대로 생각하면 내가 근생을 매입할 때도 부가세 이슈가 있는 것이어서 매입 시 부가세를 더 부담해야 하고, 부가세 신고 때 이 부분을 매입공제라 하여 낼 부가세에서 차감하여 신고·납부하게 됩니다.

더구나 건물을 단순 매입하여 임대 놓는 것 말고 신축을 할 경우는 더 신경써야 할 부분이 있습니다.

1 신축을 위한 철거용 구 건물매입과 철거비용은 부가세 환급이 안됩니다.

상가의 임대는 부가세 과세사업입니다. 부가세 과세사업을 위해 구입하는 사업관련 비용과 자산들은 지출 시 부가세를 부담하여도 나중에 부가세 신고할 때 매입세액 공제라 하여 부담했던 부가세를 차감 후에 세금을 냅니다. 상가를 신축하거나 매입을 할 때 건설원가 또는 건물매입이라는 가장 큰 부가세를 부담하게 되는데, 만약 신축이라면 나대지를 매입 후 진행할 수도 있지만 서울이나 구도심에서는 구축 건물을 사서 멸실 후에 새로 짓는 경우도 많습니다.

이 경우 바로 매입한 건물을 멸실 후에 신축을 지을 예정인데, 철거 예정인 상가 건물매입 시 부담했던 부가세 환급을 못 받는다면 너무 억울한 일입니다. 하지만 건축물이 있는 토지를 취득해서 건축물을 철거하고 토지만을 사용하는 경우 철거한 건축물의 취득 및 철거비용과 관련된 매입세액은 결과적으로 면세 대상인 토지를 사용하기 위한 토지의 자본적 지출이라 봐서 매입세액을 공제해 주지 않습니다.[9)]

---

9) 부가가치세법 제39조 【공제하지 아니하는 매입세액】

① 제38조에도 불구하고 다음 각 호의 매입세액은 매출세액에서 공제하지 아니한다.

7. 면세사업등에 관련된 매입세액(면세사업등을 위한 투자에 관련된 매입세액을 포함한다)과 대통령령으로 정하는 토지에 관련된 매입세액

부가가치세법 시행령 제80조 【토지에 관련된 매입세액】

법 제39조 제1항 제7호에서 "대통령령으로 정하는 토지에 관련된 매입세액"이란 토지의 조성 등을 위한 자본적 지출에 관련된 매입세액으로서 다음 각 호의 어느 하나에 해당하는 경우를 말한다.

1. 토지의 취득 및 형질변경, 공장부지 및 택지의 조성 등에 관련된 매입세액
2. 건축물이 있는 토지를 취득하여 그 건축물을 철거하고 토지만 사용하는 경우에는 철거한 건축물의 취득 및 철거 비용과 관련된 매입세액
3. 토지의 가치를 현실적으로 증가시켜 토지의 취득원가를 구성하는 비용에 관련된 매입세액

서면법령해석부가 2021-80(2021.4.29.)

건물을 신축하기 위하여 건축물이 있는 토지를 취득하여 그 건축물을 철거하는 경우 매입세액 공제 여부

회신

사업자가 건물을 신축하기 위하여 건축물이 있는 토지를 취득하고 그 건축물을 철거하는 경우 철거한 건축물의 취득가액은 「부가가치세법 시행령」 제80조 제2호에 의한 토지의 자본적 지출에 해당하므로 관련 매입세액은 매출세액에서 공제되지 않는 것입니다.
다만, 건물을 취득한 후 상당한 기간 동안 부가가치세 과세사업에 사용하다가 철거한 경우로서 철거한 건물의 취득가액과 관련된 매입세액은 토지의 자본적 지출에 관련된 매입세액에 해당하지 아니하는 것이나, 이에 해당하는지 여부는 취득 후 과세사업 사용현황 등 사실관계를 종합하여 판단하여야 할 사항입니다.

상식적으로 너무 억울한 상황이기 때문에 이런 경우 원칙을 피해갈 수 있는 예외 조항이 별도로 있습니다.

신축을 위해 구축 상가건물 매입시, 건물을 매도하는 입장의 사업자는 건물분 부가세를 알맞게 수취하여 부가세를 신고·납부해야 합니다. 건물의 공급은 부가세 과세대상이지만, 토지의 공급은 부가세 면세이기 때문에 부가세법에서 건물과 토지를 함께 공급시 부가세 부담을 줄이기 위해 임의로 건물가액 조작을 못하게 하고자 하는 규정이 있습니다. 계약 시 정한 건물, 토지 매매가액이 토지와 건물 기준시가 비율로 안분한 가액과 30% 이상 차이 나는 경우는 공급계약일 당시의 토지, 건물 기준시가 비율로 안분하도록 하고 있습니

다. 따라서 매매가액 중 일부러 건물가를 낮춰서 계약서 작성 시 과세관청에서 기준시가 비율로 재계산하여 부가세를 과세할 리스크가 있는 것입니다.

원칙은 이러하지만, 예외적으로 토지와 건물을 함께 공급받은 후 건물 철거하고 토지만 사용하는 경우는 실제 계약서에 정한 실지거래가액을 공급가액으로 보도록하고 있습니다.[10)]

이러한 규정을 활용해서 매도인과 계약서 쓸 때 철거예정인 근생건물 구입 시 매매가는 100% 토지의 대가이고 건물가는 0원으로 계약서를 작성하면 매수자 입장에서 공제 안되는 억울한 건물분 부가세 부담을 피할 수 있습니다.

---

10) 부가가치세법 제29조【과세표준】

⑨ 사업자가 토지와 그 토지에 정착된 건물 또는 구축물 등을 함께 공급하는 경우에는 건물 또는 구축물 등의 실지거래가액을 공급가액으로 한다. 다만, 다음 각 호의 어느 하나에 해당하는 경우에는 대통령령으로 정하는 바에 따라 안분계산한 금액을 공급가액으로 한다. (2018.12.31. 단서개정)

1. 실지거래가액 중 토지의 가액과 건물 또는 구축물 등의 가액의 구분이 불분명한 경우 (2018.12.31. 신설)
2. 사업자가 실지거래가액으로 구분한 토지와 건물 또는 구축물 등의 가액이 대통령령으로 정하는 바에 따라 안분계산한 금액과 100분의 30 이상 차이가 있는 경우. 다만, 다른 법령에서 정하는 바에 따라 가액을 구분한 경우 등 대통령령으로 정하는 사유에 해당하는 경우는 제외한다. (2021.12.8. 개정)

부가가치세법 시행령 제64조【토지와 건물 등을 함께 공급하는 경우 건물 등의 공급가액 계산】

② 법 제29조 제9항 제2호 단서에 따라 다음 각 호의 어느 하나에 해당하는 경우에는 건물등의 실지거래가액을 공급가액으로 한다. (2022.2.15. 신설)

1. 다른 법령에서 정하는 바에 따라 토지와 건물등의 가액을 구분한 경우 (2022.2.15. 신설)
2. 토지와 건물등을 함께 공급받은 후 건물등을 철거하고 토지만 사용하는 경우 (2022.2.15. 신설)

또한 건물 매수 후 바로 철거하지 않고 상당한 기간 동안 상가임대에 쓰다가 철거한다면, 토지의 자본적 지출로 보지 않고 건물분 부가세 매입세액 공제 가능하나 이는 사실관계 판단이 들어가기 때문에 전문가 상담 후 결정하시는게 좋습니다.

2 건물 매도할 때 매수인과 부가세 조율 팁

위의 사례는 신축을 위한 매수자 입장에서의 리스크 설명이었다면, 이번엔 건물을 매도할 경우의 관점 팁입니다.

위 설명한 법령 내용은 계약서상 매매가액 중 건물가가 건물과 토지 기준시가 비율로 계산한 건물가와 30% 이상 차이가 나면 기준시가 비율로 재계산한 건물가 부가세를 과세한다는 내용이었습니다.

매수자와 건물 가격 협상을 할 때 가액의 규모가 크기 때문에 부가세만 해도 수억 원이 왔다갔다 합니다. 따라서 매수자는 부가세 부담 때문에 건물가를 가능한 낮춰서 가액을 결정하고 싶어할텐데, 매도인이 이러한 부가세 리스크를 모르고 건물가를 과하게 낮춰서 계약해준다면 폭탄을 떠안는 것과 같습니다. 원래 매도자는 매수자로부터 부가세를 받아서 내기 때문에 건물가를 높게 계약해도 부담이 없지만, 매수자는 추후 부가세 신고 후 환급 받더라도 기간텀이 있어 자금 유동성 때문에 건물가를 최대한 낮춰서 부가세를 줄이기를 원합니다.

부동산 경기가 안좋아서 매수자 우위 시장이라면 가격 협상력이 매우 불리할텐데 이런 경우 원활한 매각을 위해 기준시가 비율과 29%만 낮게 차이나는 가격으로 세팅하여 계약서를 작성한다면 내 건물 협상가격의 하한선을 지킬 수 있습니다. 사실 포괄양수도 조건이라면 부가세 납부의무가 없기 때문에 이러한 고민을 안해도 되지만 포괄양수도가 애매한 경우가 은근 많기 때문에 리스크는 가능한 줄여두는게 좋습니다.

3 근생(상가) 매도시 포괄양수도 주의사항

부가가치세법에서 재화의 공급으로 보지 않는 사업의 양도라 하여 포괄양수도를 부가세 과세대상이 아닌 것으로 보는 조항이 있습니다.[11)]

---

11) 부가가치세법 제10조【재화 공급의 특례】

⑨ 다음 각 호의 어느 하나에 해당하는 것은 재화의 공급으로 보지 아니한다.

2. 사업을 양도하는 것으로서 대통령령으로 정하는 것. 다만, 제52조 제4항에 따라 그 사업을 양수받는 자가 대가를 지급하는 때에 그 대가를 받은 자로부터 부가가치세를 징수하여 납부한 경우는 제외한다.

부가가치세법 시행령 제23조【재화의 공급으로 보지 아니하는 사업 양도】

법 제10조 제9항 제2호 본문에서 "대통령령으로 정하는 것"이란 사업장별(「상법」에 따라 분할하거나 분할합병하는 경우에는 같은 사업장 안에서 사업부문별로 구분하는 경우를 포함한다)로 그 사업에 관한 모든 권리와 의무를 포괄적으로 승계시키는 것(「법인세법」 제46조 제2항 또는 제47조 제1항의 요건을 갖춘 분할의 경우 및 양수자가 승계받은 사업 외에 새로운 사업의 종류를 추가하거나 사업의 종류를 변경한 경우를 포함한다)을 말한다. 이 경우 그 사업에 관한 권리와 의무 중 다음 각 호의 것을 포함하지 아니하고 승계시킨 경우에도 그 사업을 포괄적으로 승계시킨 것으로 본다.

1. 미수금에 관한 것 (2013.6.28. 개정)
2. 미지급금에 관한 것 (2013.6.28. 개정)
3. 해당 사업과 직접 관련이 없는 토지·건물 등에 관한 것으로서 기획재정부령으로 정하는 것

사업장별로 그 사업에 관한 권리와 의무를 포괄적으로 승계시키는 사업의 양도는 사업의 동일성은 유지하면서 경영주체만 교체시키는 것으로 사업 양수자에게 불필요한 자금압박을 주므로 재화의 공급으로 보지 않는다는 것입니다. 실무에서는 포괄양수도라 부르고 부동산 거래하신 분들은 많이 들어보셨을 겁니다.

원칙은 가족법인이 임대업에 사용하던 상가 건물을 양도하는 경우 매도인은 거래징수한 부가가치세를 신고 시 납부하고 매수인은 부가세 환급신고를 하여 다음 달에 환급을 받는 구조입니다.

하지만 임차인 및 임대차계약 내용이 그대로 승계되고 임대인의 권리 및 의무가 포괄적으로 이어지는 포괄양수도의 경우 부가가치세 과세대상이 아니므로 부가가치세를 주고받지 않아도 되어서 매수인의 불필요한 자금압박을 완화시킬 수 있는 것입니다.

실무에서는 포괄양수도가 당연히 되는 것이고 별 이슈가 없다고 생각하지만, 포괄양수도는 세무리스크 요건을 잘 따져야 합니다. 공인중개사 말만 듣고 포괄양수도 요건이 안되는데 부가세 신고 때 이 부분을 누락했다면 가산세와 본세를 부담해야하는 불상사가 발생합니다.

세무서에서 고지서 받고 뒤늦게 매수자에게 부가세를 못받았으니 달라고 하면 주지도 않을뿐더러 당초 계약서에 건물분 부가세 별도라는 문구가 없으면 이미 받은 대가에 부가세를 포함해서 받은 것으로 보기 때문에 달라고 할 명분도 없습니다.[12]

반대로 포괄양수도가 아니라고 보수적으로 판단해서 세금계산서 주고받고 신고·납부 다 했는데 세무서에서 포괄양수도 대상이니 부가세 환급이 안된다고 매수자에게 문제삼는 경우도 있습니다. 이 경우 매도자는 부가세를 돌려달라고 별도의 경정청구라는 절차를 취해야 하고, 매수자는 환급대상이 아닌데 환급신고하였으니 초과환급신고가산세 10%와 부가세 매입공제를 토해내야 하는 억울한 상황이 발생되기도 합니다.

건물 매매 시 어떤 경우 포괄양수도를 주의해야 할까요? 대표적인 것이 임차인에게 건물을 매도할 때입니다. 양수받는 사람이 임대인으로서가 아닌 실사용하는 경우 포괄양수도가 안되는 것입니다.

예를 들어 꼬마빌딩 같은 경우 법인 오피스 사옥으로 임대를 주고 있었는데, 임차법인이 아예 건물을 사겠다고 하는 때 또는 임차인이 장사가 너무 잘되서 건물을 아예 사겠다고 하는 경우가 대표적일 것입니다.

---

12) 부가가치세법 기본통칙 29-61…1 【세액이 별도 표시되지 아니한 경우의 과세표준 및 세액계산】
사업자가 재화 또는 용역을 공급하고 그 대가로 받은 금액에 공급가액과 세액이 별도 표시되어 있지 아니한 경우와 부가가치세가 포함되어 있는지 불분명한 경우에는 거래금액 또는 영수할 금액의 110분의 100에 해당하는 금액이 공급가액이 된다.

부가-601(2011.9.30.)

임차인에게 임대 부동산을 양도하는 경우 사업양수도 해당 여부

회신

부동산 등의 임대사업자가 그 임대 부동산 등을 임차인 등에게 그 임대 사업에 관한 모든 권리와 의무를 포괄적으로 승계시키지 않고 단순히 그 임대 부동산 등만을 양도한 경우에는 「부가가치세법 시행령」 제17조 제2항의 사업의 양도에 해당하지 아니하는 것이며, 이에 해당하는 지 여부는 사실판단할 사항입니다.

임대업자가 임차인에게 상가를 양도할 경우 임대인의 권리와 의무(대표적으로 임차보증금에 관한 것)가 포괄적으로 승계되지 않기 때문에 사업의 양도에 해당하지 않는다고 보는 것입니다.(건물분의 10% 부가가치세 납부)

신축해서 매매하는 경우에도 주의가 필요한데, 신축하여 바로 매매하게 되는 경우가 이에 해당됩니다. 건물을 짓고서 바로 매도계약이 된 것은 디벨롭을 성공하고 차익이 확보되었을 것이어서 좋은 상황이지만, 이 경우 건물매각은 부동산매매업이 되는 것이지 임대사업자의 포괄양수도가 아니기 때문에 포괄양수도로 계약서를 쓰면 리스크가 있는 것입니다.

대법 2009두16695(2009.11.16.)

부동산매매업인지 또는 부동산임대업의 포괄양도인지 여부
임대행위는 임대사업자등록의 형식에 불구하고 부동산매매사업활동의 일환으로서 행한 것이어서 부동산의 양도는 부동산매매업자로서 특정재화를 공급한 것에 불과할 뿐 부동산임대사업의 포괄양도로 보기 어려움

하지만 신축한 경우에도 임대를 주다가 매도할 수도 있는데, 대법원 판례처럼 부동산 매매사업 활동의 일환으로 본다면 임대사업자 등록을 냈어도 포괄양수도가 된다는 것인지 안된다는 것인지 판단이 모호한 상황이 많습니다. 이런 경우 억울한 불상사를 방지하기 위해 활용하는 제도로서 대리납부라는 것이 있습니다.[13)]

건물을 매입하는 임대사업의 포괄양수자가 양도자에게 원래는 건물분 부가가치세를 지급하고 양도자가 해당 부가세를 신고·납부하여야 하는데, 대리납부제도를 활용하면 양수자가 양도자에게 부가가치세를 지급하지 않고 국가에 바로 납부합니다. 이 경우 포괄양수도에 해당하는지 여부를 따지지 않고 이를 재화의 공급으로 보아 사업을 양수한 자가 매입세액을 공제받을 수 있습니다. 따라서 사업의 양도에 해당하는지 판단이 분명하지 않은 경우 대리납부를 활용한다면 예측 불안정에 대한 위험을 방지할 수 있습니다.

---

13) 부가가치세법 제52조【대리납부】
④ 제10조 제9항 제2호 본문에 따른 사업의 양도(이에 해당하는지 여부가 분명하지 아니한 경우를 포함한다)에 따라 그 사업을 양수받는 자는 그 대가를 지급하는 때에 같은 호 본문 및 제31조에도 불구하고 그 대가를 받은 자로부터 부가가치세를 징수하여 그 대가를 지급하는 날이 속하는 달의 다음 달 25일까지 제49조 제2항을 준용하여 대통령령으로 정하는 바에 따라 사업장 관할 세무서장에게 납부할 수 있다.

Part 7

가족법인 운영 절세방법과 세무조사 쟁점

Chapter 01 금전대차계약서(차용증) 작성과 세무조사 쟁점

Chapter 02 가족법인 명의로 부동산 매수자 변경 계약 방법과 매수 타이밍 절세 방법

Chapter 03 상법상 익명조합을 활용한 법인 공동투자 절세 방법

Chapter 04 부동산 가족법인의 비용처리와 결손금, 대출 연장의 상관성(차량, 법카, 가족 인건비 등)

Chapter 05 건물 증여할 때의 세무상 쟁점 (부가세, 지료, 건물의 평가)

"가문의 부를 잇는"

부동산 가족법인 절세의 모든 것

Chapter 01

금전대차계약서(차용증) 작성과 세무조사 쟁점

1 금전대차계약서 작성 이유와 필수형식 요소

가족법인을 활용하는 가장 대중적인 방법이 바로 부모의 여유자금을 자녀가 주주인 가족법인에 대여해 주고 법인의 투자 시드로서 활용한다는 것이었습니다. 가족 개인 간의 금전대여일 때와 마찬가지로 과세관청의 눈으로 볼 때 의심을 살 수 있는 정황은 배제하는 것이 리스크 관리 차원에서 당연하기 때문에 금전대차계약서를 작성하는 것입니다.

금전대차계약서의 인정 여부는 거래의 사실관계 등을 종합적으로 판단하기 때문에 차용증을 인정받기 위한 가장 중요한 점은 사회 통념상 제3자 타인 간의 소비대차와 유사한 형식과 실질을 갖추어야 합니다.

① 형식과 필수내용을 갖추어 차용증 작성
② 차용액의 상환 시기, 상환 방법 등의 구체적인 내용 기재
③ 이자율과 이자 지급 시기, 지급 방법 등의 구체적인 내용 기재
④ 차용증 내용과 동일하게 원리금 상환

차용증의 정해진 법적 형식은 없지만, 차용증 내용에는 이자율, 원금 상환일, 이자 지급일을 구체적으로 기재해야 하고, 해당 내용대로 이행하는 것이 가장 중요합니다.

가족 간 또는 특수관계자 간의 금전무상대여 계약서를 작성할 때 주의할 점은 무이자의 차용기간을 무한정 길게하면 안된다는 것입니다. 자녀에게는 2억 원까지, 가족법인을 활용하면 100% 1인 주주 기준 20억 원까지 무이자로 빌려줘도 증여세가 안나오니 무이자로 해도 빌려주는 기간이야 상관없는 것이 아닌가 생각하실 수 있지만, 과세관청 입장에서는 그렇게 보지 않습니다.

예를 들어 무이자로 10년간 대여 이런 식이면 형식만 대여지 그냥 주고 쓴 것과 차이가 없기 때문에 실질적으로 증여한 것과 마찬가지로 볼 위험이 있기 때문입니다. 이런 의심을 방지하기 위해서는 소액이라도 이자 또는 원금을 매달 보내야 하고 금융거래 이체내역으로 적요에 '대여금 이자지급' 또는 '대여원금 부분상환' 이런 식으로 근거를 남겨두셔야 합니다.

또한 계약서 작성일이 소급해서 만든 것이 아니라는 객관성을 갖기 위해서는 공증, 등기소 확정일자, 내용증명 중 선택하여 받아두고 보관하셔야 나중에 국세청 소명 시 편합니다.

2 자금출처 조사와 부채사후관리

가족 개인 간의 금전대여는 이체 되었을 때 당장 어떤 혐의가 포착되지는 않지만, 대여한 목돈으로 자녀가 부동산 등을 취득하는 경우 자금출처 조사 대상으로 선정될 수 있습니다. "자금출처 조사"란 거주자 또는 비거주자의 재산 취득(해외유출 포함), 채무의 상환 등에 소요된 자금과 이와 유사한 자금의 원천이 직업·연령·소득 및 재산상태 등으로 보아 본인의 자금능력에 의한 것이라고 인정하기 어려운 경우, 그 자금의 출처를 밝혀 증여세 등의 탈루여부를 확인하기 위하여 행하는 세무조사를 말합니다.[1)]

만약 자금출처 조사 중에 부동산 취득 원천이 비는 금액 중 일부를 부모로부터의 대여금이라고 소명했는데 금전대차계약서가 없다면 어떤 일이 벌어질까요? 납세자는 빌린 것이라 소명하지만 계약서는 물론 이자나 원금 상환내역도 없다면 객관적으로 빌린 것이라 입증할 수 있는 근거가 없는 것이고 과세관청 입장에서는 목돈을 부모가 그냥 준 것으로 보게 되는 것입니다. 원칙적으로 과세관청은 배우자 및 직계존비속 간의 소비대차는 인정하지 않기 때문에 그렇습니다.[2)]

가족법인의 경우도 마찬가지 혐의로 보게 됩니다. 돈을 부모로부터 빌린 것이라는 기본 근거인 금전대차계약서가 없고 이자나 원금

1) 상속세 및 증여세 사무처리규정 제1조의2 【정의】 제11호

2) 상속세 및 증여세법 기본통칙 45-34…1 【자금출처로 인정되는 경우】

   4. 재산취득일 이전에 차용한 부채로서 영 제10조 규정의 방법에 따라 입증된 금액. 다만, 원칙적으로 배우자 및 직계존비속간의 소비대차는 인정하지 아니한다.

상환 내역도 없다면, 아무리 법인이 채무로 재무상태표를 작성했다 해도 실질이 증여한 것과 같다고 보아 결정을 할 위험이 있습니다.

만약 가족법인에게 20억 원을 빌려주었는데 세무조사 시 실질과세원칙을 적용하여 20억 원을 법인에게 증여한 것으로 본다면, 20억 원에 대한 자산수증이익 법인세 뿐만 아니라 주주 인별로 받은 혜택이 1억 원 이상인지 따져서 주주에게 인별 증여세까지 과세될 위험이 있는 것입니다.

그럼 금전대차계약서를 작성했다면 다 인정을 받을 수 있을까요? 이 역시도 형식상 계약서는 작성했지만, 앞서 언급한 것과 마찬가지로 이자나 원금 상환내역이 없다면 실질적으로 그냥 준 것이 아니냐는 과세관청의 의심에서 벗어나기 힘듭니다. 그렇기 때문에 각종 유튜브나 블로그에서 이자나 원금 상환 근거를 남겨두라는 이야기를 하는 것입니다.

개인으로 빌릴 때는 약 2억 1,700만 원, 1인 주주인 가족법인으로 빌릴 때는 약 21억 7천만 원까지 무이자로 빌려도 증여세가 별도로 나오지는 않는데, 법정이자율 4.6%로 1년 이자를 계산 시 각 1천만 원, 1억 원 미만으로 각 증여세 과세기준이 안되기 때문입니다.

금전무상대여 증여세가 안나오는 정도의 대여금액에 대해서는 무이자로 하여도 증여세 이슈가 발생하지 않지만, 금전대차 관계를 인정받기 위해서는 일반적인 거래들과의 유사성이 중요하기 때문에 만약 원금상환이 아니라 이자로 받는다면 법정이자율에 미치지 못하더라도 소액이자를 매월 계좌이체로 주고받는 것이 좋습니다.

만약 부모에게 이자를 지급했는데, 이자 지급한 자녀나 가족법인이 이자소득 원천징수를 하지 않았다면 부모의 전체 이자·배당소득이 2천만 원 이하여서 금융소득 종합과세 대상이 아니더라도 원천징수 안된 이자소득은 종합소득세 신고 시 이자를 타소득과 합산하여 신고해야 합니다.

만약 자녀나 가족법인이 이자지급 시 비영업대금의 이익을 25% 원천징수하여 신고·납부하고 이자배당소득이 2천만 원 이하인 경우는 종합소득 합산과세 대상이 아니고 원천징수 분리과세로 끝이 납니다.[3)]

여기서 문제는 부모에게 이자를 지급하였어도 매번 지급 시마다 알아서 원천징수하여 신고·납부하는 경우는 거의 없기 때문에 부모들도 소득세 신고 시 이자소득을 누락한다는 것입니다.

자금출처 조사 중에 부모에게 금전을 대여한 계약서와 이자지급 내역까지 갖추어 과세관청에게 증여받은게 아니라 사인 간 대여금으로 인정을 받았다면, 과세관청은 그 이자지급내역으로 부모님은 종합소득세 신고 시 합산하여 반영했는지 여부까지 검토하고 반영

---

3) 소득세법 제14조 【과세표준의 계산】

③ 다음 각 호에 따른 소득의 금액은 종합소득과세표준을 계산할 때 합산하지 아니한다.

6. 제3호부터 제5호까지의 규정 외의 이자소득과 배당소득(제17조 제1항 제8호에 따른 배당소득은 제외한다)으로서 그 소득의 합계액이 2천만 원(이하 "이자소득등의 종합과세기준금액"이라 한다) 이하이면서 제127조에 따라 원천징수된 소득

안되었으면 누락된 본 소득세에 과소신고가산세 10%와 납부지연가산세까지 합산하여 과세하게 됩니다.

따라서 금전대차계약서와 이자 지급근거를 만들어 두고 완벽대비를 했다고 생각하셨더라도 부모님이 이자를 소득세 신고 시 반영했는지까지 챙겨야 합니다. 이런 번거로움 때문에 무이자 대여금 범위안에서(개인으로 2억 원, 가족법인으로 1인 주주 기준 20억 원) 금전대차계약을 한다면, 이자보다는 원금상환으로 지급액, 정기적 지급시기를 정해 계약서 내용을 작성하는 경우도 많습니다.

하지만 정말 핵심은 부모로부터 대여금으로 인정을 받는다면 나중에 국세청의 부채사후관리를 받는다는 것입니다.[4] 이번 자금출처 조사 때 증여가 아닌 금전대여로 소명하고 넘어갔으니 나중에 이 대여금을 자녀가 몰래 가져도 문제 없겠지 하고 생각하는 분들이 있을 수 있는데 그렇지 않습니다.

---

4) 상속세 및 증여세 사무처리규정 제54조【부채의 사후관리】
① 지방국세청장 또는 세무서장은 다음 각 호의 어느 하나에 해당하는 경우 해당 납세자의 채무정보를 NTIS(엔티스)에 입력하여야 한다.
1. 상속세 및 증여세의 결정 등에서 인정된 채무
2. 자금출처 조사 과정에서 재산취득자금으로 인정된 채무
3. 재산 취득에 사용된 채무 내역서로 제출된 채무
4. 기타 유사한 사유로 사후관리가 필요한 채무
② 지방국세청장 또는 세무서장은 상환기간이 경과한 채무에 대하여 사후관리 점검을 실시하여야 한다. 다만, 상환기간 경과 전이라도 일정기간이 경과한 장기채무로서 변제사실 확인이 필요한 경우 점검 대상자로 선정할 수 있다.
③ 지방국세청장 또는 세무서장은 제2항의 부채 사후관리 대상자에게 해명할 사항을 기재한 「부채 상환에 대한 해명자료 제출 안내(별지 제17호 서식)」와 「권리보호 요청 제도에 대한 안내(별지 제25호 서식)」를 납세자에게 서면으로 발송하여야 한다.
④ 지방국세청장 또는 세무서장은 사후관리 결과 채권자 변동이나 채무감소(변동) 등이 확인된 경우에는 즉시 그 내용을 NTIS(엔티스)에 입력하여야 한다.

자금출처 조사나 기타 재산 취득에 사용된 채무로서 국세청에서 인정해준 채무는 아래 보도자료에서 보듯이 모두 국세청 전산망에 입력하여 사후관리하게 되어 있습니다. 입증자료로 제시한 채무의 상환기간이 지나면 사후관리를 통하여 실제로 자금이 상환되었는지, 그리고 그 상환된 자금의 원천이 어디서 나왔는지 등을 조사하고 있습니다.

국세청 National Tax Service	보도자료	힘내라 대한민국
보도일시	2020. 7. 28.(화) 12:00부터 사용하여 주시기 바랍니다.	

생산 부서:	자산과세국 부동산납세과	발 표 자	김태호 자산과세국장	
	상속증여세과	담당 과장	김길용 과 장	(044)204-3401
	조 사 국 조 사 2 과		한지웅 과 장	(044)204-3441
			이은규 과 장	(044)204-3601
배포 일자:	2020년 7월 28일	담 당 자	박현수 사무관	(044)204-3417
			김대철 사무관	(044)204-3457
			안수아 사무관	(044)204-3612

다주택 취득자 등 부동산 거래관련 탈세혐의자 413명 세무조사 착수

- 법인설립 다주택 취득자, 업·다운 계약혐의자, 탈세혐의 중개업자 등 중점조사 -

부채사후관리 강화 및 위법사항 엄정조치

□ 검증결과 취득자금이 **적정한 차입금으로 확인된 경우**에는 향후 원리금 상환이 자력으로 이루어지는 지 여부에 대해 **부채 상환 전 과정을** 끝까지 **사후관리*** 하고

* 부채 사후관리 점검횟수 연 1회 → 2회로 확대

○ 상환과정에서 **대리변제** 등이 **확인**될 경우 조사전환하여 **탈루**된 **세금**을 **추징**하겠습니다.

따라서 금전대차계약서를 부모와 작성한다면, 계약서의 형식요건을 전부 갖추고 이자 또는 원금상환 내역을 계좌 이체로 근거를 마련해야 합니다. 무엇보다 중요한 것은 자녀가 실질적으로 계약서 상 상환액을 지급 가능한 정도의 경제력을 갖추고 있어야 한다는 겁니다. 또한 ① 이자를 지급한 것이면 부모의 소득세 신고 시 이자소득 누락되지 않게 주의, ② 대여금으로 인정을 받았다면 부채사후관리를 대비하여 대여금 연장 계약 또는 원금상환 시는 소득의 출처를 준비해야겠습니다.

3 가족법인과의 금전대차계약서

부채사후관리 등 자녀 개인이 돈을 빌렸을 때를 기준으로 설명드렸는데, 가족법인에 대여해 준 자금은 국세청에서 어떻게 검증하게 될까요?

부모가 준 것이 아니고 빌려준 돈이기 때문에 부모님이 돌아가신다면, 상속재산 중 받아야 할 채권으로 반영되어 상속세를 내야 합니다.

따라서 그냥 빌려준 상태로만 둔다면 상속세 절세로는 의미가 없는 것입니다. 만약 가족법인에 자금을 빌려주고 10년 안에 돌아가신다면, 상속세 조사하면서 계좌조회를 10년은 기본으로 하기 때문에 계좌이체 내역으로 가족법인에 돈이 흘러간 정황이 드러날 수밖에 없습니다.

만약 과세관청이 가족법인에 대여한 금액을 증여로 본다면, 가족법인의 자산수증이익 법인세(법인세는 과세가능한 일반 제척기간 5년)와 함께 특정법인의 주주인 자녀에게도 주주별 1억 원 이상의 증여이익에 대해 증여세 무신고이므로 증여세가 추가로 과세됩니다.

또한 사전증여재산이므로 상속인인 자녀 주주에게 증여된 것은 10년 내 사전증여재산 합산, 상속인 외의 자인 가족법인에게 증여된 것은 5년 내 사전증여재산 합산하여 상속세 과세표준을 구성하게 됩니다.

가족법인에게 이체된 돈이 대여로 인정받았다면, 앞서 소개한 심판례[5]에 따라 특정법인 주주에게 금전무상대여 이익 증여세가 과세되지 않았더라도 돈을 빌려준 부모님이 돌아가시면, 가족법인 자체가 상속인 외의 자이므로 5년 간의 금전무상대여이익을 사전증여로서 상속세 과세표준에 합산하여 반영해야 합니다.

금전무상대여이익이 사전증여로 합산되더라도 대여금을 인정받는 것이 대여금 아닌 증여로 볼 경우보다는 세액부담이 월등히 줄어들기 때문에 나중에 상속세 조사를 대비해서라도 금전대차계약서의 형식요건과 이자 또는 원금 상환근거들을 잘 갖춰 놓으시길 권해드립니다.

---

5) 조심 2022서2030(2022.9.7.)

Chapter 02

가족법인 명의로 부동산 매수자 변경 계약 방법과 매수 타이밍 절세 방법

1 매수자 변경 계약

꼬마빌딩이나 매력적인 토지 등을 잡기 위해 아직 법인이 없는 경우 일단 계약금부터 이체해야 하는 경우도 많습니다. 근생빌딩이나 예상 차익이 큰 토지의 경우 법인으로 해야 개인보다 유리하다고 말은 많이 들었는데, 아직 법인을 만들지도 않았고 컨설팅 받은 것도 아닌데 갑자기 물건부터 잡아야 하는 그런 경우는 특약사항에 매수자 변경 조건을 넣으면 됩니다.

매도자와 협의하여 계약서 특약사항에 매수자 변경이 가능하다고 넣으면 법인 설립이 2주 정도면 마무리 되기 때문에 무리없이 진행이 가능합니다. 이 때 개인 명의로 계약금 이체한 것을 다시 돌려받고, 법인 명의 계좌에서 계약금을 보내서 부동산 매매계약서를 재작성하면 됩니다.

만약 매도인이 계약금을 이미 써버려서 다시 돌려줄 상황이 안되면, 계약금 이체한 분과 가족법인이 금전대차계약서를 써서 대여금을 기이체한 매매 계약금으로 대체하고 매수자의 지위를 법인이 승계하는 것으로 회계처리도 이에 맞춰서 작성하면 됩니다.

2 매수 타이밍

투자자들에게 기본이기도 한데, 매수 타이밍에 대한 절세 포인트는 재산세나 종부세 기준일인 6.1일을 넘겨서 잔금을 치러야 매도자에게 그해의 재산세, 종부세가 고지됩니다. 반대로 매도자의 입장이라면 잔금일을 6.1일 이전으로 해야 매수자에게 재산세, 종부세가 고지되는 점 기억하셔야 합니다.

만약 부동산 불장이어서 법인으로 아파트 단기 매매를 목적으로 주택을 매수하는 경우는 종부세의 부담이 매우 크고 종부세 부담 여부에 따라 수익률 차가 크게 납니다. 이런 때 매매계약시 6.1일 기준으로 서로 양보가 안되는 상황이라면, 매도하는 사람이 다주택자이거나 종부세가 큰 사람이 아니면 재산세 정도를 그냥 내주고 6.1일 이후 잔금으로 매수하는게 훨 유리하니 유연한 대처도 팁입니다.

Chapter 03

상법상 익명조합을 활용한 법인 공동투자 절세 방법

좋은 투자성이 있는데 사업의 단위가 큰 경우에는 혼자하기 어렵습니다. 뜻이 같은 믿을만한 사람들과 투자를 컨트롤하는 사람이 있는 경우 공동프로젝트를 진행하기도 하는데, 이때 어떤 식으로 구조를 짜야 투자수익을 극대화하는 절세효과를 누릴 수 있을지 고민이 됩니다. 통상은 투자용 법인을 만들어 투자금을 넣는 사람들이 다수 참여를 하게 되는데, 돈을 대는 입장에서 투자용 법인에 주주로서 들어갈지, 주주도 개인으로 들어갈지 법인으로 들어갈지 선택의 사항이 많아집니다.

내가 개인이든 법인이든 주주로 들어가면, 법인에 대한 주주로서의 권리와 통제권을 갖게 되는 장점이 있어서 투자를 컨트롤하는 소위 PM(Project Manager)을 견제하는 역할을 할 수 있습니다. 하지만 사공이 많아지면 진척이 안되고 의견충돌이 잦아지기 때문에 투자진도와 효율성은 떨어질 수 있습니다. 믿을만한 PM이라면 내가 관련 지식과 경험이 월등하지 않는 이상 그냥 일임하는 것이 낫기도 해서 장·단점이 있습니다.

하지만 물건을 매각이나 운용 시 배분받는 수익성 측면에서는 주주로 참여하는 것이 효율은 떨어집니다. 투자용 법인에서 수익이 발생한 후 주주에게 배분할 때는 배당으로 지급하는 것인데, 배당은 비용처리가 안되기 때문에 수익에 대해 온전히 법인세를 다 내고 남은 세후 소득으로 배분을 해야해서 배분받는 파이가 법인세 낸 만큼 줄어들게 됩니다.

예를 들어 투자용 법인에서 100억 원의 순차익을 낸 경우 우선 법인세를 20.68억 원을 내고 79.32억 원이 배당으로 나눌 수 있는 파이가 됩니다. 하지만 투자자들에게 배분해 주는 것이 배당이 아닌 비용으로 처리될 수 있다면 세금으로 낸 20.68억 원까지 나눌 수 있는 파이가 됩니다.

극단적으로 100억 원의 순차익을 투자자들에게 전액 배부하고 비용처리하여 과세표준이 0이 된다면, 투자용 법인의 법인세는 0원이고 100억 원 전체를 배부할 수 있는 것입니다. 이런 구조를 활용할 수 있는 방법이 상법상 익명조합을[6] 활용하는 것인데, 투자용 법인

---

6) 상법

제78조【의의】 익명조합은 당사자의 일방이 상대방의 영업을 위하여 출자하고 상대방은 그 영업으로 인한 이익을 분배할 것을 약정함으로써 그 효력이 생긴다.

제79조【익명조합원의 출자】 익명조합원이 출자한 금전 기타의 재산은 영업자의 재산으로 본다.

제80조【익명조합원의 대외관계】 익명조합원은 영업자의 행위에 관하여서는 제3자에 대하여 권리나 의무가 없다.

제82조【이익배당과 손실분담】 ① 익명조합원의 출자가 손실로 인하여 감소된 때에는 그 손실을 전보한 후가 아니면 이익배당을 청구하지 못한다.

② 손실이 출자액을 초과한 경우에도 익명조합원은 이미 받은 이익의 반환 또는 증자할 의무가 없다.

③ 전2항의 규정은 당사자 간에 다른 약정이 있으면 적용하지 아니한다.

에 주주가 아닌 익명 조합원으로서만 참여하는 것입니다.

차익을 크게 누릴 수 있는 구조이지만, PM을 익명조합의 영업자로 지정하고 모든 권한을 일임하되 투자손실에 대해서도 투자자가 같이 분담을 하는 구조입니다. 따라서 PM을 전적으로 믿고 투자책임에 대해서도 감수하겠다는 것이 전제가 되어야 가능한 구조입니다.

출자금을 전액 손실한 경우에도 추가적인 출자의무를 부담하는 것은 아니지만 조합원들은 투자한 금액의 범위 내에서 각자 배분비율에 맞는 손실을 분담하는 것이라 보면 됩니다. 물론 투자 차익만 난다면 문제될 것이 없으나, 투자금액이 수억 원 단위가 들어가는데 손실이 난 경우라면 고통과 책임이 뒤따르기 때문입니다.

1 세법상 익명조합 구조의 취급

상법상 익명조합에서 어떻게 이론적으로 배당이 아닌 비용처리가 가능한지가 세법상 쟁점입니다. 투자용 법인의 주주와 투자자로서 참여하는 익명조합원의 지위는 완전 다른 것이고, 조합원은 주주가 아니기 때문에 투자용 법인의 자본금을 출자하는 것도 아닙니다.

대법 2015두48693(2017.1.12.)

법인세 부과처분취소

판결요지

구 법인세법(2010.12.30. 법률 제10423호로 개정되기 전의 것, 이하 같다) 제18조의2 제1항, 제18조의3 제1항 제1호, 제2호의 문언과 체계를 종합하면, 구 법인세법 제18조의3 제1항에 따라 익금불산입 대상이 되는 '내국법인이 출자한 다른 내국법인으로부터 받은 수입배당금'은 내국법인이 다른 내국법인에 출자를 함으로써 법인의 주식 등을 취득하고 주주 등의 지위에서 다른 내국법인에 대한 출자지분 등에 비례하여 받는 '이익의 배당액이나 잉여금의 분배액과 제16조의 규정에 따른 배당금 또는 분배금의 의제액'을 의미한다.

그러므로 내국법인이 익명조합계약을 체결하여 다른 내국법인의 영업을 위하여 출자하고 다른 내국법인은 영업으로 인한 이익을 분배하기로 약정한 다음 이에 따라 익명조합원의 지위에 있는 내국법인이 영업자의 지위에 있는 다른 내국법인에 출자를 하는 경우에, 내국법인이 출자를 통하여 다른 내국법인의 주식 등을 취득하거나 주주 등의 지위에 있게 되는 것이 아니므로, 출자를 한 내국법인이 영업자의 지위에 있는 다른 내국법인으로부터 지급받는 돈은 익명조합원의 지위에서 출자 당시 정한 손익분배약정에 따라 지급받는 것에 불과할 뿐 주주 등이 받는 배당액이나 구 법인세법 제16조의 의제배당금 등에 해당할 여지가 없다.

따라서 익명조합원의 지위에 있는 내국법인이 익명조합계약에 따라 영업자의 지위에 있는 다른 내국법인으로부터 지급받는 돈은 구 법인세법 제18조의3 제1항에 따라 익금불산입 대상이 되는 '수입배당금액'이 아니다.

세법상으로 투자자들은 익명조합에 대여금으로 출자하는 것이고 따라서 받는 소득도 이자소득, 지급하는 법인은 이자비용으로 처리됩니다.

서면-2018-법인-2920(2019.10.6.)

법인이 자신의 영업을 위하여 개인과 「상법」 제78조에 따른 익명조합계약을 체결하고 「조세특례제한법」 제100조의17 규정에 따라 동업기업 과세특례의 적용을 신청하지 않은 경우 익명조합원으로부터 출자받은 금액에 대하여 「상법」 제82조의 규정에 따라 이익분배 시 해당 이익분배금은 당해 법인의 각 사업연도 소득금액 계산상 손금(이자비용)에 산입하는 것입니다.

조심-2013-서-0327(2015.7.3.)

청구법인이 포함된 익명조합의 경우 익명조합에의 출자를 금전대여로 봄이 타당하고, 대여한 금전에 따라 분배한 쟁점이익배분액은 청구법인의 이자비용이라 할 것이며, 쟁점이익배분액 이상의 금액이 2012년 실제 지급되어 금액이 2009사업연도에 확정된 것으로 볼 수 있으므로, 쟁점이익배분액은 2009사업연도 귀속 손금이라 할 것임.

다만 금융사업목적의 대여가 아닌 비영업대금에 대한 이자소득이므로[7] 원천징수는 27.5%(지방소득세 포함)가 됩니다.[8] 이 원천징수되는 구조 때문에 개인보다는 가족법인을 만들어 공동투자에 참

---

7) 소득세법 시행령 제26조 【이자소득의 범위】
③ 법 제16조 제1항 제11호에 따른 비영업대금(非營業貸金)의 이익은 금전의 대여를 사업목적으로 하지 아니하는 자가 일시적·우발적으로 금전을 대여함에 따라 지급받는 이자 또는 수수료 등으로 한다.

8) 법인세법 제73조 【내국법인의 이자소득 등에 대한 원천징수】
① 내국법인(대통령령으로 정하는 금융회사 등의 대통령령으로 정하는 소득은 제외한다)에 다음 각 호의 금액을 지급하는 자(이하 이 조에서 "원천징수의무자"라 한다)는 그 지급하는 금억에 100분의 14(「소득세법」 제16조 제1항 제11호의 비영업대금의 이익인 경우에는 100분의 25)의 세율을 적용하여 계산한 금액에 상당하는 법인세(1천원 이상인 경우만 해당한다)를 원천징수하여 그 징수일이 속하는 달의 다음 달 10일까지 납세지 관할 세무서등에 납부하여야 한다.

여하라는 것입니다. 개인의 경우 이자소득이 2천만 원을 넘어가는 경우 금융소득합산과세 되어 다른 소득과 통산하여 높은 누진세율을 적용받게 됩니다.[9] 또한 개인의 이자소득이 2천만 원 이하인 경우 원천징수된 27.5% 분리과세만으로 세금을 종결할 수 있지만 원천징수된 세금을 돌려 받지 못합니다.

반면에 가족법인을 만들어 투자하게 되면 200억 원까지는 20.9%(지방소득세 포함)의 세율만 적용받게 되며, 2천만 원 이하의 이자만 받는 경우도 법인세 구조상 기납부세액원으로 원천징수된 27.5%를 차감하여 낼 세금에서 빼든지, 환급받든지 할 수 있습니다.[10]

따라서 공동투자를 하는 경우에도 가족법인을 설립하여 법인으로 익명조합의 조합원으로서 참여를 해야 높은 소득세 누진세율 회피 및 투자소득과 개인소득을 분리할 수 있습니다. 또한 법인으로 투자 시 투자 대여금에 대한 이자소득도 2천만 원 기준 상관없이 원천징된 세금 그대로 차감받을 수 있기 때문에 투자 전에 법인 설립을 고려해 보시길 권해드립니다.

---

9) 소득, 서면인터넷방문상담1팀-708, 2006.5.30.
익명조합계약을 체결하고 익명조합원으로부터 출자받은 금액에 대하여 같은 법 제82조의 규정에 따라 그 영업으로 인한 이익을 분배함에 있어, 동 이익분배금이 재법인 46012-11(2002.1.16.)호에 따라 익명조합원의 이자소득에 해당한다면 익명조합원은 동 이익분배금(비영업대금이익)을 포함한 금융소득이 4천만 원을〈*현행법은 2천만 원 초과〉 초과하게 되는 경우 금융소득종합과세 대상이 되어 소득세법 제62조의 규정에 의해 이자소득 등에 대한 종합과세 시 세액계산의 특례가 적용되는 것입니다.

10) 법인세법 제71조 【징수 및 환급】
④ 납세지 관할 세무서장은 제63조, 제63조의2, 제69조, 제73조 또는 제73조의2에 따라 중간예납·수시부과 또는 원천징수한 법인세액이 각 사업연도의 소득에 대한 법인세액(가산세를 포함한다)을 초과하는 경우 그 초과하는 금액은 「국세기본법」 제51조에 따라 환급하거나 다른 국세 및 강제징수비에 충당하여야 한다.

Chapter 04

부동산 가족법인의 비용처리와 결손금, 대출 연장의 상관성 (차량, 법카, 가족 인건비 등)

부동산 가족법인을 운영함에 있어 개인과 가장 큰 차이는 바로 경비처리 부분입니다. 법인의 경비처리 부분이 법인 운영의 묘미일 수도 있는 반면, 함부로 했다가는 개인일 경우보다 더 큰 세금을 내기도 합니다.

1 인건비

개인사업자와 법인 사업자의 가장 큰 차이는 바로 대표자의 인건비를 경비처리할 수 있는가 입니다. 개인은 사업을 운영하고 있는 자신과 사업자가 결국 같은 개체이고 사업 잉여금이 자신의 몫이기 때문에 별도의 대표자 인건비를 비용으로 인정하지 않습니다.

반면에 법인의 경우 대표이사와 법인은 별개의 인격체이고 대표이사도 마음대로 법인의 돈을 가져갈 수 없으며, 상법의 정해진 절차와 세법에 맞게 임원의 급여, 상여, 퇴직금 규정에 따라 가져갈 수 있습니다.

인건비 세무조사 관점에서 주의할 점은 가족 인건비와 임원의 상여입니다.

① 가족 인건비

법인이 조사대상으로 선정되면 가족 인건비의 경우 국세청 전산에서 기본으로 내역이 나옵니다. 실제 근무하지 않았다면 바로 적출대상이 됩니다. 더구나 부동산 임대 가족법인의 경우 가족이 직원으로 들어갈 정도의 업무 명분을 만들기도 쉽지 않습니다.

건물 관리 등을 실제 맡아서 수행하면 몰라도 고액 자산가의 가족들이 이런 일을 직접 시간들여 한다는 것은 세무공무원이 잘 믿지 않기 때문에 실제 근무를 한다면 객관적 근거 마련이 중요합니다.

실제 근무를 했다 해도 근거 서류 준비가 되지 않으면 과세를 해 버립니다. 결국 납세자가 사실관계 입증을 해야 하는 것이어서 얼만큼 과거 근거자료를 가지고 있는지가 관건입니다.

[세무조사시 가족 인건비 관련 요청자료]

1. 실제 근무했던 내역(결재문서, 품의자료, 이메일 발송 내역 등등)
2. 출근 기록부, 출근 차량 입차출차 기록
3. 출근 테그 내역, 전산시스템 로그인 내역

세무조사 나왔을 때 기본적으로 요청하는 자료들입니다. 실제 사업을 운영하는 법인이면 몰라도 부동산 임대 가족법인의 경우 가족이 직원으로서 근무 한다는 입증자료는 더더욱 갖추기 어려워 가능하면 넣지 말라고 권해드립니다. 만약 가족을 임직원으로 넣는다면 임대료 수금 관리나 건물 관리 등의 명분과 실제 수행 근거가 있어야 하겠습니다.

통상은 세무조사 때 실제 자료를 제출한 경우에도 샘플로 몇 개만 제출한 경우에는 과세관청이 쉽게 인정해 주지 않습니다. 양적으로 일단 자료가 많고 내용도 업무관련성이 담겨야 합니다.

그리고 양적인 근거자료를 제출해도, 국세청은 자료 낸다고 쉽게 다 소명을 인정해 주진 않습니다. 세무조사관들도 가족 인건비라 하면 선입견을 갖고 허위로 보기 때문에 결국 인건비에 상응하는 정도의 업무를 실제 하였는지를 다시 따집니다. 이건 주관적인 부분도 있기 때문에 근거자료에 별 내용이 없거나, 인건비 금액이 하는 일 대비 과다하면 공격 포인트가 됩니다.

하지만 정성적인 판단은 개인의 주관성이 들어가기 때문에 실제 업무 근거자료가 있다면, 이를 함부로 무시할 수는 없으니 가장 중요한 것은 실제 근무의 입증자료라 할 수 있습니다.

가족으로 인건비를 넣으면 의심을 사니 관리인, 환경미화 명목으로 간혹 주변 백수를 이용하여 인건비를 넣는 분들도 있습니다. 백수인 지인들 동원해서 인건비를 지급하고 다시 몰래 현금을 돌려받는 수법입니다.

만약 제3자를 넣었는데도 조사 때 허위 인건비 의심을 받는 상황이라면, 국세청이 요구하는 자료들은 똑같습니다. 어떤 업무를 하고 지급을 한 것인지 제공받은 업무의 근거를 요청합니다.

그리고 명의도용한 인력의 인건비 금액이 크면 이체받은 사람의 계좌 조회를 할 수도 있습니다. 그 계좌에서 급여를 받자마자 전액 인출한 내역이 있다면 강력한 과세근거가 됩니다.

법인에서 인건비가 부인되면 법인세만 과세되는게 아니라 대표이사 상여처분으로 소득세까지 과세되니 욕심을 내서 함부로 비용을 넣으면 안됩니다.

심한 경우는 지방에 계신 연로한 부모님과 대학생인 자녀를 직원으로 넣고 인건비 처리해달라고 하시는 분도 있었는데, 이건 세무서에서 정보가 확인되는 사항이고 지적된다면 실제 근무 자료 입증 못할 시 비용부인에 대표자 상여처분 사항으로 소득세까지 각오하셔야 합니다.

② 임원의 상여

보통 가족법인을 만드는 경우 신용도가 가장 좋은 부모를 대표이사로 두는 경우가 많습니다. 건물을 취득할 때 대출을 어느 정도 일으키는 경우가 많은데, 자녀보다는 대외적 신용도가 높은 부모를 대표이사로 해야 은행에서 부담이 없기 때문입니다.

사실 고액 자산가인 부모는 급여를 굳이 안받아가도 생활에 문제가 없는 경우가 많고 연세도 높기 때문에 생활비 정도만 급여를 받아가도 되는 경우가 많습니다.

하지만 나중에 부동산 가족법인이 현금흐름이 안정화되고 건물 매각차익 등 잉여금이 쌓이고 대표이사를 자녀에게 넘겨주게 되면 자녀는 급여나 상여를 많이 가져가야 할 상황이 올 때가 있습니다.

하지만 임원의 급여·상여가 계획없이 과다하게 실행되면 과세관청이 문제를 삼을 수 있는데, 소주 주주가 지배하는 법인이나 중소기업의 경우 주주 겸 대표이사 지위에 있는 자가 자기 보수를 자의적 기준에 의해 정할 수 있기 때문에 그렇습니다.

과다하게 보수를 책정 시 대외적으로 보수의 형식을 취했을 뿐, 법인의 유보된 이익을 분여하기 위함이라는 국세청의 시각과 법원의 판단이 있기 때문에 상여를 높게 측정해서 가져가야 하는 경우 급작스레 결정하면 안됩니다. 임원의 상여를 높게 가져가기 위해서는 제반 절차와 정황 등 근거를 갖춰두고 계획성 있게 실행해야 하기 때문에 사전에 전문가와 상담을 하고 실행해야 합니다.

[체크리스트]

① 지배주주인 임원의 보수가 동일직위 지배주주 아닌 임원에 대한 보수를 초과하는가? (동종업계 동일직위 임원들의 보수와 격차 유무 포함)

② 정관, 주주총회의 지급기준을 초과한 임원의 보수인가?

③ 지급기준 한도 이내라 하더라도 구체적 지급기준이 있는가? (산정근거, 성과평가 방법 등 임의적이지 않아야 함)

④ 위의 구체적 지급기준이 없다면 지급된 보수를 책정한 당시 합리적으로 인정할 만한 법인에 대한 기여도가 있는가? (영업성과 등)

⑤ 종합적 사실판단 사항
  - 보수가 법인 영업이익에서 차지하는 비중과 규모
  - 보수의 증감 추이 및 법인 영업이익과 비례성 여부
  - 그 해만 누적된 이익을 지급하는 것인지 향후에도 지속적 지급가능한 수준인지
  - 당기 이익을 감소시켜 법인세를 축소하려는 의도
  - 지배주주 등 특정인을 위한 보상인지

대법 2015두60884(2017.9.21.)

상고이유를 판단한다.

1. 2006 사업연도 내지 2009 사업연도 법인세 부과처분에 대하여

가. 구 법인세법(2010.12.30. 법률 제10423호로 개정되기 전의 것, 이하 같다) 제19조 제1항, 제20조 제1호 본문에 의하면 이익처분에 의하여 손비로 계상한 금액을 원칙적으로 손금에 산입하지 않도록 하고 있고, 제26조 제1호는 인건비 중 대통령령이 정하는 바에 따라 과다하거나 부당하다고 인정되는 금액은 내국법인의 각 사업연도의 소득금액을 계산할 때 손금에 산입하지 않도록 규정하고 있으며, 그 위임에 따라 법인세법 시행령 제43조 제1항은 '법인이 그 임원 또는 사용인에게 이익처분에 의하여 지급하는 상여금은 이를 손금에 산입하지 아니한다'고 규정하고 있다.

법인이 임원에게 직무집행의 대가로서 지급하는 보수는 법인의 사업수행을 위하여 지출하는 비용으로서 원칙적으로 손금산입의 대상이 된다. 하지만 앞서 본 규정들의 문언과 법인의 소득을 부당하게 감소시키는 것을 방지하기 위한 구 법인세법 제26조, 법인세법 시행령 제43조의 입법취지 등에 비추어 보면, 법인이 지배주주인 임원(그와 특수관계에 있는 임원을 포함한다)에게 보수를 지급하였더라도,

1) 그 보수가 법인의 영업이익에서 차지하는 비중과 규모
2) 해당 법인 내 다른 임원들 또는 동종업계 임원들의 보수와의 현저한 격차 유무
3) 정기적·계속적으로 지급될 가능성
4) 보수의 증감 추이 및 법인의 영업이익 변동과의 연관성
5) 다른 주주들에 대한 배당금 지급 여부
6) 법인의 소득을 부당하게 감소시키려는 주관적 의도 등
7) 제반 사정을 종합적으로 고려할 때, 해당 보수가 임원의 직무집행에 대한 정상적인 대가라기보다는 주로 법인에 유보된 이익을 분여하기 위하여 대외적으로 보수의 형식을 취한 것에 불과하다면, 이는 이익처분으로서 손금불산입 대상이 되는 상여금과 그 실질이 동일하므로 법인세법 시행령 제43조에 따라 손금에 산입할 수 없다고 보아야 한다.

또한 증명의 어려움이나 공평의 관념 등에 비추어, 위와 같은 사정이 상당한 정도로 증명된 경우에는 보수금 전체를 손금불산입의 대상으로 보아야 하고, 위 보수금에 직무집행의 대가가 일부 포함되어 있어 그 부분이 손금산입의 대상이 된다는 점은 보수금 산정 경위나 그 구성내역 등에 관한 구체적인 자료를 제출하기 용이한 납세의무자가 이를 증명할 필요가 있다.

나. 원심이 인용한 제1심판결 이유와 기록에 의하면 다음과 같은 사실을 알 수 있다.

(1) 원고는 2002.11.27. 설립되어 대부업을 영위하고 있고, ○○○는 원고의 1인 주주 겸 대표이사이다.
(2) 원고는 ○○○에게 월 3,000만 원 이하의 보수를 지급하다가, 2005 사업연도(2004.4.1.부터 2005.3.31.까지) 중인 2005.1.부터 월 3억 원으로 인상하는 등 2005 사업연도에는 합계 30억 7,000만 원을 지급하였고, 2006 사업연도부터 2009 사업연도까지는 매년 36억 원을 지급하였다.

(3) 피고는 원고가 2005 사업연도부터 2009 사업연도까지 ○○○에게 지급한 보수가 과다하다는 이유로 동종 대부업체 12개 중 대표이사의 급여가 높은 상위 3개 업체의 대표이사 급여 평균액을 초과하여 지급된 급여를 손금에 산입하지 아니하여 2010.9.1. 2005 사업연도 내지 2009 사업연도 법인세를 부과하는 이 사건 처분을 하였다.

다. 이러한 사실관계와 더불어 기록에 의하여 알 수 있는 다음과 같은 사정들을 앞서 본 법리에 비추어 살펴보면, 원고가 ○○○에게 2006 사업연도부터 2009 사업연도까지 지급한 이 사건 보수는 특별한 사정이 없는 한 대표이사의 직무집행에 대한 정상적인 대가라기보다는 법인에 유보된 이익을 분여하기 위하여 보수의 형식을 취한 것으로서 실질적인 이익처분에 해당하여 손금불산입의 대상이 된다고 보아야 한다.

(1) ○○○는 원고의 1인 주주이면서 대표이사로서 원고 회사에서 자신의 보수를 별다른 제약 없이 자유롭게 정할 수 있는 지위에 있고, 다른 임원들과는 달리 기본급, 수당 등 보수의 구성항목이 정하여져 있는 연봉계약서를 작성한 사실도 없다.

(2) 2005 사업연도 내지 2009 사업연도 중 ○○○의 보수를 차감하기 전 원고의 영업이익에서 ○○○의 보수가 차지하는 비율은 약 38% 내지 95%에 달하여 동종업체의 평균 수치인 5% 내지 9%에 비하여 비정상적으로 높다.

(3) 이 사건 보수는 같은 기간 원고의 또 다른 대표이사인 최○○, 이사 이○○의 보수(연 7,000만 원)의 약 50배에 달하고, 원고와 사업규모가 유사한 동종업체 중 상위 3개 업체의 대표이사들의 평균 연봉(약 5억 원에서 8억 원)과도 현격한 차이를 보이고 있다.

(4) ○○○의 보수는 영업이 적자 상태였던 2004 사업연도까지는 월 3,000만 원 이하였으나, 최초로 영업이익이 발생하여 증가하기 시작한 2005 사업연도 중인 2005.1.부터 갑작스럽게 월 3억 원으로 10배가 인상되었다. 한편 2005 사업연도 말인 2005.3.31.에는 별다른

이유 없이 19억 원이 별도의 보수로 책정되었고, 월 보수금 중 상당 부분이 인건비로 계상된 때로부터 1, 2년 뒤에야 실제로 지급되었다.

(5) 원고는 설립 이래 지속적인 영업이익의 증가에도 불구하고, 단 한 번도 주주에게 배당금을 지급한 바 없다.

(6) 원고의 직원이 작성한 내부 문건 등에 의하면 '세금 절약을 위하여 미지급이 가능한 사장의 급료를 높인다'는 취지로 기재되어 있고, 본래의 당기순이익에 따른 법인세와 대표이사의 보수금 수준별로 차감된 당기순이익에 따른 법인세를 비교·검토하였던 점 등에 비추어, ○○○의 보수를 전액 손금으로 인정받아 법인세 부담을 줄이려는 주관적 의도가 뚜렷해 보인다.

라. 그런데도 원심은 이와 달리 이 사건 보수는 주주총회의 결의에 따른 이익잉여금 처분을 통하여 지급된 것이 아니고, 위 보수 중 실질적으로 이익처분에 의하여 지급되는 상여금이 포함되었다고 하더라도 그 금액이 얼마인지를 인정할 증거가 없다는 이유로 전부 손금에 산입되어야 한다고 판단하였으니, 이러한 원심의 판단에는 법인세법 시행령 제43조에 관한 법리를 오해하여 판결에 영향을 미친 위법이 있다. 이 점을 지적하는 이 부분 상고이유 주장은 이유 있다.

사실 가족법인으로 임대만 운용한다면, 현금흐름이 크지 않기 때문에 목돈의 급여나 상여를 가져갈 일도 대표이사가 뭔가 성과를 낼 일도 없습니다. 만약 부동산을 디벨롭하고 매각차익을 일으켜서 큰 현금흐름을 만든다면 임원의 기여도가 발생한 것이어서 목돈의 상여를 지급할 명분이 생기지만, 이때 임원 상여규정이나 내부 절차 및 근거 없이 상여를 자의적으로 책정해서 가져가면 세법상 비용을 부인당할 수 있으니 주의하셔야 합니다.

투자금을 법인으로만 계속 운용하면 상관이 없지만, 만약 매각 수익률이 예상되어 건물을 처분하고 목돈을 개인화하여 가져가야 하는지 시기를 정했다면, 그에 맞는 법인 잉여금 인출에 대한 전략과 타임라인을 정하고 전문가와 퇴직금이나 급여 상여 관련 법인 정관 및 임원 보수 규정 컨설팅을 받으시는게 좋습니다.

2 법인카드와 기타의 비용처리

처음 가족법인을 설립하고 회사의 대표로서 법인카드를 갖고 있으면 뭔가 상징적인 기분이 들어서 기준없이 카드 사용하시는 분들이 많이 있습니다. 특히 1인 법인이나 가족법인의 경우 법인 재산이 곧 내 것이니 누가 뭐라하겠나 하는 생각으로 법인카드를 사적 사용하시는 분들이 있는데 법인과 개인은 완전 다른 법인격체입니다. 법인카드를 사적으로 사용하는 경우 법인세 비용 부인은 물론 사적 사용 임직원에게 상여처분이라는 소득세까지 부담시키게 됩니다.

세법에서는 법인의 비용을 손금이라 하는데, 원칙적 손금인정 기준은 사업관련성과 수익관련성 또는 사업관련성과 통상성이라는 기준이 있어야 합니다. 따라서 사적 목적인 비용이나 업무와 무관한 비용은 손금으로 인정받지 못하고 그것을 사적으로 사용한 임직원의 소득세로 처분까지 하게 되니 기본 개념을 사업관련된 것만 법인 비용 인정된다고 머릿속에 각인시켜야 합니다.

사실 임대업을 영위하는 경우 비용처리할 것들이 많지가 않습니다. 대출이 있다면 이자비용이 가장 큰 비중을 차지할 것이고 건물

감가상각비, 재산세, 종부세, 건물 관리인 비용, 건물 수선비, 부동산 중개수수료, 각종 공과금 정도가 통상적인 인정사항입니다. 임대업을 하면서 업무추진비(접대비)나 법인차량 비용이 있는 경우도 세무공무원이 의심의 눈으로 볼 수 있기 때문에 사업관련성 명분을 늘 염두에 두셔야 합니다.

법인카드 사용 내역은 국세청에 전산으로 자동 구축이 되기 때문에 주말 사용내역, 사적사용 혐의 등은 자동 분류 전산 세팅이 되어 있어 세무조사를 받는 경우 엑셀로 아예 소명해오라고 전달해 줍니다.

특히 법인카드로 상품권을 구매한다면 안된다고 말씀드리는데, 상품권 구입내역 또한 국세청에 자동 구축이 됩니다. 상품권의 경우 사용자의 귀속을 끝까지 따지게 되어 있어 상품권 수불부 관리대장을 비치하여 관리하는 정도가 아니면 대부분 소명이 힘들어서 업무무관비용 대표자 상여처분으로 소득세를 부과 받습니다. 누구에게 귀속시켰는지 밝힌다고 하여도 귀속자에 맞게 상여, 배당, 기타소득 중에 하나는 처분하도록 되어 있어 귀속자를 알아도 매우 곤란스럽습니다.

3 법인차량의 운행과 비용처리

법인으로 사업을 하게 되면 법인차량에 대해 관심이 많으신데, 업무용 승용차는 개인 사용으로 전용해도 구분이 모호하기 때문에 법인세 경비 처리 한도를 두고 있습니다. 또한 업무용 승용차 구입비용, 렌트비, 주유 및 유지 관리비용 전부 부가세 매입공제 대상이 아닙니다.

사적 승용차 사용 여지가 적은 화물차, 9인 승합차 등(차량 운반구)은 전액 부가세 공제 및 법인세 비용처리가 한도 없이 가능합니다. 예를 들어 카니발 9인승을 구매시 부가세 매입공제 및 법인에서도 감가상각비 제한없이 비용처리가 가능합니다.

법인차량은 의무적으로 업무전용자동차 보험에 가입해야 합니다. 법인의 임직원만 보험대상으로 하는 것이기 때문에 임직원 아닌 가족들의 임의 사용이 제한되고 미가입 시는 해당 자동차의 비용이 전액 부인됩니다.

일단 업무전용자동차 보험에 가입하면 자동차 관련 비용이 업무사용 비율만큼 인정이 되고 업무사용 비율은 차량 운행기록부 작성에 근거합니다. 따라서 기록부를 작성한 경우 업무사용 비율만큼 비용으로 인정되나, 100% 업무사용이라도 감가상각비는 연 800만 원까지만 인정이 됩니다. 따라서 감가상각비가 연 800만 원이 넘는 고가의 차량은 전부 당기 비용으로 인정되지 않고, 업무에 사용되었다는 전제하에 이월해서 비용 인정해 줍니다.

하지만 여기서 가족법인은 패널티가 적용될 수 있는데요, 제2장에서 언급한 성실신고 확인대상 법인에 해당되면 업무사용 100%라도 감가상각비 연 400만 원까지만 인정이 됩니다.

자산가분들은 차량 운행기록부를 작성하기 번거롭고 행적을 굳이 드러내고 싶어하지 않아서 세금을 내더라도 작성못하겠다는 분들이 많습니다. 만약 차량 운행기록부를 작성하지 않으면 업무용 승용차 관련 비용이 1,500만 원 이하인 경우는 전액 비용 인정이 되나(성실신고 확인 대상 법인은 500만 원까지), 차량이 고가여서 관련 비용이 1,500만 원 초과인 경우는 법정산식 상 업무관련 비율이 100%가 될 수 없기 때문에 업무미사용 금액이 필히 발생되어 법인세와 소득세가 과세됩니다. 따라서 고급차의 경우 이월해서라도 비용을 인정받길 원하시는 분들은 100% 업무용으로 차량 운행기록부 작성이 수반되어야 합니다.

4 부동산 가족법인의 결손과 대출 연장

가격이 고가인 상업용 부동산을 매입할 때 상당부분의 대출을 끼는 것이 대부분입니다. 임차인이 세팅되어 있는 건물을 포괄양수도로 매입하는 경우 월세 수익률을 가늠해 보고 사기 때문에 대출 비율을 그에 맞춰 구입하게 됩니다. 따라서 강남 건물처럼 수익률 약 2~3%대의 물건은 이자율 4~5%인 대출을 이용할 때 구입 시부터 과하게 대출을 넣을 수가 없기 때문에 수지분석에 맞춰 적정 대출비율을 책정합니다.

하지만 신축이나 리모델링하는 경우 임차인을 새로 들여야 하고 이때 입지가 안좋거나 경기가 불황이면 장기 공실로 가는 경우가 문제가 됩니다. 장기 공실로 가는 경우 법인은 임대수입이 없어 결손으로 1~2년을 지났을 텐데, 대출의 만기가 돌아왔을 때 연속 결손법인의 경우 대출 연장이 되지 않습니다.

이 때 다른 금융기관에서 대출 대환을 하던지, 최후의 방법으로는 대표이사의 여유자금을 넣어 법인의 결손을 자산수증이익으로 상쇄시켜야 합니다. 이때 세법상 특정법인에 해당되는 가족법인은 주주가 자녀들이고 대표이사만 부모인 경우 문제가 될 수 있는데, 법인의 자산수증이익을 주주 지분별로 환산했을 때 증여의제이익이 1억원 이상이면 주주에게 증여세가 과세되기 때문입니다.

법인의 비용은 세금을 줄여주고 15년간 결손금을 이월해서 사용가능하다는 말만 듣고 결손을 괜찮다고 생각하시는 분들이 있는데, 대출의 연장이 더 중요한 경우는 결손을 내면 대출 연장의 차질이 생기기 때문에 결손금 관리에 신경을 쓰셔야 합니다.

Chapter 05

건물 증여할 때의 세무상 쟁점 (부가세, 지료, 건물의 평가)

컨설팅을 진행하다 보면 각자의 사정에 따라 건물만 증여하는 경우, 토지만 증여하는 경우, 건물과 토지를 같이 증여하는 경우 등 여러 케이스가 발생합니다. 이 때 증여세 발생은 당연한 것이지만 그 외에도 고려할 것들이 많습니다. 자칫 놓치는 경우 가산세와 함께 고지서가 돌아오니 주의가 필요합니다.

1 부가세 문제

흔히들 매매계약을 하는 경우 부가세는 당연히 수반된다고 생각하지만, 증여하는 경우에도 부가세를 내야 하는지는 생각조차 못하는 경우가 많습니다. 하지만 부가세법상 재화의 공급 내용을 보면 계약상 법률상 모든 원인에 의해 재화를 인도 또는 양도하는 것으로 되어있어 유상 매매거래에 한정되지 않습니다.

서면3팀-2238(2007.8.9.)

"부동산의 증여"는 부가가치세법 제6조 제1항의 재화의 공급에 해당하는 것임.

질의

- "부동산의 증여"가 부가가치세법 제6조 제1항 재화의 공급에 계약상 또는 법률상의 모든 원인에 근거한 과세대상인지 아니면 대가의 수반이 없으므로 동 법 제6조 제3항(사업상 증여) 재화의 공급의제에 근거한 부가가치세 과세대상인지 여부

부가가치세과-1120(2011.9.19.)

사업자가 자기의 과세사업에 사용하던 건물을 특수관계자에게 증여하는 경우, 재화의 공급으로 보지 아니하는 사업의 양도에 해당하는 경우를 제외하고는 당초 매입세액의 공제 여부에 관계없이 당해 건물의 증여는 부가가치세가 과세되는 것임.

토지의 공급은 부가세 면세이기 때문에 괜찮지만, 근생과 국민주택 규모 초과 주택 건물의 공급은 부가세 과세대상이기 때문에 매매가 아닌 증여 시에도 부가세 주의를 요합니다.

증여가 부가세 과세대상이면 다른 의문들도 생기는데 대가를 주고받은게 아니어도 세금계산서를 발행해야 하는지, 발행한다면 수증자 대상으로 발행할 수 있는지, 수증자는 대가를 지불한 것도 아닌데 매입세액 공제는 받을 수 있는 것인지, 부가세 공급가액은 어떤 것을 가액으로 해야 하는지 등 실제 수행을 한다면 고려할 것들이 계속 생깁니다.

부가 46015-3503(2000.10.17.)

부동산 임대업자가 토지를 제외한 건물 일부만을 증여할 경우 매입세액 공제 여부 및 과세표준 계산

요약

부동산의 일부를 증여하는 경우 부가가치세 과세표준은 당해 증여하는 부동산의 시가임.

질의

본인은 현재 임대사업(상가 및 오피스텔)을 영위하고 있는데 그 중 일부를 증여하고자 합니다. 다만 사정에 의해 토지는 증여할 수 없고 건물일부만 증여하고 싶은데 증여부분에 대한 부가세에 대해 아래와 같이 질의함.

(건물개요)

가. 본인은 일반(단독)사업자(부동산, 임대)로서 건물 신축시 매입세액을 공제 받았음.

나. 상가 및 오피스텔은 호수별로 별도 등기되어 있으며 총건물 면적은 1,400평(전부 임대) 〈지하 2층, 지상 5층〉이며 이중 800평〈지하 1,2층, 지상 4,5층〉을 증여할 계획임.

다. 토지는 본인소유로 되어 있으며 증여하지 않을 것임.

라. 수증자는 증여등기 후 일반사업자(부동산, 임대)로 등록예정임.

(질의내용)

1. 건물의 일부증여는 사업의 포괄적양도가 아니므로 부가세가 과세된다고 하는데 이에 대한 부가가치세 과세표준은 어떤 금액을 기준으로 하는지, 만약 시가를 알 수 없는 경우 장부가액(감가상각 후 잔액)으로 과세표준을 산정할 수 있는지
2. 이러한 건물 일부 증여에 대하여 위 1.에서 산정한 과세표준을 공급가액으로 한 세금계산서 교부가 가능한지 여부와 수증자(임대사업 등록함)는 교부받은 세금계산서로 매입세액 공제를 받을 수 있는지

회신

1. 부동산임대업을 영위하는 사업자가 당해 사업에 공하던 부동산의 일부를 증여하는 경우에는 부가가치세법 제6조 제1항의 규정에 의하여 부가가치세가 과세되는 것으로 부가가치세 과세표준은 동법 제13조 제1항 제3호의 규정에 의하여 당해 증여하는 부동산의 시가로 하는 것입니다.

   이 경우 당해 증여하는 부동산에 대하여는 동법 제16조 제1항의 규정에 의하여 수증자에게 세금계산서를 교부하여야 하는 것이며, 수증자가 교부받은 당해 세금계산서의 매입세액은 동법 제17조 제2항에 규정하는 매입세액에 해당되는 때를 제외하고는 수증자의 매출세액에서 공제할 수 있는 것입니다.
2. 부가가치세법 제13조 제1항 각 호에 규정하는 시가는 사업자와 특수관계 있는 자(소득세법 시행령 제98조 제1항 각 호 또는 법인세법 시행령 제87조 제1항 각 호에 규정된 자) 외의 자와의 정상적인 거래에 있어서 형성되는 가격으로 하는 것입니다.

예규에서 보듯이 증여자가 부모라면 건물 증여 시 자녀 또는 가족법인인 수증자를 대상으로 세금계산서를 발행 후 부가세를 신고·납부해야 합니다. 이때 수증자는 매입세액 공제를 받을 수 있으니 가족 내에서 증여라면 납부와 공제 상계 효과로 실제 부담하는 세액은 없고 수증자가 부가세 환급 때까지 증여자의 부가세 납부로 인한 일시적인 유동성 부담만 있을 뿐입니다.

그리고 세금계산서 발행가액도 감가상각 후의 장부가액으로 하는 것이 아니고 시장에서 거래되는 실제 시가를 기준으로 하는 것이 원칙입니다.

제6장에서 살펴보았던 사업포괄양수도의 경우 부가세 과세대상이 아닌데, 임대업의 지위를 그대로 양수받는 포괄양수도 경우의 증여 때도 부가세 과세대상인지가 의문이 들 수 있습니다.

부가가치세과-753(2013.8.23.)

구분등기된 임대사업용 건물을 증여하는 경우 과세대상 및 사업양도 해당 여부

질의

(사실관계)

가. 질의자는 5층 건물과 부속토지를 보유하면서

(1) 1층 중 일부는 질의자 본인이 직접 의료업으로 면세사업자등록하여 영위하고 있고

(2) 1층 나머지 일부(약국에 임대)와 2~5층까지는 부가가치세 과세대상 사업자등록하여 부동산임대업 영위함.

나. 2010년에 위 건물에 대해 각 층별로 구분, 분할 구분등기(토지 포함)를 마침

다. 위 구분등기된 건물에 대해 의료업과 부동산임대업으로 관할 세무서에 신고하여 오다 2013년 4월에 1층을 질의자의 아들에게 증여함.

(1) 증여 시 1층의 질의자가 사용하는 병원 외 임차건물(약국)에 대해 아들에게 임대차 계약 승계함.

(2) 질의자가 사용하던 1층 면세 의료업은 아들로부터 임차하여 사용하고자 함.

(질의내용)

위 사실관계에서의 부가가치세 과세 여부 및 과세표준 계산방법

회신

아버지가 부동산임대업에 사용하던 건물을 자녀에게 증여하는 경우 재화의 공급으로 보지 아니하는 사업양도에 해당하는 경우를 제외하고는 당초 매입세액의 공제 여부에 관계없이 당해 건물의 증여는 「부가가치세법」 제9조 제1항에 따라 부가가치세가 과세되는 것이나, 귀 질의의 경우와 같이 당해 건물을 층별로 구분 등기한 후 각각 별개의 임차자에게 층별로 임대를 하다가 그 중 1개층에 대해 자녀에게 증여하면서 임대차계약 및 관련된 권리와 의무를 포괄적으로 승계시키는 경우 이는 「부가가치세법」 제10조 제8항 제2호에 따른 사업양도에 해당하는 것이므로 부가가치세가 과세되지 아니하는 것입니다.

사전법규부가 2022-16(2022.1.19.)

무상임차한 토지 위에 건물을 신축하여 임대사업을 하다가 자녀에게 증여하는 경우 사업의 양도 여부

질의

(사실관계)

- 양도인은 2016.9.13. 배우자가 소유하고 있는 경기도 ○○시 ○동 ×××-9번지 공장용지 470㎡ 지상에 창고 건물 1층 180㎡(이하 "본건 건물")을 신축하여 임대사업자 등록을 하고
  - 임차인과 공장창고 월세 계약을 체결하여 창고임대업을 영위하면서 본건 건물 공장창고(180㎡)를 보증금 10백만 원, 월세 1.8백만 원에 임대하고 있던 중에
  - 2021.12.24. 자녀 ○○○(이하 "양수인", "신청인")에게 임대업에 사용하던 본건 건물을 증여하면서 임대사업에 관한 모든 권리와 의무를 포괄적으로 승계시킴

- 양수인의 부(父)는 소유하고 있는 토지에 대해 별도 사업자등록을 하지 않은 상태이고 양수인에게 증여하지 아니하는 것이나
  - 양도인이 무상 임차하여 사용한 토지에 대해 양수인이 계속 사용하는 조건으로 양수인이 승계 이후 토지에 대해 임대료를 지급할 예정임.

(질의내용)

- 사업자가 무상으로 임차한 토지 위에 건물을 신축한 후 임대사업자를 등록하여 임대사업을 하다가 자녀에게 증여하면서 임대사업을 포괄 승계시키는 경우
  - 해당 임대용 건물의 양도가 사업의 양도에 해당하는지 여부

회신

부동산임대 사업자가 무상으로 임차한 토지 위에 건물을 신축하여 임대사업을 영위하다가 임대업에 사용하는 건물을 아들에게 증여하면서 토지를 무상으로 임차하여 사용할 수 있는 조건을 포함하여 모든 권리와 의무를 포괄적으로 승계시키는 경우 「부가가치세법」 제10조 제9항 제2호 및 같은 법 시행령 제23조에 따른 재화의 공급으로 보지 아니하는 사업의 양도에 해당하는 것입니다.

예규를 보면 임대인의 모든 권리와 의무를 포괄적으로 승계시키는 조건으로 자녀 또는 가족법인에게 건물을 증여시 재화의 공급으로 보지 않는 포괄양수도가 가능합니다. 포괄적 이전 요건을 충족시켰는지는 사실판단 사항이기 때문에 계약서와 금융 증빙 등 객관적 근거자료를 잘 갖춰 놓는 것이 중요합니다.

특히 신경써야 하는 것은 임대인의 지위를 그대로 승계받는 것이기 때문에 임차보증금의 반환의무를 수증자가 승계받아야 한다는 것입니다. 또한 수증자도 임대인으로서 임대업을 영위해야지 건물

을 증여받고 해당 물건을 실사용하거나 사옥으로 쓰면 임대인으로서 지위를 승계받는 것이 아니기 때문에 증여자는 건물분에 대한 부가세 신고·납부의무가 생깁니다.

임대인의 지위와 의무를 그대로 넘길 때 증여자도 주의해야 하는 것은 부담부증여에 대한 양도세 신고·납부입니다. 대출 또는 임대보증금이 있는 자산과 채무 일체를 증여하는 것을 '부담부증여'라고 하는데, 수증자 입장에서는 부채를 차감한 가액에 대해서만 증여로 보는 반면, 증여자는 수증자에게 부채를 승계시켰으므로 이 부분에 대해 양도소득세를 내야 합니다.

임대보증금 반환의무가 수증자에게 이전되기 때문에 증여를 해주는 부모는 양도세 신고·납부를 잊으면 안되겠습니다.

결론적으로 건물 증여시 포괄양수도 조건이 충족되는 상황 하에서 증여이면 부가는 면제, 임대보증금 의무가 이전되므로 증여자의 양도세 부담, 임대보증금 부채가 차감된 건물가액에 대한 수증자의 증여세 또는 법인세 부담이 있습니다.

만약 임대보증금 반환의무를 승계하지 않는 증여이면, 증여자의 건물분 부가세 부담, 수증자의 건물분 부가세 공제, 건물가액 전체에 대한 수증자의 증여세 또는 법인세 부담이 있습니다.

따라서 부가세는 납부와 공제가 상쇄되니 부담 여부가 의사결정에 큰 문제 되지는 않고, 증여자의 양도세와 수증자의 증여세 또는 법인세를 비교하여 더 유리한 쪽으로 의사결정을 해야겠습니다.

그런데 또 주의하여야 할 케이스가 있습니다. 건물을 통으로 증여하지 않고 일부 지분만 증여하면서 공동사업자가 되는 케이스입니다. 이 경우 공동사업자가 되면서 출자지분이 증여(양도)되는 경우로서 재화의 공급에 해당되지 않아 부가세 대상이 아닙니다. 아래 예규에서 보듯이 이 경우는 사업자등록 정정만으로 끝나는 것이고 별도의 건물분 부가세 납부의무는 없습니다.

부가가치세법 기본통칙 9-18…2

【출자지분의 과세】

1. 출자자가 자기의 출자지분을 타인에게 양도·상속·증여하거나 법인 또는 공동사업자가 출자지분을 현금으로 반환하는 것은 재화의 공급에 해당하지 아니한다. (2019.12.23. 개정)
2. 법인 또는 공동사업자가 출자지분을 현물로 반환하는 것은 재화의 공급에 해당한다. (2019.12.23. 신설)
3. 공동사업자 구성원이 각각 독립적으로 사업을 영위하기 위하여 공동사업의 사업용 고정자산인 건축물을 분할등기하는 경우 해당 건축물의 이전은 재화의 공급으로 본다. (2019.12.23. 신설)

사전법령해석부가 2021-783(2021.6.10.)

임대사업용 건물을 증여하는 경우 과세대상 여부

회신

부동산임대업을 단독으로 영위하는 사업자가 임대용부동산의 임대보증금 및 대출금의 10분의4를 승계하는 조건으로 출자지분의 일부(10분의4)를 자(子)에게 증여하고 자(子)와 공동사업을 영위하는 경우
해당 부동산의 증여는 출자지분의 양도로서 「부가가치세법」 제9조 제1항에 따른 재화의 공급에 해당하지 아니하므로 부가가치세가 과세되지 아니하는 것입니다.

서면부가 2018-525(2018.4.20.)

임대건물을 지분 증여시 부가가치세 과세 여부

요약

단독으로 운영하던 임대사업용 부동산의 일부 지분을 배우자 등에게 나누어 증여하고 계속 임대사업을 하는 경우 사업에서 증여를 통하여 공동사업으로 변경되는 것이므로 사업자등록 정정사항임.

부가 46015-3275, 2000.9.21.

부가가치세법 제5조의 규정에 의하여 1인으로 등록되어 있는 단독사업자가 공동사업자로 변경되는 경우에는 새로 추가되는 사업자의 손익분배비율 등이 기재된 동업계약서와 사업자등록증을 첨부하여 사업장 관할 세무서장에게 사업자등록 정정신청을 하여야 하는 것입니다.

2 건물의 평가

상속증여세법상 평가의 원칙은 시장에서 제3자 간에 거래가 이루어지는 현재의 시가(수용가격·공매가격 및 감정가격 포함)입니다. 하지만 시가를 산정하기 어려운 경우 보충적 평가법이라는 것을 적용하는데 부동산의 평가법[11] 중 근생인 상업용 건물은 구분소유하

11) 상속세 및 증여세법 제61조【부동산 등의 평가】

① 부동산에 대한 평가는 다음 각 호의 어느 하나에서 정하는 방법으로 한다. (2010. 1.1. 개정)

1. 토지 (2016.12.20. 단서개정)

「부동산 가격공시에 관한 법률」에 따른 개별공시지가(이하 "개별공시지가"라 한다). 다만, 개별공시지가가 없는 토지(구체적인 판단 기준은 대통령령으로 정한다)의 가액은 납세지 관할 세무서장이 인근 유사 토지의 개별공시지가를 고려하여 대통령령으로 정하는 방법으로 평가한 금액으로 하고, 지가가 급등하는 지역으로서 대통령령으로 정하는 지역의 토지 가액은 배율방법(倍率方法)으로 평가한 가액으로 한다.

는 것으로서 국세청장이 토지와 건물에 대하여 일괄하여 산정·고시한 가액이 있는 경우 이에 따릅니다. 국세청장이 토지와 건물을 일괄하여 고시하지 아니한 상업용 건물은 토지는 개별공시지가를 적용하고 건물은 국세청장이 산정·고시하는 기준시가[12]를 적용합니다.

---

2. 건물 (2010.1.1. 개정)
   건물(제3호와 제4호에 해당하는 건물은 제외한다)의 신축가격, 구조, 용도, 위치, 신축연도 등을 고려하여 매년 1회 이상 국세청장이 산정·고시하는 가액
3. 오피스텔 및 상업용 건물 (2010.1.1. 개정)
   건물에 딸린 토지를 공유(共有)로 하고 건물을 구분소유하는 것으로서 건물의 용도·면적 및 구분소유하는 건물의 수(數) 등을 고려하여 대통령령으로 정하는 오피스텔 및 상업용 건물(이들에 딸린 토지를 포함한다)에 대해서는 건물의 종류, 규모, 거래 상황, 위치 등을 고려하여 매년 1회 이상 국세청장이 토지와 건물에 대하여 일괄하여 산정·고시한 가액
4. 주택 (2016.1.19. 개정)
   「부동산 가격공시에 관한 법률」에 따른 개별주택가격 및 공동주택가격(같은 법 제18조 제1항 단서에 따라 국세청장이 결정·고시한 공동주택가격이 있는 때에는 그 가격을 말하며, 이하 이 호에서 "고시주택가격"이라 한다). 다만, 다음 각 목의 어느 하나에 해당하는 경우에는 납세지 관할 세무서장이 인근 유사주택의 고시주택가격을 고려하여 대통령령으로 정하는 방법에 따라 평가한 금액으로 한다.
   가. 해당 주택의 고시주택가격이 없는 경우 (2014.1.1. 개정)
   나. 고시주택가격 고시 후에 해당 주택을 「건축법」 제2조 제1항 제9호 및 제10호에 따른 대수선 또는 리모델링을 하여 고시주택가격으로 평가하는 것이 적절하지 아니한 경우 (2014.1.1. 개정)

② 제1항 제1호 단서에서 "배율방법"이란 개별공시지가에 대통령령으로 정하는 배율을 곱하여 계산한 금액에 의하여 계산하는 방법을 말한다. (2010.1.1. 개정)

③ 지상권(地上權) 및 부동산을 취득할 수 있는 권리와 특정시설물을 이용할 수 있는 권리는 그 권리 등이 남은 기간, 성질, 내용, 거래 상황 등을 고려하여 대통령령으로 정하는 방법으로 평가한 가액으로 한다. (2010.1.1. 개정)

④ 그 밖에 시설물과 구축물은 평가기준일에 다시 건축하거나 다시 취득할 때 드는 가액을 고려하여 대통령령으로 정하는 방법으로 평가한다. (2010.1.1. 개정)

⑤ 사실상 임대차계약이 체결되거나 임차권이 등기된 재산의 경우에는 임대료 등을 기준으로 하여 대통령령으로 정하는 바에 따라 평가한 가액과 제1항부터 제4항까지의 규정에 따라 평가한 가액 중 큰 금액을 그 재산의 가액으로 한다. (2015.12.15. 개정)

⑥ 제1항 제3호에 따라 국세청장이 산정하고 고시한 가액에 대한 소유자나 그 밖의 이해관계인의 의견 청취 및 재산정, 고시신청에 관하여는 「소득세법」 제99조 제4항부터 제6항까지 및 제99조의2를 준용한다. (2010.1.1. 개정)

[건물 기준시가 산정 기본 계산식]

(1) 기준시가=평가대상 건물의 면적(㎡)[1)]×㎡당 금액[2)]

(2) ㎡당 금액=건물신축가격기준액×구조지수×용도지수×위치지수×경과연수별 잔가율×개별건물의 특성에 따른 조정률[3)]

1) 연면적을 말하며, 집합건물의 경우 전용면적과 공용면적을 포함한 면적을 말한다.
2) ㎡당 금액은 1,000원 단위 미만은 버린다.
3) 개별건물의 특성에 따른 조정률은 「상속세 및 증여세법」 제61조 제1항 제2호에 따라 기준시가를 산정하는 경우에만 적용한다.

하지만 주의할 점은 임대차계약이 체결되어 있거나 근저당이 설정되어 있는 건물의 경우 기준시가만을 고려하면 안되고 임대료 등의 환산가액과 그 재산이 담보하는 채권액 중에 가장 큰 가액을 적용해야 합니다.

상속세 및 증여세법 제61조

【부동산 등의 평가】

* 관련 집행기준: 61-50-10【임대한 재산의 평가】
임대차계약이 체결되어 있거나 임차권이 등기된 재산의 경우 다음의 평가방법에 따라 평가한다.

평가액 = Max [①, ②]

① 각 재산에 대한 보충적 평가방법에 따른 평가액
② 임대료 등의 환산가액=임대보증금+(1년간 임대료÷12%)

12) 개정 2023.12.29. 국세청고시 제2023-26호

상속세 및 증여세법 제66조

【저당권 등이 설정된 재산 평가의 특례】 (2010.1.1. 제목개정)

* 관련 집행기준: 66-63-1 【저당권이 설정된 재산의 평가】
저당권·질권·전세권이 설정된 재산 그리고 양도담보된 자산은 시가, 시가가 불분명한 경우에는 보충적 평가방법에 따른 가액과 평가기준일 현재 당해 재산이 담보하는 채권액과 비교하여 큰 금액으로 평가한다.

- 저당권이 설정된 재산의 평가액 Max [①, ②]
  ① 시가 또는 보충적 평가방법에 의한 평가액
  ② 그 재산이 담보하는 채권액

〈사례〉

- 자료
  - 평가대상 물건: 단독주택
  - 평가기준일: 2009.4.25.
  - 개별주택가격: 2008.4.30. : 300,000,000원
    2007.4.30. : 350,000,000원
  - 평가대상물건의 임대차 현황: 임대보증금 200,000,000원,
    월세 3,000,000원
- 보충적 평가액 Max[①, ②]: 500,000,000원
  ① 개별주택가격: 300,000,000원
  ② 임대료 등의 환산가액: 200,000,000원+(3,000,000×12)÷12%
  =500,000,000원

만약 토지와 건물의 소유권을 분리하여 증여되는 경우는 토지와 건물 각각의 가액을 다시 다음 기준에 따라 구분해야 합니다.

관련 집행기준: 61-50-11

【임대 건물의 토지·건물 평가액 구분방법】

① 토지와 건물의 소유자가 동일한 경우
토지·건물 가액은 토지·건물 전체를 임대료 등의 환산가액에 따라 평가한 후 토지·건물을 보충적 평가방법에 따라 평가한 가액(기준시가)으로 안분계산한다.

② 토지와 건물의 소유자가 다른 경우
가. 토지소유자와 건물소유자가 제3자와의 임대차계약 당사자로 임대료 등의 귀속이 구분되는 경우에는 토지소유자와 건물소유자에게 구분되어 귀속되는 임대료 등의 환산가액을 각각 토지와 건물의 평가가액으로 한다.
나. 토지와 건물의 소유자 중 어느 한 사람만이 제3자와의 임대차계약의 당사자인 경우에는 토지소유자와 건물소유자 사이의 임대차계약의 존재 여부에 상관없이 제3자가 지급하는 임대료와 임대보증금을 토지와 건물 전체에 대한 것으로 보아 제3자가 지급하는 임대료 등의 환산가액에 토지와 건물의 기준시가로 나누어 계산한 금액을 각각 토지와 건물의 평가가액으로 한다.

따라서 일괄고시가 안되는 상업용 근생건물의 경우 기준시가만을 고려해서는 안되고 임대료 환산가액과 근저당 가액까지 모두 감안해서 증여계획을 짜야겠습니다.

3 지료

지료는 지상권자가 토지사용의 대가로서 토지소유자에게 지급하는 금전 기타의 물건을 말하는데, 토지와 건물의 소유권이 다른 경우 발생됩니다. 예를 들어 부모의 토지에 자녀나 가족법인이 신축을 한 경우나 토지와 건물 중 건물만을 증여한 경우가 대표적입니다. 특수관계자인 자녀나 가족법인이 부모의 토지를 무상이나 저가로 사용한다면 당연히 그 사용이익에 대한 세법적인 문제가 수반됩니다.

여기서 증여세 뿐만 아니라 부가세, 소득세법상의 문제도 동시에 발생되며 기준도 다르기 때문에 주의가 필요합니다.

① 토지 임대 제공자의 쟁점(부가세, 소득세·법인세)

우선 토지 제공자의 입장에서 토지의 공급은 면세이지만 토지의 임대는 부가세 과세대상이기 때문에 특수관계자와의 저가[13] 또는 무상임대[14]는 부가세법상 문제가 됩니다. 토지 임대에 대한 세금계산서가 정상가액보다 저가로 발행되거나 미발행되었다면 시가와의 차액에 대해 세금계산서 발행의무는 없지만, 과세표준 계산 시 시가 기준으로 반영해야 합니다.

---

13) 부가가치세법 제29조【과세표준】

④ 제3항에도 불구하고 특수관계인에 대한 재화 또는 용역(수탁자가 위탁자의 특수관계인에게 공급하는 신탁재산과 관련된 재화 또는 용역을 포함한다)의 공급이 다음 각 호의 어느 하나에 해당하는 경우로서 조세의 부담을 부당하게 감소시킬 것으로 인정되는 경우에는 공급한 재화 또는 용역의 시가를 공급가액으로 본다. (2021.12.8. 개정)

1. 재화의 공급에 대하여 부당하게 낮은 대가를 받거나 아무런 대가를 받지 아니한 경우 (2013.6.7. 개정)
2. 용역의 공급에 대하여 부당하게 낮은 대가를 받는 경우 (2013.6.7. 개정)
3. 용역의 공급에 대하여 대가를 받지 아니하는 경우로서 제12조 제2항 단서가 적용되는 경우 (2013.6.7. 개정)

14) 부가가치세법 제12조【용역 공급의 특례】

② 사업자가 대가를 받지 아니하고 타인에게 용역을 공급하는 것은 용역의 공급으로 보지 아니한다. 다만, 사업자가 대통령령으로 정하는 특수관계인(이하 "특수관계인"이라 한다)에게 사업용 부동산의 임대용역 등 대통령령으로 정하는 용역을 공급하는 것은 용역의 공급으로 본다.

부가-123(2014.2.17.)

특수관계자간 부동산 무상임대용역에 대한 부가가치세 과세에 따른 세금계산서 발급 여부

회신

사업자가 대가를 받지 아니하고 타인에게 용역을 공급하는 것은 용역의 공급으로 보지 아니하나, 사업자가 「부가가치세법 시행령」 제26조 제1항에서 정하는 특수관계인에게 사업용 부동산의 임대용역을 공급하는 것은 용역의 공급으로 보아 부가가치세가 과세되는 것입니다.
이 경우 부가가치세 과세표준은 같은 법 제29조 제4항 제3호에 따라 공급한 용역의 시가를 공급가액으로 보는 것이며, 시가를 과세표준으로 하는 경우에 정상적인 거래 시가와 낮은 대가와의 차액에 대하여 같은 법 제32조에 따른 세금계산서를 발급할 의무가 없는 것입니다.

시가와의 차액에 대해 세금계산서가 미발행되었다면, 토지 제공자의 소득세·법인세에도 임대수입금액이 저가 또는 미반영되었을 것이므로 자연스레 소득세·법인세의 문제도 동시에 수반됩니다.(토지 제공자가 개인이면 소득세, 법인이면 법인세)

특수관계자 간의 거래에서 그 거래에 따른 소득의 조세부담을 부당하게 줄이는 것에 대해 세법에서는 시가를 기준으로 소득을 재계산하게 하는데 이를 '부당행위계산의 부인'이라 합니다.[15] 원칙대로

15) 소득세법 제41조【부당행위계산】
① 납세지 관할 세무서장 또는 지방국세청장은 배당소득(제17조 제1항 제8호에 따른 배당소득만 해당한다), 사업소득 또는 기타소득이 있는 거주자의 행위 또는 계산이 그 거주자와 특수관계인과의 거래로 인하여 그 소득에 대한 조세 부담을 부당하게 감소시킨 것으로 인정되는 경우에는 그 거주자의 행위 또는 계산과 관계없이 해당 과세기간의 소득금액을 계산할 수 있다.

면 토지를 제공하는 사람이 시가대로 토지 임대료를 받고 이를 부가세 및 소득세에 적정히 반영해야 하는데, 자녀에게 임대준 것이라고 부당히 무상이나 저가로 거래했다면 세법에서는 이를 부인하고 시가대로 소득을 재계산하여 세금을 부과하겠다는 것입니다.

소득세법 시행령 제98조【부당행위계산의 부인】

① 법 제41조 및 제101조에서 "특수관계인"이란 「국세기본법 시행령」 제1조의2 제1항, 제2항 및 같은 조 제3항 제1호에 따른 특수관계인을 말한다. (2012.2.2. 개정)

② 법 제41조에서 조세 부담을 부당하게 감소시킨 것으로 인정되는 경우는 다음 각 호의 어느 하나에 해당하는 경우로 한다. 다만, 제1호부터 제3호까지 및 제5호(제1호부터 제3호까지에 준하는 행위만 해당한다)는 시가와 거래가액의 차액이 3억 원 이상이거나 시가의 100분의 5에 상당하는 금액 이상인 경우만 해당한다. (2010.2.18. 개정)

1. 특수관계인으로부터 시가보다 높은 가격으로 자산을 매입하거나 특수관계인에게 시가보다 낮은 가격으로 자산을 양도한 경우 (2012.2.2. 개정)
2. 특수관계인에게 금전이나 그 밖의 자산 또는 용역을 무상 또는 낮은 이율 등으로 대부하거나 제공한 경우. 다만, 직계존비속에게 주택을 무상으로 사용하게 하고 직계존비속이 그 주택에 실제 거주하는 경우는 제외한다. (2012.2.2. 개정)
3. 특수관계인으로부터 금전이나 그 밖의 자산 또는 용역을 높은 이율 등으로 차용하거나 제공받는 경우 (2012.2.2. 개정)
4. 특수관계인으로부터 무수익자산을 매입하여 그 자산에 대한 비용을 부담하는 경우 (2012.2.2. 개정)
5. 그 밖에 특수관계인과의 거래에 따라 해당 과세기간의 총수입금액 또는 필요경비를 계산할 때 조세의 부담을 부당하게 감소시킨 것으로 인정되는 경우 (2012.2.2. 개정)

③ 제2항 제1호의 규정에 의한 시가의 산정에 관하여는 「법인세법 시행령」 제89조 제1항 및 제2항의 규정을 준용한다. (2005.2.19. 법명개정)

④ 제2항 제2호 내지 제5호의 규정에 의한 소득금액의 계산에 관하여는 「법인세법 시행령」 제89조 제3항 내지 제5항의 규정을 준용한다. (2005.2.19. 법명개정)

서면1팀-898(2007.6.28.)

부당행위계산부인 적용시 시가계산

특수관계자에게 토지를 무상임대하여 부당행위계산부인에 해당되는 경우 부동산임대용역에 대한 소득금액 계산은 법인세법 시행령 제89조 제1항 및 제2항의 규정을 준용하여 시가를 산정하는 것이며, 제1항 및 제2항의 규정을 적용할 수 없는 경우 동조 제4항의 규정을 준용하여 시가는 산정하는 것임.

질의

(사실관계)

모친(갑)이 소유한 나대지 위에 자녀(을)가 상가건물을 지어서 을의 명의로 상가건물을 등기하고, 동 상가건물에 대하여 을이 단독으로 임대업을 영위함.

(질의내용)

갑이 을에게 무상으로 대여하는 토지에 대해 부당행위계산부인 규정이 적용되는 경우 상증령 제27조의 부동산무상사용이익을 시가로 하여야 하는지 여부

여기서 토지의 임대에 대해 소득금액을 재계산할 때 적용하는 시가는 법인세법 시행령의 기준을 준용하게 되는데,[16] 산식으로 표현

---

16) 법인세법 시행령 제89조 【시가의 범위 등】

② 법 제52조 제2항을 적용할 때 시가가 불분명한 경우에는 다음 각 호를 차례로 적용하여 계산한 금액에 따른다. (2016.2.12. 개정)

1. 「감정평가 및 감정평가사에 관한 법률」에 따른 감정평가법인등이 감정한 가액이 있는 경우 그 가액(감정한 가액이 2 이상인 경우에는 그 감정한 가액의 평균액). 다만, 주식등 및 가상자산은 제외한다. (2021.2.17. 개정)
2. 「상속세 및 증여세법」 제38조·제39조·제39조의2·제39조의3, 제61조부터 제66조까지의 규정을 준용하여 평가한 가액. 이 경우 「상속세 및 증여세법」 제63조 제1항 제1호 나목 및 같은 법 시행령 제54조에 따라 비상장주식을 평가할 때 해당 비상장주식을 발행한 법인이 보유한 주식(주권상장법인이 발행한 주식으로 한정한다)의 평

하면 다음과 같습니다.

법인세법 시행령 제89조

【시가의 범위 등】

* 관련 집행기준: 52-89-2【금전 외의 자산·용역의 제공에 대한 시가결정】

\- 유형 또는 무형의 자산을 제공하거나 제공받는 경우

(해당 자산 시가의 50%-그 자산의 제공으로 받은 전세금·보증금)× 정기예금이자율*

* 정기예금이자율은 「법인세법 시행규칙」 제6조에 따른 정기예금이자율 (2025.3.21. 개정 기준 3.1%)

이 시가의 기준은 부가세법에서도 준용하게 되어 있어서 법인세법, 소득세법과 같은 시가 기준으로 적용하면 됩니다.[17] 다만, 법인

가금액은 평가기준일의 거래소 최종시세가액으로 하며, 「상속세 및 증여세법」 제63조 제2항 제1호·제2호 및 같은 법 시행령 제57조 제1항·제2항을 준용할 때 "직전 6개월(증여세가 부과되는 주식등의 경우에는 3개월로 한다)"은 각각 "직전 6개월"로 본다. (2021.2.17. 개정)

④ 제88조 제1항 제6호 및 제7호에 따른 자산(금전은 제외한다) 또는 용역을 제공할 때 제1항 및 제2항을 적용할 수 없는 경우에는 다음 각 호에 따라 계산한 금액을 시가로 한다. (2021.2.17. 개정)

1. 유형 또는 무형의 자산을 제공하거나 제공받는 경우에는 당해 자산 시가의 100분의 50에 상당하는 금액에서 그 자산의 제공과 관련하여 받은 전세금 또는 보증금을 차감한 금액에 정기예금이자율을 곱하여 산출한 금액

17) 부가가치세법 시행령 제62조【시가의 기준】
법 제29조 제3항 및 제4항에 따른 시가는 다음 각 호의 가격으로 한다. (2021.2.17. 개정)
1. 사업자가 특수관계인이 아닌 자와 해당 거래와 유사한 상황에서 계속적으로 거래한 가격 또는 제3자 간에 일반적으로 거래된 가격 (2013.6.28. 개정)
2. 제1호의 가격이 없는 경우에는 사업자가 그 대가로 받은 재화 또는 용역의 가격(공급받은 사업자가 특수관계인이 아닌 자와 해당 거래와 유사한 상황에서 계속적으로

세·소득세의 부당행위와 부가세 부당행위의 적용 기준 중 차이점이 하나 있습니다. 특수관계자 간 저가 거래 시 법인세·소득세의 경우 부당행위계산 부인을 적용하기 위해서는 시가와 거래가액의 차액이 3억 원 이상이거나 시가의 100분의 5에 상당하는 금액 이상인 경우만 해당됩니다. 반면에 부가세의 경우 거래차액이 5% 또는 3억 원 이상 여부를 따지지 않고 시가와 차이가 나기만 한다면 부당행위계산 부인 대상이 됩니다.

따라서 가족법인이나 자녀와의 지료가액을 시가 대비 조금이라도 낮춰보겠다고 소득세나 법인세 기준으로 시가 아래 5% 미만으로 잡는다면, 부가세에서는 시가 기준으로 차액을 과세하게 됩니다.

부가-1536(2009.10.21.)

특수관계자에게 용역을 제공하는 경우 부당행위계산 부인의 적용방법

질의

(사실관계)

2007년 2월 28일 개정된 소득세법 시행령 제98조 제2항 단서에 의하면 특수 관계있는 자에게 금전 기타 자산 또는 용역을 무상 또는 낮은 이율 등으로 대부하거나 제공한 때의 경우 조세의 부담을 부당하게 감소시킨 것으로 인정되는 때를 시가와 거래가액의 차액이 3억 원 이상이거나 시가의 100분의 5에 상당하는 금액 이상인 경우에 한하여 적용하는 것으로 규정하고 있음.

거래한 해당 재화 및 용역의 가격 또는 제3자 간에 일반적으로 거래된 가격을 말한다) (2013.6.28. 개정)

3. 제1호나 제2호에 따른 가격이 없거나 시가가 불분명한 경우에는 「소득세법 시행령」 제98조 제3항 및 제4항 또는 「법인세법 시행령」 제89조 제2항 및 제4항에 따른 가격 (2013.6.28. 개정)

한편 용역의 공급에 대하여 부당하게 낮은 대가를 받는 경우에는 자기가 공급한 용역의 시가를 과세표준으로 하도록 규정하고 있으며, 시가란 사업자가 특수관계에 있는 자외의 자와 당해 거래와 유사한 상황에서 계속적으로 거래한 가격 또는 제3자 간에 일반적으로 거래된 가격으로 하는 것임.

다만, 당해 가격이 없거나 시가가 불분명한 경우에는 「소득세법 시행령」 제98조 제3항 및 제4항 또는 「법인세법 시행령」 제89조 제2항 및 제4항의 규정에 의한 가격을 시가로 보도록 부가가치세법에 규정되어 있음.

(질의내용)

용역의 공급에 대하여 부당하게 낮은 대가를 받는 경우 시가를 부가가치세 과세표준으로 함에 있어 시가와 거래가액의 차액이 3억 원 이상이거나 시가의 100분의 5에 상당하는 금액 이상인 경우에 한하여 과세표준을 계상할 수 있는지 여부

회신

사업자가 그와 특수관계에 있는 자에게 용역을 공급하고 조세의 부담을 부당하게 감소시킬 것으로 인정되는 시가보다 낮은 대가를 받는 경우 과세표준은 「부가가치세법」 제13조 제1항 제3호의2에 따라 자기가 공급한 용역의 시가로 하는 것이며, 이 경우 부당하게 낮은 대가를 판단할 때 「소득세법 시행령」 제98조 제2항 단서 또는 「법인세법 시행령」 제88조 제3항을 적용할 수 없는 것임.

한편 위 집행기준의 산식대로 지료의 적정 시가를 구하기 위해서는 '해당 자산의 시가' 즉, 임대한 토지의 시가를 다시 구해야 합니다. 결국 상증세법의 부동산 평가 기준을 준용하여 구하게 되어 있습니다.

상증법상 토지의 평가는 현재의 시가를 산정하기 어려운 경우 임대료 환산가액이나 근저당이 설정되어 있는 경우 담보하는 채권액, 개별공시지가와 비교하여 그중 가장 큰 것을 적용한다고 하였습니다.

따라서 지료 계산을 위한 토지의 개별공시지가를 적용하기 전에 토지 위 건물에서 임대료가 발생하고 있다면 토지와 건물의 소유자가 다른 경우에 해당되므로 전체 임대료환산가액을 토지와 건물 기준시가로 안분한 가액 및 토지의 근저당 설정가액과 반드시 비교해 본 후에 큰 가액을 토지의 시가로 반영하여 위 지료 산식을 적용해야 합니다.

② 토지를 무상 또는 저가로 임대 받는 측의 쟁점(증여세)

토지임대를 제공받는 입장에서는 부동산 무상사용에 대한 이익[18)]

---

18) 상속세 및 증여세법 제37조【부동산 무상사용에 따른 이익의 증여】

① 타인의 부동산(그 부동산 소유자와 함께 거주하는 주택과 그에 딸린 토지는 제외한다. 이하 이 조에서 같다)을 무상으로 사용함에 따라 이익을 얻은 경우에는 그 무상사용을 개시한 날을 증여일로 하여 그 이익에 상당하는 금액을 부동산 무상사용자의 증여재산가액으로 한다. 다만, 그 이익에 상당하는 금액이 대통령령으로 정하는 기준금액 미만인 경우는 제외한다. (2015.12.15. 개정)

② 타인의 부동산을 무상으로 담보로 이용하여 금전 등을 차입함에 따라 이익을 얻은 경우에는 그 부동산 담보 이용을 개시한 날을 증여일로 하여 그 이익에 상당하는 금액을 부동산을 담보로 이용한 자의 증여재산가액으로 한다. 다만, 그 이익에 상당하는 금액이 대통령령으로 정하는 기준금액 미만인 경우는 제외한다. (2015.12.15. 신설)

③ 특수관계인이 아닌 자 간의 거래인 경우에는 거래의 관행상 정당한 사유가 없는 경우에 한정하여 제1항 및 제2항을 적용한다. (2015.12.15. 신설)

④ 제1항 및 제2항을 적용할 때 부동산의 무상사용을 개시한 날 및 담보 이용을 개시한 날의 판단, 부동산 무상사용 이익 및 담보 이용 이익의 계산방법 및 그 밖에 필요한 사항은 대통령령으로 정한다. (2015.12.15. 개정)

상속세 및 증여세법 시행령 제27조【부동산 무상사용에 따른 이익의 계산방법 등】

① 법 제37조 제1항은 부동산 무상사용자가 타인의 토지 또는 건물만을 각각 무상으로 사용하는 경우에도 이를 적용한다.

의 증여 또는 저가로 토지임대 용역을 제공받은 이익[19]에 대한 증여세 문제가 따릅니다.

---

③ 법 제37조 제1항에 따른 부동산 무상사용에 따른 이익은 다음의 계산식에 따라 계산한 각 연도의 부동산 무상사용 이익을 기획재정부령으로 정하는 방법에 따라 환산한 가액으로 한다. 이 경우 해당 부동산에 대한 무상사용 기간은 5년으로 하고, 무상사용 기간이 5년을 초과하는 경우에는 그 무상사용을 개시한 날부터 5년이 되는 날의 다음 날에 새로 해당 부동산의 무상사용을 개시한 것으로 본다.

부동산 가액(법 제4장에 따라 평가한 가액을 말한다) × 1년 간 부동산 사용료를 고려하여 기획재정부령으로 정하는 율

④ 법 제37조 제1항 단서에서 "대통령령으로 정하는 기준금액"이란 1억 원을 말한다.

19) 상속세 및 증여세법 제42조【재산사용 및 용역제공 등에 따른 이익의 증여】

① 재산의 사용 또는 용역의 제공에 의하여 다음 각 호의 어느 하나에 해당하는 이익을 얻은 경우에는 그 이익에 상당하는 금액(시가와 대가의 차액을 말한다)을 그 이익을 얻은 자의 증여재산가액으로 한다. 다만, 그 이익에 상당하는 금액이 대통령령으로 정하는 기준금액 미만인 경우는 제외한다.

1. 타인에게 시가보다 낮은 대가를 지급하거나 무상으로 타인의 재산(부동산과 금전은 제외한다. 이하 이 조에서 같다)을 사용함으로써 얻은 이익

② 제1항을 적용할 때 <u>재산의 사용기간 또는 용역의 제공기간이 정해지지 아니한 경우에는 그 기간을 1년으로 하고, 그 기간이 1년 이상인 경우에는 1년이 되는 날의 다음 날에 매년 새로 재산을 사용 또는 사용하게 하거나 용역을 제공 또는 제공받은 것으로 본다.</u>

상속세 및 증여세법 시행령 제32조【재산사용 및 용역제공 등에 따른 이익의 계산방법 등】

① 법 제42조 제1항 각 호 외의 부분 본문에 따른 이익은 다음 각 호의 구분에 따라 계산한 금액으로 한다.

2. 시가보다 낮은 대가를 지급하고 재산을 사용하거나 용역을 제공받은 경우: 시가와 대가와의 차액 상당액

② 법 제42조 제1항 각 호 외의 부분 단서에서 "대통령령으로 정하는 기준금액"이란 다음 각 호의 구분에 따른 금액을 말한다. (2016.2.5. 개정)

2. 제1항 제2호 및 제3호의 경우: <u>시가의 100분의 30에 상당하는 가액</u> (2016.2.5. 개정)

③ 제1항을 적용할 때 용역의 시가는 해당 거래와 유사한 상황에서 불특정다수인 간 통상적인 지급대가로 한다. 다만, 용역의 시가가 불분명한 경우에는 다음 각 호의 어느 하나에 따라 계산한 금액으로 한다. (2016.2.5. 개정)

1. <u>부동산 임대용역의 경우: 부동산가액(법 제4장에 따라 평가한 가액을 말한다) × 1년 간 부동산 사용료를 고려하여 기획재정부령으로 정하는 율</u> (2021.1.5. 개정)
   〈어려운 법령용어 정비를 위한 473개 법령의 일부개정에 관한 대통령령〉
2. 부동산 임대용역 외의 경우: 「법인세법 시행령」 제89조 제4항 제2호에 따라 계산한 금액

우선 토지임대를 무상으로 받는 경우인데 이때는 수증자가 자녀 개인인지 가족법인인지에 따라 증여이익 계산이 달라집니다. 개인인 경우 부동산 무상사용이익의 증여는 5년 단위로 선 과세가 되고 5년의 현재가치로 환산한 금액이 1억 원 이상인 경우만 과세대상입니다.

상속세 및 증여세법 제37조

【부동산 무상사용에 따른 이익의 증여】 (2003.12.30. 제목개정)

* 관련 집행기준: 37-0-1 【부동산 무상사용에 따른 이익의 증여】 타인이 소유한 부동산을 무상으로 사용하는 경우로서 그 부동산 무상사용이익이 1억 원 이상(무상 담보 사용인 경우 담보제공에 따른 이익은 1천만 원 이상)인 때에는 무상사용을 개시한 날(담보이용을 개시한 날)에 당해 이익에 상당하는 가액을 부동산 무상사용자(부동산을 담보로 이용한 자)에게 증여한 것으로 본다.

구분	내용
과세요건	타인 소유의 부동산을 무상으로 사용하는 경우 또는 타인의 부동산을 무상으로 담보로 이용하여 금전 등을 차입한 경우
납세의무자	부동산 무상사용자, 부동산 담보 이용자
증여시기	사실상 부동산 무상사용을 개시한 날, 부동산 담보이용을 개시한 날
증여세 과세가액	① 부동산 무상사용이익이 1억 원 이상이어야 함. 부동산 무상사용이익= $\sum_{n=1}^{5} \frac{\text{각 연도의 부동산 무상사용이익*}}{(1+10\%)^n}$ n: 평가기준일로부터 경과연수 * 각 연도의 부동산 무상사용이익: 부동산가액×1년간 부동산사용료를 감안한 재정부령이 정하는 율(2%) ② 부동산 담보제공 이익이 1천만원 이상이어야 함. (차입금×적정이자율*)-실제로 지급하였거나 지급할 이자 * 적정이자율: 법인세법상 당좌대출이자율(4.6%)

* 관련 집행기준: 37-27-1 【부동산 무상사용이익 계산기간】

① 부동산 무상사용에 따른 이익의 증여시기는 사실상 부동산의 무상사용을 개시한 날로 하며 증여이익은 부동산 무상사용개시일 현재 부동산 무상사용기간을 5년으로 가정하여 부동산 무상사용이익을 현재가치로 계산한다. 부동산에 대한 무상사용기간이 5년을 초과하는 경우에는 그 무상사용을 개시한 날부터 5년이 되는 날의 다음날에 해당 부동산의 무상사용을 새로이 개시한 것으로 본다.

② 부동산 무상 담보로 이용하여 금전등을 차입함에 따른 이익의 증여시기는 그 부동산 담보 이용을 개시한 날로 하며, 차입기간이 정해지지 않은 경우에는 그 차입기간은 1년으로 하고, 차입기간이 1년을 초과하는 경우에는 그 부동산 담보 이용 개시일부터 1년이 되는 날의 다음날에 새로이 부동산 담보이용을 개시한 것으로 본다.

하지만 가족법인이 수증자인 경우 1년 단위로 주주별 증여이익이 1억 원 이상인지 여부를 가려야 하기 때문에 5년 단위가 아닌 '각 연도의 부동산 무상사용이익=부동산가액×2%'를 기준으로 특정법인이 얻은 이익을 산정해야 할 것이고 여기에 주주별 지분율까지 감안 후 1억 원 이상인 경우에만 증여세가 과세될 것입니다.

한편, 부모의 토지에 가족법인으로 신축하는 경우 토지의 무상사용 증여시기가 착공일부터인지 건물완공 후부터인지 의문이 들 수 있는데 완공 후에 건물 사용승인서 교부일(사실상 건물을 사용하거나 임시사용승인일이 빠른 경우에는 사실상 사용일 또는 임시사용승인일)부터 토지 무상사용에 대한 증여시기로 해석하고 있습니다.

서면4팀-1854(2004.11.17.)

회신

상속세 및 증여세법(2003.12.30. 법률 제7010호로 개정되기 전) 제37조 및 같은 법 시행령 제27조의 규정을 적용할 때 아버지의 토지에 자녀가 건축허가를 받고 건물을 신축하여 토지를 무상으로 사용하는 경우 토지무상사용권리의 증여시기는 같은 조 제2항 제1호의 규정에 의하여 당해 건물 사용승인서 교부일(사용승인전에 사실상 사용하거나 임시사용승인을 얻은 경우에는 그 사실상의 사용일 또는 임시사용승인일로 하고 건축허가를 받지 아니하거나 신고를 하지 아니하고 건축하는 건축물에 있어서는 그 사실상의 사용일이며, 이하 "사용승인서 교부일 등"이라 함)입니다. 귀 질의의 경우 사용승인서 교부일 등부터 토지사용에 대한 임대료를 지급한 경우에는 같은 법 제37조의 규정은 적용되지 아니함.

다음은 무상이 아닌 저가로 지료를 지불하는 경우 증여세 대상의 기준입니다. 저가로 타인의 재산을 사용하거나 용역을 제공받아 얻은 이익이 시가의 30% 이상인 경우만 과세대상이며,

* 관련 집행기준: 42-32-1【재산사용 및 용역제공 등에 따른 이익의 증여유형 및 증여이익】

저가로 타인의 재산을 사용하거나 용역을 제공받아 얻은 이익	시가-대가 ≥ 시가×30%

임대기간이 정해지지 아니한 경우에는 그 기간을 1년으로 하고, 그 기간이 1년 이상인 경우에는 1년이 되는 날의 다음 날에 매년 새로 임대용역을 제공받은 것으로 봅니다.

서면상속증여 2020-4747(2021.6.28.)

부동산 임대용역을 저가로 제공받은 경우 증여세 과세 여부

질의

(사실관계)

- 신청인은 2019.5.30. 부모 소유의 토지 및 건물 중 건물만을 증여로 취득함.
- 토지임대료에 대한 시가가 불분명하여 부가가치세법 및 소득세법 규정에 따라 아래와 같이 임대료를 산정하였음.
  - 적정임대료: (자산 시가×50%-보증금)×정기예금이자율
- 상속세 및 증여세법 규정에 의하면 시가보다 낮은 대가를 지급하고 부동산을 사용하게 함으로써 얻은 이익상당액은 같은 법 제42조 제1항 제2호의 규정에 의하여 그 이익을 얻은 자의 증여재산가액이 됨.
  - 시가가 불분명한 경우 증여이익: (부동산가액×2%)-대가지급액

(질의내용)

- 현재 소득세법 및 부가가치세법에 따라 임대료를 정산하고 있는데, 상속세 및 증여세법상 적정임대료와의 차액에 대하여 증여세가 과세되는지

회신

타인에게 시가보다 낮은 대가를 지급하고 부동산 임대용역을 제공받음으로써 이익을 얻은 경우에는 「상속세 및 증여세법」 제42조 제1항에 따라 증여세가 과세되는 것이며, 이 경우 증여재산가액은 같은 법 시행령 제32조 제1항, 부동산 임대용역의 시가는 같은 조 제3항에 따라 각각 계산하는 것입니다.

위 예규의 내용에서 주의할 점은 임대를 제공하는 증여자가 부당행위계산 부인에 저촉되지 않게 부가세 및 소득세법상 시가에 맞춰 임대료를 수취하고 있어도, 수증자 입장에서 저가로 임대를 제공받고 있고 증여세 과세기준에 해당한다면 증여자의 부당행위 여부와는 상관없이 과세가 된다는 해석입니다. 따라서 증여자의 부당행위 기준, 수증자의 증여세 기준 각각 판단하여 지료를 정해야 하기 때문에 보다 주의가 필요합니다.

한편 용역의 저가 제공받은 이익과 달리 고저가 양수도에 따른 증여이익을 판단할 때는 법인세나 소득세의 부당행위계산 부인 규정이 적용되지 않는 시가로 양수도하는 경우에는 증여규정을 적용하지 않는데,[20] 부당행위계산 부인에 저촉되지 않는 시가로 거래한다면 증여세는 과세 안하는 것으로 통일하여 법조문간 균형을 맞춰야 할 것으로 보입니다.

저가 임대인지 시가와 대가의 차이를 구할 때 부동산 임대용역의 시가는 '부동산가액×1년간 부동산 사용료를 고려하여 기획재정부령으로 정하는 율(2%)'로 정하고 있으며, 대가로 월세나 보증금을 지급하는 경우 시가와의 차이는 다음 예규와 같이 계산합니다.

---

20) 상속세 및 증여세법 제35조【저가 양수 또는 고가 양도에 따른 이익의 증여】(2015.12.15. 제목개정)

* 관련 집행기준: 35-26-3【개인과 법인의 거래시 양도·양수대가가 법인세법의 시가에 해당하는 경우의 증여세 과세여부】

개인과 법인 간에 재산을 양수 또는 양도하는 경우로서 그 대가가 「법인세법」의 시가에 해당되어 부당행위계산 부인 규정이 적용되지 아니하는 경우에는 저가·고가양도에 따른 이익의 증여규정을 적용하지 아니한다.(거짓이나 그 밖의 부정한 방법으로 상속세 또는 증여세를 감소시킨 것으로 인정되는 경우는 제외함)

재산-110(2011.3.2.)

저가 부동산 임대용역의 증여이익 계산방법

질의

(사실관계)

- 아버지의 토지위에 아들소유의 상가를 지어 임대를 하고 있음.
- 아버지와 아들은 임대차계약을 체결하였으며 그에 따른 종합소득세 및 부가가치세를 신고하고 있음.
- 임대계약서 내용은 임대보증금 50백만 원, 월임대료 1,500천 원임.

(질의내용)

- 상기 임대차계약의 내용에 따라 시가와 대가를 비교하여 증여세 해당 여부를 판단하여야 하는데 부동산 임대의 경우 임대차계약이 위의 내용과 같다면 대가를 어떻게 산정해야 하는지

회신

귀 질의의 경우 「상속세 및 증여세법 시행령」 제31조의9 제2항 제2호의 '대가'에 당해 임대보증금의 대가는 임대보증금에 「법인세법 시행령」 제89조 제4항 제1호의 규정에 의한 정기예금이자율*을 곱하여 산출한 가액으로 하는 것임.

* 2025.3.21. 개정 기준 3.1%

예규의 저가 임대 시 과세기준을 산식화 해보면 '시가(부동산가액×2%)−대가(월세×12+보증금×3.1%)≥시가×30%'인 경우가 증여세 과세대상이 되겠습니다.

하지만 이 경우에도 수증자가 가족법인인 경우는 특정법인 증여의제 이익 기준인 주주별 1억 원 이상인지 여부를 따져야 합니다. 시

가와 대가의 차이를 기준으로 1년간 특정법인이 얻은 이익을 산정해야 할 것이고 여기에 주주별 지분율까지 감안 후 1억 원 이상인 경우에만 증여세가 과세 될 것입니다.

Profile

나태현(국세남)

경력사항

現 세무법인 하나 이사/세무사
국세청 세무조사 심화분야 겸임교수(2024)
前 삼일회계법인 조사지원팀 상무 (7년, 2017~2023년)
前 국세청 11년 (세무조사 파트 8년, 2006~2017년)
SBS biz '경제현장 오늘' 상속세 개편 대담 출연

학력 및 자격사항

성균관대학교 경영학부 졸업
고려대학교 법학석사(조세법 전공)
고려대학교 법학박사 수료(조세법 전공)
2005년 42기 세무사, 미국 세무사(Enrolled Agent)
행정사, 외환관리사(FXM), 금융자산관리사(증권 FP)
증권투자상담사, 선물거래상담사, 생명보험설계사

주요 수행업무

부동산 가족법인 전문
VIP 상속증여 컨설팅
세무조사 및 세무조사 컨설팅
(삼성물산, 삼성중공업, 삼성생명, LGU+, 대림건설,
대우건설, 동국제강, 카카오 등)

블로그 '국세청 & 삼일회계법인 출신
세무조사 전문가. 국세남.' 운영
- https://blog.naver.com/taxlaw33

유튜브 채널 '세무법인 하나' 콘텐츠 제작 및 운영
- https://www.youtube.com/@HANATAX